从"注孤生"到"领证啦"
——401天情感辅导实录

◎李晨 编著

上海大学出版社

图书在版编目(CIP)数据

从"注孤生"到"领证啦":401天情感辅导实录/李晨编著. —上海:上海大学出版社,2021.4(2025.2重印)
ISBN 978-7-5671-3198-9

Ⅰ.①从… Ⅱ.①李… Ⅲ.①婚姻—青年读物 ②恋爱—青年读物 Ⅳ.①C913.1-49

中国版本图书馆CIP数据核字(2021)第055047号

责任编辑 刘 强
封面设计 缪炎栩
技术编辑 金 鑫 钱宇坤

从"注孤生"到"领证啦"
——401天情感辅导实录

李 晨 编著

上海大学出版社出版发行
(上海市上大路99号 邮政编码200444)
(http://www.shupress.cn 发行热线 021-66135112)
出版人 余洋

*

南京展望文化发展有限公司排版
江阴市机关印刷服务有限公司印刷 各地新华书店经销
开本 710mm×1000mm 1/16 印张 16.75 字数 274 千字
2021年4月第1版 2025年2月第6次印刷
ISBN 978-7-5671-3198-9/C·132 定价 48.00元

版权所有 侵权必究
如发现本书有印装质量问题请与印刷厂质量科联系
联系电话:0510-86688678

前 言
Foreword

2013年10月28日11:49,在微博收到一条私信:

"你好,无意中看到你的微博,很感兴趣。"

2014年12月3日17:38,在微信收到一条喜讯:

"结婚证新鲜出炉~谢谢老师!"

401天!

一位"我的性格很负能量,压抑而扭曲","曾经陷入抑郁,自责忧虑,生活全然陷入失败感","非常典型的负面性格人格,悲观厌世"的"注孤生"女生,变成了乐观、机灵、大胆、自信,有着很好情感能力的幸福新娘!

这401天中,我们通过微博私信以及后来的微信交流,总字数达20多万字。现在整理成这部《从"注孤生"到"领证啦"——401天情感辅导实录》出版。

这部书的价值:

第一,全程记录了这位女生上述转变的心路历程,详细记载了使她发生转变的理论、方法、观点与学习资料。这样便于读者"自学",对读者提高情感认知、学习情感能力、解决婚恋难题有着极大的帮助。为了"原汁原味"地向读者呈现这位女生的转变历程,尤其是让读者更好感受语言背后的情绪状态,因此本书辑录内容除纠正错别字及对个别不易懂的方言进行适当处理外,尽量保持其原有的语言风貌。所以,本书难免存在不合现行语言文字规范的地方,尚请读者注意甄别。

第二,这部书体现了一种对人的系统而全面的改造。情感是人这个系统的一个重要组成部分，情感问题其实反映的是人这个系统的问题。因此，<u>只有系统、全面地改进，对思维、行为、心理、意识，以及人际交往等各方面进行改造，才能彻底全面地解决情感系统的问题</u>。

第三，这部书展现的情感辅导效率很高。401天，好像时间挺长，但这是从"注孤生"到"领证啦"的全过程！其实更多的时间笔者是在解决这位女生的心理与思维问题，或者说，使她全面"正常化"。而真正从"他"的出现到他们结婚，只有190天！书中提供了大量丰富有效的方法，比如如何判断他、如何吸引他、如何关心他、如何把握节奏、如何推进情感、如何解决矛盾、如何走进婚姻，效果非常好！

第四，这部书展现的情感辅导效果很好，至今仍能收到很好的反馈。之所以现在成书，是因为笔者一直在关注这位女生的婚姻生活，经常会收到她的消息——她在家庭生活中发现的小惊喜、小甜蜜，发生的小矛盾，对爱人的小抱怨，以及事业上的小进步、小发展，还有关于他们可爱小宝贝的趣事。这些让我时时感受到"成人之美"的小快乐！

祝福她！祝福他们！祝福大家！

每个人都应该有、都可以有、都能够有幸福甜蜜的恋爱与婚姻！

目 录
Contents

第一篇　有这样一位"注孤生"女生　　......1

第二篇　用"练爱"打开情窦　　......25

第三篇　全方位塑造情感能力　　......133

第四篇　功到自然成　　......217

附录　学习资料　　......258

后记　　......261

第一篇
有这样一位"注孤生"女生

真是机缘巧合！在我对大龄女生的婚恋难题进行了五年的研究，并在心理与情感方面得出了一些"不寻常"的理论观点与方法工具的时候，一位能最有效验证我理论观点与方法工具的女生出现了。而对她来说，同样是机缘巧合——不早不晚，恰好在她感到绝望而我又亟须验证刚得出的这些理论观点与方法工具的时候，我们相识了。这种机缘巧合，保证了我有极好的耐心、极高的专注度并乐意进行极大的思维消耗，也保证了她能够毫无保留、全盘接受、积极行动。

2013－10－28　11：49

蜻蜓(下称"蜻")：你好，无意中看到你的微博，很感兴趣。
　　觉得这是很贴近现实的一门课程，很有益处。

2013－10－29　23：39

李晨老师(下称"李")：你好！谢谢！欢迎提出建议与意见。
蜻：你的语言表述不是很完美。
　　内容一级棒！
　　你可能习惯了部队的那套文字表述体系。
　　感觉略显呆板。

2013－10－30　10：39

李：哈，说得太好了。要让更多的学生受益，是需要一个"不呆板"的过程。能不能请你把其中的某些观点改动一下，用"不呆板"的语言表达出来，我借鉴借鉴。

2013－11－01　17：04

蜻：今天本来想动手改一篇你的文章，发现，真要动起手，也不好弄。您的言语简洁明快，自有其易懂处。呵呵，不好意思，方人容易，说一句话就成，但细想之下，每个人的文字风格，其实正是他自身的风格，见字如见其人。李老师的这种风格很好，融合了你的性格特点，既有利落果断处，也有见微细致处，师者的良苦用心深切可见。常看，会有好的影响。谢谢你的这种学问为天下公器的做法，谢谢！
李：谢谢！以后还望多提意见、多支持。

2013－11－03　20：49

蜻：有个事请教下李老师。我是一个剩女。最近要追一个男生。他年纪过四十了。以前跟一个非常漂亮有气质的美女订过婚，后来他爸爸出事，女朋

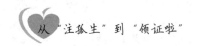

友踹了他。后来女友嫁了,又对她老公不忠,做了一个大款的情妇。这个男生很骄傲,说一定要找个比她漂亮的。可十几年过去,他还一直单身。他是我同事的同学,为人上进有修养。我挺喜欢他的。但我长相一般。请你帮我分析下好吗?

2013-11-03 22:46

李:目前看,可能性不大。

  1. 从你的文字看,逻辑清楚,表述准确,但是理性有余而感性不足,或者说你在情感方面的经验还不足。另外文字表述比较有"文艺"感,这通常是有些"自我"的表现,而"追男生"是一个"不自我"的过程。比如狮子抓羚羊,狮子会把全部注意力都放在外部环境上,首先是羚羊的位置与状态,其次是哪里草高可以隐身,要避免顺风以防羚羊闻到狮子的气味,还要顺着太阳照射的方向——这样阳光会晃眼让羚羊看不清楚,等等。可以说,狮子这时唯一不想的是"自己",因为"自我"对抓羚羊毫无意义,反而会迟滞行动,影响效果。

  2. 从你微博的介绍信息看,是××地方的人,但微博好友基本没有本地的,这说明了你人际交往的状态:交际能力与交际欲望都不强。这样很难追得上,因为能追上的前提通常是交际能力与"手腕"高于对方。

  但可能性还是有的,从你介绍的情况看,这个男生在情感方面是比较被动的,这样的男生通常好追。因此如果要想成功,可能是个不轻松但也不困难的过程。不轻松是指要提高认知与实践能力。

  我的建议是你先要思考两个问题:

  1. 他为什么喜欢那种类型的前女友?这是一个人的敏感点,找到了才能有针对性地追。

  2. 你为什么会剩下?这是你的敏感点,找到了才能摆脱这个敏感点的束缚而提升认知与能力。

  提示:分析他,要从他与他妈妈的关系入手。分析你,要从你与你父亲的关系入手。因为人的情感状态主要是小时候家庭环境决定的,而与对应的异性父母之间的关系最敏感。

  另外,近期可以转换一下思维,先从做好本职工作入手,从搞好与同事的关系入手。这对实现你的目标会有很大的辅助支撑作用。

蜻： 我是太理性了。之所以情路这么坎坷，主要是年轻时太情绪化，后来纠正，矫枉过正了。我暗恋过一个人，自己是属于那种父母性格有缺陷的人，曾经我的性格很负能量，压抑而扭曲。这些年通过调整，进步了一些。看了你的博客①，我如遇知音。你解释的很多现象，简直是在描述我。我平常都是用 QQ、博客来跟人交往。这个博客更多的是学习的工具。这一段时间，我把 QQ 头像换成了证件照，自己也扎了马尾，额头全露②。也看了你的全部微博、博客文章。打算看一个月的本地晚报。下一步就是买一套你推荐的"儿童哲学智慧书"。不管是不是冲着他，<u>我都想变成一个关爱他人、活得本性快乐、有魅力的人</u>。

蜻： 说实话，我曾经陷入过抑郁、自责忧虑，生活全然陷入失败感。然后开始看很多书——西方心理学、东方人文，了解了很多"所以然"。情绪好了很多。但总是缺少一股热气，温文有余，热情不足。看到你的揭示要恢复动物本能的文章，我从骨子里认同，也希望能够成为你说的"正常人"。其实圣贤教人，也无非是希望世人能保持活泼本性，文质彬彬，然后君子。这一点与你一致。你是一个务实的人，也是一个深谙人心的人。我也希望成为你这样热心、自信、收放自如的人。说到文字文艺感，一是我是一个自我的人，常陷入自我思维（现在按你的方法，把心放出去对外感受、应对环境，开始时刻提醒自己，也略有效果，毕竟才刚开始）。二是看了太多古文，行文讲话直接受了影响。三是交际能力不好，以此来博得独特处。

2013－11－04　06：44

蜻： 他的情况：他在政府部门上班。人高高大大的，很上进，家境很好。自己后来又去学了公共管理硕士。应该说是一个骄傲而且有底气的人。我同事说他是柳湘莲，发誓要找一个绝色的。但我觉得，他就是一个骄傲而脆弱的人。被打击一下，用高傲的温文尔雅把自己面具化了。

蜻： 我估计他的特点，不单单是想找一个美女。他前女友是搞文艺出身的，应该是类似潘金莲的性格，纯真又现实，矛盾的美女谁不爱？按理，他的接

---

① 博客、微博内容，以及微信公众号"两情相悦的艺术"的早期内容，已经汇集成《人情练达的学问》，上海大学出版社 2014 年 9 月出版。
② 参看《"长刘海"的心理分析》。请在微信公众号"两情相悦的艺术"中查找。

触面,碰上美女的机会挺多的,现在四十二了,还是一个人。应该也有自己太端着的感觉。听说以前也是他前女友追他的。两年前我们吃过一次饭,没继续接触。前天听另外一个朋友说他还单身,我就动了心思。昨天正好有个讲座,碰到同事跟他,就一起吃了个饭。后来搭他的顺路车回去。路上时间有一个半小时。因为是我提议的吃饭,我就付了款。路上他去加油的时候,他说包里只带了两百,幸亏没让他请客。了解到他用微信关注了本地的一个社区网站。下车时我主动要了他的手机号码。他要去看他外婆,当时天下很大的雨。九点半时我发短信问他是否已到家,雨大车开慢些。他没回。谢谢李老师费时间关注我这么多。

| 2013-11-04 07:16

靖: 路上跟他聊天,说起一个细节。他说他会自省。有段时间压力大情绪不好(估计就是他爸出事时),但是后来通过不断反省和总结,走出来后,感觉自己又进步了。感觉有必要给李老师描述上这一段。补上。谢谢。

靖: 昨天是用手机看的,没看到你的第二点建议。我现在来分析一下:我的父亲是第三子。爷爷从小拉人力车,敏感懦弱,属于被人家欺负而不敢做声的那种类型。土改时因为用做苦力赚的钱买了十亩地,被认定为富农并没收了土地。三个孩子没有吃的,去偷了一棵包菜,深感无力,上吊自杀了。(这个故事从小爸爸就讲给我们听,有几百遍了)

靖: 奶奶脾气暴躁,父亲从小就不受宠,养成自卑性格。他做事毛躁、性急,完全没有谋划。又因为看了些书,成就了完全没底气的清高。易暴怒,一语不合,就摆出攻击的姿态。这样长久之后就被隔离在人群之外了。又因为入赘上门,跟当村支书的姥爷关系不好,我从记事起就看他们在闹。我们姐弟两人,一出门就会被问及家里的事。个个都说爸爸不孝,而小孩子的世界里,爸爸又是那么高大。看着他的悲情与委屈,我从小就以他的目标为目标,读书什么的,完全是为了达到他的期许。妈妈从小是被送给姥爷养的,也没有安全感,懦弱,完全是讨好爸爸的那种感觉。家里,爸爸被塑造成辛苦养家、没有错误的"高、大、全"式的人,为子女努力做事,被爷爷错误对待,被两个伯伯欺负。而我是他的忠实拥护者,完全被剥夺了选择的权利。我传承了他的性格,清高无力,对人群有恐惧,人一多就完全不自在。有一度,简直是紧张过度。

靖:十四岁那年,爸爸得了糖尿病,完全是天塌了一样,整天在家里散布一些弃世的言论,说什么自己是死过的人,什么人生没意思。我们不能忤逆他,要不然,就喝酒抽烟,慢性自杀。前两年,因喝酒诱发了急性胰腺炎,差点没命,后来才戒了酒。我只上了中专,一毕业,爸爸因为事业欠债,我不但要负责家庭的经济,还要弄钱扶持他的生意。可能他一直带给我无望的感觉吧,我越努力,发现自己越陷入困境,完全看不到人生的希望。一回到家里,整个人就充斥着无力感。其实年轻的时候,也有过很不错的结婚对象,但总是觉得跟对方相处的时候,很紧张,很焦躁,一旦断绝来往,整个人立即松了一口气。年纪越大,人就越陷入无望。有一段时间都逃避在书里。

靖:在外人看来,我很乖,也很有礼貌,同事都会介绍他们身边的老实人给我。但我又有恐惧感,总觉得那种老实人无力维持我的一生,我怕遇见爸爸那样的,那种生活完全是灾难。但灵活一点的男生,又对我没兴趣。一直高不成、低不就的。我跟不熟的人,很容易交谈。自己也会比较主动,可一旦跟人有深层接触,底气好像就被抽走了,不知道要说些什么。我做会计工作,平常就是身边的一些人,没什么交际面,感觉自己很没有存在感。后来弟弟做生意亏了一大笔钱,我们才开始分析,自己为人处事的原则出了很大的偏差,也对照身边的一些幸福的同事,开始慢慢想纠正自己。但总是差了火候。遇到李老师,好像就是救命的稻草。我会从做好自己的本职出发,跟同事搞好关系,努力回归自己的本性。但需要李老师提供一些专业的建议,谢谢了。

2013-11-04 10:25

李:我研究发现,大龄女生的婚恋困难,主要是由于父母家庭状况的异常与个人成长过程的失常,而限制或者干预了情感与欲望系统的正常发育和成熟。具体来说,一是缺乏对异性交往的特殊精神愉悦的体验,二是对恋爱与婚姻缺乏正确的认知,三是缺乏必要的情感能力,而表现出对异性与恋爱的低欲望状态甚至排斥,最终形成了恋爱与婚姻的障碍。你的情况验证了这些判断。

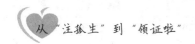

李：发你的是两个问题，还有一个分析，也做一做，不了解的猜出来。

2013 - 11 - 04　11:16

靖：我爸从小教了我们一些道理，但言行不一致，所以我们常常陷入混乱。我有一段时间几乎是没有自我意见的，都是依附在别人身上，不敢有反对意见。特别是面对气场强大的人，会从骨子里产生一种依附和臣服。对自己常常自责，钻牛角尖。后来学了心理学，一到这个时候，就开始用深呼吸转移注意力，现在这一点基本上可以克制了。后来年纪慢慢大了，这点有了纠正，却好像又陷入了自我的境地。我弟弟会比较好，因为做业务，跟人交往会比较多。但是对女朋友这一块，也一直有交往障碍。看了你的文章，我肯定这是家庭感情的缺失。我这两年开始跟我弟弟分析我爸爸，对他的特点，可以说是达成了共识。现在也摆脱了他对我的控制，但还是会受到他情绪的影响，但基本上不会带来较大的困扰。我是一个非常典型的负面性格人格，悲观厌世。有家庭因素，有自身因素，但我有改变的意愿，这些年也有很多的知识储备，厌世这一块完全没有了，悲观也开始转变为乐观，能为你的教学多提供一个实例。现在要解决的，重点应该是生气跟活力的问题——要能从情感上去关心他人，与他人形成互助，生机勃勃地活着。把我当成一个典型的病例来分析吧，我们一起，让我走出这种情感怪圈。

2013 - 11 - 04　11:37

李：好了，不用再做第二个分析了，不管他了，你恢复以后喜欢的方向会变。把邮箱发我。

靖：＊＊＊＊＊＊＊＊＊@163.com。

2013 - 11 - 04　13:04

李：1. 给你发了一套"儿童哲学智慧书"①的PPT。这套书是法文中译的。虽然是面对法国儿童的，但却是我看过的对中国人（我觉得更适用于中国

---

① 接力出版社 2009 年 10 月出版。

的成人)最适用的解读"人的正常是什么"的书。我觉得这套书太重要了,因此我把全部9本都做成了PPT用于教学。一定要读!!!
2. 父母在孩子小时候的不当干预,不管是什么形式的干预,都是造成孩子后来恋爱困难的主要原因。而常见的交际能力弱、性格内向、工作忙、接触人少等原因,只是表象。看一下这个视频——"学习爱情 Caci 向 Liudmila 表白"①,会发现只要有正常的欲望与本能,连小孩子都会自己想办法。
3. 因此解决恋爱困难的问题,主要是恢复正常,尤其是恢复正常的本能与欲望。你的情况虽有特殊性,但机理是相同的,所以不能急,急也没用,而要把从小到大的过程再梳理一遍,缺什么补什么,恢复正常。其他就好办了。
4. 可能会有一个较长的过程,但从你的情况看,这个过程不会很长。

2013-11-04 14:06

靖:是的,我赞成你的这个方案。这两年我也想了很多,但碍于个人阅历有限,又把自己陷于那种无能为力的情绪当中。看了你的博客和微博,如开悟般感觉强烈。特别是"把心放到外面"那一章,我现在走在路上,都不再心事重重,把注意力都放到周边的环境上去了。有时还是会走神,但记得提醒自己,养成习惯就好了。这个注意点的转移,功用非常的大,当人不再纠结于自身时,反应就快了,就会想办法跟对方互动。我谨记你说的一条,关心他人,给予,这才是一切的起点。这样才会产生自然的快乐,快乐是一切的源头。这个其实跟孔夫子说的"学之不如好之,好之不如乐之",是同一个道理。你的这个互动也是儒家说的"仁",但古人简约,寥寥几字就把很多东西概括了。世人常常知道有这么一种境界,但苦于无路通达。而你,是一个务实的人,是一个喜欢钻研的人,你直接给出了可以实际操作的路线图,这才是最难能可贵的。我想,我是一个非常幸运的人,读万卷书后,能遇到一个生活的智者,有所交流,是你帮我推开了掩住快乐的那扇门。我相信这个过程不会很长,谢谢。

---

① 在微信公众号"两情相悦的艺术"后台输入"401",即可收到该视频。

2013-11-04　16:55

李：到后期还是会有很大抵触的，到时再说。把这九个PPT好好琢磨琢磨，有什么想法，再讨论。这里面的每个点，都是引人深思的。

2013-11-07　07:21

蜻：哲学书刚看了四本。现在不爱花太多时间看书跟电脑。最明显的改变是人总想往外跑。以前不爱动，每天过得寂寥，一个人，一本书。这几天，周一去见一个作家老前辈，相谈甚欢。周二在朋友家吃饭，跟小朋友互讲故事。她很喜欢我。周三，跟最好的朋友喝茶。说起很多以前的事，感觉整个人很放松。她是我最亲近的人，以前我面对她的时候也会紧张。但昨天，整个人很轻松。在工作上，也跟同事有了更多交流。昨晚喝茶，早上很早就醒来，脑子很兴奋。但觉得有点不太对，很亢奋的感觉，写了一篇日记，内容杂乱，逻辑很混乱，字迹也乱。好像有很多感觉在相互拉扯。一会儿想收，一会儿又想放，人很疲惫。想让脑子静下来。今天安排自己去下乡，去乡下走一走。

蜻：这种感觉很像以前做选择的时候，左右为难，最后总会有想毁灭一切的感觉。比如一件衣服染色了，看着碍眼，就会想处理了衣服，让它不再出现在我面前，然后整个人就松一口气。就像以前跟人介绍的男生接触，也有这种感觉，焦躁不安，简直无法忍受，然后就会找个自己认可的理由，结束交往，突然间就松了一口气，有种解脱的感觉。

蜻：简单粗暴，非此即彼，急不可待，选择障碍。我现在回过头去看，这种性格跟我爸简直一模一样。世界在我们眼里，只有对立的两个选项，没有中间地带。

2013-11-07　07:35

蜻：很多想说，混乱疲惫。先说以上吧。准备上班了。

2013-11-07　14:00

李：正能量恢复中……

蜻：看完第八册。我是不是过分夸大了家庭对自己的负面影响？毕竟我很早之前就已经成人,我应该让自己成长起来,而不是把自己继续当成小孩。当父母无法为你提供庇护,自己应当走出去与人互动,融入社会,本来就是每个人成长的必经之路。而我夸大了自己受到的伤害,是不是在享受作为弱者带来的快感——就是相当于那种受虐心态——然后就有借口不长大,不为自己负责,心安理得地自怨自怜,甚至以此来仇恨身边的人,把自己苦情化?

2013-11-07   20:15

靖:我是不是不敢承认自己的缺点?比如虚弱、不切实际、普通。而且为了掩饰这些错,文过饰非,怕受伤害,怕面对真实的自己,就把自己封闭起来。其实接受真实的自己,有错就改,不断学习,跟人交流,用务实的态度面对自己,面对人生,这才是正道。

2013-11-07   21:54

靖:今天依旧走出去。约了朋友散步,她也在找对象。交流后发现,挑剔的背后其实是茫然,是不知道自己要什么。碰见一个同事,打招呼,聊了近况。他问我找了没。坦然回答没有,拜托他帮忙留意,并笑嘻嘻打了个揖。以前让我备感紧张的话题,突然变得很温馨。他也略鞠躬。哈,我们都成了君子。

2013-11-07   22:10

靖:你说幸福的已经结婚的女人都会关心他人①。学习从这点做起。下乡到以前工作的地方,跟认识的人主动微笑打招呼,他们都很热情。中间碰到问题,跟同事商量解决,灵活处事。午休时以前关系很一般的同事还主动教我打麻将。中午吃饭时主动帮同事打饭,准备餐具。他们聊天时开始兴致勃勃地参与。陷入自我时提醒自己。感觉思路越来越快,隔阂感消失。同事手上戴了花戒,夸赞好看。她苦恼买得太多,没盒子装。马上想起自己有好看的茶叶盒,并去找。发现盒边一个包装盒更漂亮,送给了

---

① 来自对电影《咱们的牛百岁》的解读。参看《婚姻的觉悟与艺术》,请在微信公众号"两情相悦的艺术"中查找。

她，并找出弃置的包书的海绵，用来固定戒指。<u>当心放在外面，用心去关心别人时，会调动平常想象不到的能力，去解决问题。</u>同事收到后非常高兴，我也非常高兴。

靖：早上起来，人还是疲惫。一直在想，友善和沟通的重要性。才明白，史书上记载的兴与衰其实都是一部部人与人之间的沟通史。孔子与他的弟子，刘邦与张良、萧何，唐太宗与魏徵。一个和睦的环境中一定有沟通的高手，他们热情、灵活、从容、不急于求成，总是有耐心地沟通，所以中国历史才会那么强调人的作用。因为没有政策是完美的，一项本意为民的政策，有可能会在实施中起到不好的作用。但是如果碰到一个善于沟通的主政官员，一定会与官场和民间多方互动，尽量趋利避害。反观那些名人，如贾谊、李白，他们的落寞和被排挤，往往是由于不懂人际互动，存在沟通障碍造成的。

2013-11-08 07:29

靖：脑子杂乱，痛苦。很多体会，简直兴奋过度。难受，昨晚很困，很早就睡，但睡眠质量不好。现在脑子糊糊的。

2013-11-08 10:36

李：我在部队做过几年干部工作，总感觉人没有缺点，只有特点。这个特点主要是外部生存环境影响形成的，其次是认知（包括所受的教育，自学、自觉、自悟等等）形成的，还有是受人的欲望或者目标影响。这种特点，不管是什么样的特点，都是既产生好处又失去好处的。比如你说的"虚弱，不切实际，普通"，这些特点在你的成长过程中，可以在外部环境支撑不足的情况下，通过自我系统产生足够的心理兴奋与存在感来自我支撑。当然，不利的是从外部获得的东西少了，包括物质与情感。到了现在这个阶段，原先的外部环境不存在了，或者弱化了，或者通过你的生活阅历与学习感悟产生了新的认知，或者产生了新的危机与目标压力（如"剩下"与"解决剩下"），原来的特点就不适用了，而要形成新的特点。所以不用太在意"缺点"，而把注意力放在形成新的特点上。有了这个想法，新的特点会形成得更快、更有效。

2013 - 11 - 08　11:51

靖：小时候的印象，就是人分好坏，简单的脸谱化的结果，就是苛刻。从小被渲染的对人群的恐惧，需要我去淡化。只有对人性有温情的感觉，才会想去靠近。只要有一个比较开放的格局，很多的感觉在通过交流沟通后，可以不断地取舍……感想还是很多，我觉得自己好像在重装系统。我想我需要耐心和毅力，去面对这种矛盾的感觉……我告诉自己，不能心急，急了就没办法打好基础……现在要让自己"活"起来……

2013 - 11 - 08　17:10

靖：剩下之后，很现实的一个问题是，几乎没有可选择的空间了。遇上的那些男人，都多少会有性格孤僻的问题。下午有人介绍了一个男老师，见面的时候，他躲到一边去，连个招呼也不敢打，说了几分钟，连眼睛也不敢看我，他姨妈在旁边一直帮他说话，看这情境，真是很失望。情绪有点低落中……

2013 - 11 - 08　20:10

李：先给自己的大脑重装了意识与思维系统再说。这样再看人会有新的发现和新的感觉，人也都是可以改变的。

2013 - 11 - 08　22:37

靖：晚上继续。同学群中大家聊天，我也加入，秀了照片。同学调侃我是快乐的单身汉，说婚姻是坟墓。我反调侃，说她不厚道，这话应该等我结婚后再说。我们聊得很开心。现在要聊，婚姻是多么的美好。然后一群同学说得很热烈，并提到聚会。我决定参加。有群以来，第一次参加讨论。上次的聚会，我缺席了。同学叫我妹妹，同事开始叫我姐姐。晚上回家，爸爸生日。拍着他的膝头，祝他生日快乐，健康快乐。陪他吃"长寿面"。一起聊了很多。他说看到我这么开心，他很高兴。他的心愿是我一直都开心。自成人后，我从来没感到这么多的亲情，有一种谅解吧。为人父母也不容易。很多事不能怪他们。他说我现在很有活力，他很高兴，愿意把生活过得更开心，调整好他自己的身体和心情，让我不用担心他。今日感觉如上。

2013-11-09 10:03

靖： 早上在父母家里。看到处都是乱七八糟的，妈妈不会收拾，灰尘也不扫，食物也放坏了。收拾了几个地方，产生了无力感。朋友也说，家庭关系是我最无力的地方。我一回来，整个人都想藏起来，躲到书里或是电脑里。等两天过去，就回到自己的地方。哎呀，不说了，找朋友去玩。

靖： 今天去以前认识的朋友家玩，她是一个事业和家庭双成功的女人。我们去年重逢，平常很少见面。中午跟她家人和同事吃饭，我把心放外面，认真跟他们互动。下午跟朋友聊天聊了一下午，其间他的朋友来访，也聊得很久。聊了一些他们生意上的事，即使是自己不熟悉的领域，我也提醒自己，让自己融进去。手机放包里，不再时不时拿出来看。现在开始学着用你的观点来想事情，"一个正常人，最基本的标志就是趋利避害"，少去纠结过去，也不去后悔，因为这些对自己没有益处。就是让自己减少依赖性。意识到社会本来就是很残酷的，人是很现实的，为自己的生活去努力奋斗本来就是很自然的事。回来后，又看你的博客文章，感觉很疲惫。

2013-11-09 18:54

李： "社会本来就是很残酷的，人是很现实的"，这只是一面，更准确的描述是"社会本来就是复杂的，人际关系本来就是复杂的，所以人本来就应该是复杂的！"但正因为复杂，"存乎一心"的"心"修炼好了，再"运用之妙"，就会产生比简单化更美妙的东西。简单了就没意思了。就像做菜，只有一种调料、一种原料，那就不成美味了。一定是百味调和、精工细作，才是佳肴。另外，思维转变了，应对能力提高了，会发现更多社会的美好，与更多人的美好。

2013-11-09 19:40

靖： 以前爸爸生意的失败是因为他病了，然后两个伯伯四处宣扬他的病，他们是同一个生意圈子的，亲兄弟一说，人家就信了，生意垮了，欠债。双重打击下，爸爸开始悲观厌世。记得那时伯伯跟他儿子一起上我家讨钱，拿了棍子。那几年，我几乎不相信人了。心理完全变成孤岛心理，有跟伯伯他们求助，但他们完全没反应。那时，感觉没有亲人、没有能帮自己的人。

靖： 幸亏后来上班了,在单位里,认识一群年纪相仿的同事,一起扶持,才找回了一些感觉。但只限于对我好的人、最初认识的那些人、年轻的人。对有社会阅历的人,我总没办法放松,恐慌感很强。把自己遮得很严实,都是打哈哈地说。

靖： 成年后在一个小单位上班,地处山区,人际非常简单,上班也没有什么事,几乎没有接触什么人。喜欢的两个人,都是成熟的已婚男人,但自己道德感很强,只限于暗恋。是同事,对他们,真的是很付出。工作上,加班什么的,都不会委屈,完全没有自己的想法,把喜欢的人跟领导身份混在一起。可以说,整个青春期都是在暗恋中度过的。身边那时有同年龄的男孩子,但总觉得跟他们相处没办法有安全感。可是暗恋的感情,又总是带来无望。

靖： 因为是小单位,彼此之间没什么很大的利益冲突,我又能力不强,那时忙着念自考文凭,与世无争,导致在这个时期,没有接受社会的折腾,错过一个可以调整自己的机会。后来几年,年纪大了,常常有弃世的感觉,觉得活着真累,出家算了,死了算了,总觉得自己被社会抛弃了。这两年通过自我调整,弃世的想法是没有了。但是压力大的时候,都会逃到书里,不想跟人打交道,觉得面对现实好难堪。今天跟朋友在一起,看大家互动,发现自己错过了成长……梳理了年轻时候的事情,觉得就是一个恶性循环,问题好多,我都没有信心……

2013 - 11 - 09   19:51

靖： 我看了十年的耽美小说(同性恋小说),我觉得那种不被世人祝福的、被隔绝的感情状态才能让我有感觉,才能使我兴奋。至于普通的男欢女爱的小说,完全没感觉。后来在一个作者的介绍下,开始看儒家经典,现在有近一个月没看小说了,言情的也不看,耽美的也不看。

靖： 对工作生活一直采取任性的态度。导致没有用心去揣摩社会规则,没法融入社会。身边的人,没人跟我说实话。谈话到最后,都会让我再等,说都是命,都是缘分。于是会去算命,求神拜佛。后来都觉得自己是被上天抛弃的人。因为是在单位上班,工作上与世无争,得过且过。甚至有完全封闭自己的可能。工作都是公家的事,很简单的账,每月做几天,在我的能力之内，也没压力。事业上目前也没进步的空间。单位的同事都是人脉很强的人，我没竞争力。其实身边大部分都是普通干部，能得到升迁的很少，所以也没觉得自己不正常，就是觉得缘分没到。同办公室的一个大姐有一个妹妹，也是大龄结婚，她们都安慰我，没事。人都是关注自己的吧，别人对这种事情也没兴趣提。她们更愿意说开心的事，家长里短。公婆、老公、孩子，我没有这些，更格格不入。上班太闲，一半时间都是茶话会，我觉得都无处可逃。我一直想不明白，上班怎么是这个样子？后来不想听，干脆用耳机塞住耳朵，一度想辞职。心情越苦闷，看大家越快乐，越融不进去。一方面找不到共同感，一方面又没办法。读书又不能拿来用。常常写些文艺的日志放空间里，大家的肯定，又增加了清高的感觉。简直是一个又一个的恶性循环，脑子简直快炸了。这是重装系统都要经历的吗？很难受。

李："身边的人，没人跟我说实话。"其实不是身边的人不跟你说实话，而是你没有接收实话的系统。大家看到你不愿意听实话，自然也就不说了。

2013 - 11 - 10　06：21

靖：是这样子的。

靖：半夜脑子想东西，睡不着。充满对未来的恐惧。想了很多以往的事。一件一件，如在眼前。我想，我以往最缺的是理性思维和分析能力，和生活在众人当中的坦然。自己得不到，或是无法正面接收大众的评价，企图用自己的优势来对抗。我一直努力地学习、读书，自考文凭、职称，却没有在与人的交往中增强能力。生活中，一直缺少理性的长辈与有社会阅历的人给自己亲密的指导，或是自己完全就没意识到需要这种成长。一直都是同龄的朋友。父母这一块，又都是带来负面的作用，经济混乱不堪，逃避责任，我又盲目不切实际地承担本来不该由自己承担的，整个青春期活在焦虑当中。给外界造成一种心事重重、毫无活力的感觉。然后又沉迷于逃避现实，采取"你对我不好，我也不要理你！"的应对模式。

靖：看看身边比自己成熟、阅历比自己丰富、能总结人生体验的，特别是像老师这种的，没有。跟书本学，又没办法有针对性地解决问题。甚至看了些负能量的东西，更觉得社会不公。至于性格，我前几天才听一个外单位的朋友说我同事评价我是孤独的人。我吓了一跳,没想到是这么评价。其实就像你说的,人没有缺点,只有特点。如果不是因为剩下,如果是早早结了婚,我也许就在婚姻中经营,很多特点自己就心安理得地接受。有些慢慢增强,有些渐渐减弱,不求上进也没事。不爱与人交往,可也有一个固定的小圈子。很多人都这么过,也好好的。但我的"剩下",给自己贴了一张不正常的标签。重压之下,很多东西都变了形。而我只能绝地求生,把自己拉回本能,新老问题一起解决。

2013-11-10 06:49

蜻:提高自己解决问题的能力、人际交往的能力、分析问题的能力,还有对社会舆论的反馈互动能力。把自己塑造成理性、洞彻世事的人,真正心安地生活。让这些年来的痛苦,能有所升华,做一个与人为善、服务他人的人,也算是一番心灵的历练吧。佛说涅槃,也是让人换一种心态吧。从"小我"里走出来,关心他人,不以一己一时得失为怀。清晨无寐,记之。

2013-11-10 14:14

蜻:早上起来做家事,跟爸妈沟通。他们看到我的行动力,也开始支持。家里开始互动。有些我做,有些教妈妈做,有些让爸爸做。然后用些时间,再把儿童哲学书看一遍,也把你的博客里的文章再复习一遍。加了收藏,越发觉得是处世宝典,能从根子上改变我对这个世界的看法。谢谢!当你的学生真幸福。

蜻:继续反省自己的自私。尝试对家人实在地付出,从细节开始……关注与沟通,用无所谓的态度,不再小心翼翼生闷气。继续看你的课程中……

2013-11-11 10:31

蜻:早上有小纠结,会猜测老师是不是对我的行为很不认同,哈哈。不过一直相信,沿着你指的方向走,能找到调整好自己的路。以上其实还是自我折腾的路子,当这种思维来的时候,做事去也!我想,我还要多看书,多跟别人接触……过程会有反复是正常的……

2013-11-11 11:49

李：现在还谈不到认同不认同，既然重装系统，就是一个吐故纳新的过程。你尽管说，我也不当回事。哈。

李：但还是有建议：一是不要再看流行的心理书与励志书。二是你不自私也不需要反省。而且自私是人的本性，所以正常的父母和家庭，都会在孩子小的时候通过逗孩子甚至捉弄来强化孩子的自私本性，在这个基础上，才能建立人的自主意识。孩子长大后，接受了文化教育，逐渐成熟了，这时会有更多的精神需求，比如被社会公众认可或者赞誉的精神愉悦，这时就会向无私的人性升华。但是这种无私是建立在自私的基础上的。本来你的自私本性就缺，再反省不是更麻烦了。

2013-11-11 12:00

靖：以前有听过哈佛大学的"幸福课"，看阿德勒的《超越自卑》，流行心理学书倒不大看。每日一则佛理的一日禅（这个从今天开始不看，把自私这个大性恢复后再说）。这一段时间，几乎都泡在你的微博里，看"儿童哲学智慧书"，其他的书只看王夫之的《读通鉴论》（以前一天一两页，现在一个礼拜也看不了那么多）。一到晚上十点，就累得想休息。觉得那些人性的观念要一遍遍重复，才能入心。集中精力做这件事。闲书一律不看。保持一个专注点，缺什么补什么。

2013-11-11 12:30

李：先这样很好，然后底子硬了就又要什么书都看了，而且还要看一些"乱七八糟"的书。

2013-11-11 22:23

靖：下午自己做的一件事，被同事当场难堪，按以往，会走出去，然后不理她几天。但今天，对照那篇当兵的小伙子被剃光头，结果心理素质变好的文章，特地翻出来看，觉得可参考。拿笔出来，理性分析了，我自己做这件事的利益，和被同事嘲笑的损失，发现没什么好在意的。思想一转，该干吗干吗。反调侃了同事一下。大家都笑了，感觉很棒。晚上跟几个同事吃饭，大胆跟他们说话，说错了很多，菜也点不好。但没纠结，继续把心放外面，与他们互动。很开心。看你博客里，说到对人的分析。其中有个一般性描述，这个应该怎么理解，有规范性的框架吗？晚上在街上等人，用猜人来打发时间，发现脑里没货，无从下手。这方面有什么推荐？可能没上你的课，很多东西没办法综合吸收。博客里的讲课音频听了，很好。还有其他课程的录音吗？晚上走路，发现自己现在很有力，有点风风火火的感觉。多折腾有好处。

2013－11－12　10:21

李：要一步步来，先把哲学书看完，写些感悟来讨论。然后再练练思维，再下一步才是分析人。录音也是，有情感课的全部录音①，到后面再发你。另外要有思想准备，以后"反感抵触排斥"的感觉会很强烈，以前好些人就停在这个阶段，进行不下去了。但是一定要明白，<u>由于你现在状态不好，因此只有你"现在"反感抵触排斥的，才可能是有"疗效"的，而如果你"现在"喜欢接受认可的，可能还是在走老路，而没有实质性的改变。</u>而一旦过了这个阶段，建立了正常的认知系统，上道了，就乐此不疲效果很好了。

2013－11－12　11:42

蜻：好，一步一个脚印来。也把自己的表面化跟流于浮夸的作风改过来，从深入地讨论细节开始。这两天跟同事或朋友讨论话题时发现，自己很多观点都很理论化，流于表面。注重于从大角度去想问题，往往割裂了所探讨的话题与实际所处现实的联系。好像表演一样，几分钟挥洒完了，戏结束了，整个人就回到安静的状态了。导致与人家交流的时候，"程咬金的三板斧"，花拳绣腿。还有就是记忆力的问题，很多东西只能模糊记得，导致讲的内容跟事实对不起来，或是细节出现错误，或是理解偏差。反应过来的时候，话已出口。反应速度明显比大家慢。很多话想讲不敢讲，犹豫，总有顾虑，长久之后形成习惯，吞吞吐吐，就没有灵动的感觉，给人呆板的印象。思维不清楚，只能专注于某一个话题。想来是因为缺乏多变的沟通，思维形成定式。这两天认真地跟人沟通，发现犯了很多错误，反正现

---

① 请在"喜马拉雅"中查找"李晨老师讲情感"，即可找到该讲座的音频。

在脸皮也厚了，无所谓讲错话。但明显感觉脑子卡壳，会出现思路短路的感觉。

靖：还有就是这几年长期面对电脑，看网络小说，内容简单，很多书是凑字数，大量阅看之后，导致看书字不入心。发现这个问题后，有用看纸质书来纠正。现在看王夫之的《读通鉴论》，内容是半页至两页的一则则评论。因为是明清时的文言文，看的时候，第一遍只能懂得20%的内容。第二遍再认真读一遍，才会明白内容。这样纠正已经有一两月时间。我觉得我要尽量离开电脑，网络小说现在坚决不看。让心智尽量简单，就像你说的，回到本能的反应上来。

2013-11-12 11:56

李：1. 别再反思了，根本就不是"表面化跟流于浮夸"的问题。这样的反思多了反而会形成坏毛病。即便要反思，也要落到实处，哪件事办砸了，怎么办的，后果是什么，以后怎么提高调整。或者哪句话说得不到位，听到话的人的反应是什么，以后怎么看人说话。

2. 可以把注意力放到发现别人的问题上去，看别人什么没办好，话没说好。要有发现别人弱点的意识。

3. 《读通鉴论》也别看了，意义实在不大，另外也会误读误解。如果非要看，先把王船山的传记看看，把他的弱点找到，再看《读通鉴论》才会不偏方向。

靖：好，1、2、3三点，坚决执行。

2013-11-12 12:49

靖："另外要有思想准备，以后'反感抵触排斥'的感觉会很强烈，以前好些人就停在这个阶段，进行不下去了。"这个我不怕，因为我有信心，这个信心就是我相信你的课能让我脱胎换骨。不单是为了脱离单身，我要过一个快乐的人生，丢弃那些自我折腾。我受够了那些，纠结，放不开，思虑过重，我要改变，我要我的人生轻装上阵，真正快乐……

李：哈，胆大就好。

2013 - 11 - 12   18:44

靖：下午开始抄"儿童哲学智慧书"，用手过一遍，加深印象。开始培养胆子，决定去做的事，马上行动，先不纠结，练胆。错了，也没什么大不了的。中午副局长在聊天时，调侃一个同事说，如果一个人说你不行，那不一定，但是很多人说你不行，那你肯定有问题。调侃口气中带有冲气，我猜测是平常就看他不顺眼。因为那个同事只认局长说的话，常常卡副局长。副局长是借这个机会发牢骚，表达不满。如果是外人，会觉得副局长这样讲话很过分，但他有底气表达不满。同事听了只是尴尬地笑。双方转移话题。但如果换一个人对同事说这话，肯定翻脸。同事平常为人嚣张，经常卡别人。但人家会看人，对能给他带来利益的人，身段也很柔软。面对近似指责的话，脸上一直带着笑，所以他平常才想卡别人。另一个副局长也在座，当作没其他感觉，继续别的话题，我也顺搭他的话，当作没听见。现在中午吃完饭，会坐到领导那边桌上，听他们说说话。还是一句话，练胆，练沟通。

2013 - 11 - 12   19:09

靖：以前有个观念，发型打扮很重要，所以花钱去买衣服，去烫发。钱花了很多，有时有人夸赞，像吃了药一样，但只能持续几天，过后，心理还是回复虚弱。看"儿童哲学智慧书"里的这一段："即使你用衣服和发型装扮了自己，别人依然可以通过你的表现知道你是个怎样的人。"我知道，以后我还会装扮自己。爱美是天性，但我不再会特别关注这一块。我相信，只要自己强大了，普通的衣服穿在身上也会有不一样的效果。还有就是要学会挑选适合自己的服装，适合的颜色、面料、款式等，把省下来的钱用在投资上。还有一句话，做人不要自我设限，不要设定太多底线，认同！现在跟你交流，语言上，你发现没，也改变了风格——简短有力。

靖：感悟：不要去模仿别人，有太多的变量你无法评估。每个人性格不同，资源不同，环境不同。你所能做的，就是把你身上太多的人为的、道德的限制剔除掉，露出本性。运用自己掌握的技巧，自己去应对发生的事，自己动起来，去寻找能带来"利"的势和能，寻找甚至制造机会。于观察中知道

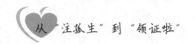

那个变化的"己",跟《易经》是同一个道理。

2013-11-12 19:30

靖: 感悟: 实用, 务实, 拿来主义。自己为自己的人生负责。把精力用在外界该用的地方, 不随意浪费。学会观察环境。

2013-11-13 09:29

靖: 早上起来到现在, 头部左侧疼, 感觉人很烦躁。放松心情中。

2013-11-13 10:37

靖: 感悟: 手抄"儿童哲学智慧书"第二本, 说到友善的问题。以前, 我总把握不好这个度, 把自己当老好人, 尽量对人有求必应, 搞得很累。会存在讨好别人的心思, 明明有些要求很不合理, 也会委曲求全, 不敢驳别人的面子。看了这一章, 我知道, 友善要分情况区别对待。

李:
1. 副局长的"底气", 这个抓得很好。
2. "模仿"是所有动物"习得"的重要途径, 不是模仿"为人", 而是模仿做事的方法、说话的技巧。当然模仿是一定会"走样"的, 但是模仿了, 就多掌握了一套, 然后在实践中去用, 再然后根据自己的特点、实践的效果去改进, 这样长本事更快。美国海军的奠基人约翰·保罗·琼斯说过:"由于他们(英国)是世界上最好的海军, 因此我们必须在某种程度上仿效他们, 这样才能更快地超过他们。"
3. 先要了解"对人有求必应"的机制, 由于自身能力、认知、思维的局限, 无法获得外部关注(主要是通过与外部有效的交流、事业的成就、异性的关注获得), 就只能通过这种途径来获得外部关注, 制造自己被需要的感觉, 以获得存在感。现在思维变了, 方式变了, 能够比以前获得更多、更大的外部关注, 自然原先的方式也就不需要了。这还不是个友情的问题。

2013-11-13 11:23

靖: 早上有两场谈话, 三个应对没到位。事后琢磨可改进处。进步的地方在于,不再自责跟纠结,而是针对可改进处,提醒以后注意,提高技巧,保持友善真诚。

| 2013 - 11 - 13　11:55

蜻：关于说话,早先是怕说错话,尽量少说,即使说,也是附和别人一下,捧个场。这样做的后果是,被人群无视,直至被边缘化,常常产生气闷的感觉。后来又矫枉过正,有时没话找话说,甚至是对自己不了解的发表议论,被人捉住把柄,留下不会说话的印象。这一点,说话应说有分量的话,值得说的,而且说实话并不等于随便乱说。看"儿童哲学智慧书"感悟：还是要多了解一些信息,比如健康常识,周边环境里的人物,切忌空大的消息,这样在与人交谈时,话题才能引人共鸣。不一味当听众。早上一场谈话,对一些知识不了解,导致跟人说话话题没办法深入。还是要多知多识,才能出手有物。

蜻：下午几个同事来我们办公室,一下午是欢声笑语,我也说了很多话。感觉现在在人多的地方,发言已经不再让我心慌了,不敢说话的状态没有了。专注话题,捕捉声气精神这些重点,传递友善,以前很淡的同事,现在也会跟我交流很多,一起探讨情况。就算建议不被人家采纳,也没有感觉了。以前总觉得说话要有见地,不是特别的话不用说。现在觉得谈话就是在跟人沟通,表达自己的善意。意见不合,也不去在意了。被人反驳,也笑笑不当一回事。偶尔也会调侃自己,整个谈话下来,感觉轻松,一点也不累。反应力也有提高。这几天天气阴沉,以往会有抑郁的倾向,现在坐下来跟你写这么些话,抑郁的影儿都没有……脑子用得多了,睡眠质量也很好。中午午睡起来,神清气爽。真开心。

| 2013 - 11 - 13　17:46

蜻：以往对着电脑,喜欢打开网页看淘宝,觉得很有乐趣,一个上午的时间很好打发,但是木着一张脸。现在也会看,但时间很短,觉得很不耐烦。乐趣在消减。现在开电脑,就是看看"儿童哲学智慧书",手写下来。做些本职工作。基本上都在喝茶。现在不管在哪里,都能坐下来,即使刚坐下来

觉得拘束,也厚着脸皮,听人在讲些什么,就融进去了。以前只跟单位里的好朋友交流,每天都会特地抽时间跟她交流。现在不刻意了,不再因为喜欢谁而跟谁交流。只要自己有时间,坐在哪一个茶场,坐下来,泡茶给大家喝,听他们讲话,也很有乐趣。

第二篇
用"练爱"打开情窦

　　掌握了她在心理与情感方面的问题及成因后,解决的策略就是:缺什么就补什么、什么不对就调什么、什么不行就练什么。从意识、心理、思维、情绪、感觉、认知及行为等各个方面系统地推进。这样就能让她摆脱家庭环境与个人经历的不当影响,成为一个成熟、独立、理性,有正常的欲望及其实现途径,对社会、人、情感有正确认知和感知的人。由于情感是高度感性的,光靠语言与文字交流很难真正感悟,因此抓住一次情感经历"练爱",打开情窦。开了"窍",就好办了!

▎2013 - 11 - 14　12:56

靖：早上一个很久没见的同事看了我好久,说,最近变化好大,像换了一个人一样,气色神气,都很好。他们说最近常看见我哈哈大笑,会讲一些以前不会讲的话。

靖：昨晚一个同事介绍了一个人,是离过婚的。其实以前见过,没相中。如果是按以往的脾气,肯定马上拒绝。但想起你博客里说的那些,觉得何必给自己设置那么多限定,就当是多一个与异性交往的机会也不错。后来就一起吃饭了。他很喜欢我,他说上次他对我没有任何印象,但昨天,他觉得我很大方,不亢不卑的,很有分寸,也开朗。他的朋友也对我印象很好。

靖：但是一碰到这种事,我的焦虑又来了,昨晚没睡好。尝试交往吧,我告诉自己,李老师说人生除了快乐之外,没有目的,如果自己跟他在一起,相处很快乐,就可以了。但是心理方面还有很多的想法,昨天晚上脑子一直想个不停。看来,我还是必须好好学你的课,要更努力才行,提高情商。他是一个有故事的人,我也得提高自己的情感技巧才行啊。跟他在一起,得自己很强大才行。不想那么多了,继续"儿童哲学智慧书"的抄写,第三本开始了。今天阳光明媚,心情很好……

▎2013 - 11 - 14　13:01

靖：最近桃花朵朵开……但是对那种父母溺爱的、自己内向的、生活在幻想当中的、自己折腾自己的男生敬谢不敏。很多人介绍这种男生会说,老实,不敢追女孩子,你要主动点儿哦。以前会认同,觉得跟这种人在一起安心。但现在完全不会这么想。感情跟家庭应该是让人觉得快乐的。安心,我自己强大了,我根本不需要从别人身上得到。所以你说看人的眼光会变,你看,我现在才开始学你的课,就发生了这么多变化。我很期待,课程结束的时候,自己会成一个什么样的人?哈,好玩……

▎2013 - 11 - 14　16:58

李：哈,说明你有慧根。另外当前交往要慎重,因为还处于"转型"期,喜好还不成熟,确实动心的(不是通过衡量各种外部条件后动心的,而是"一见你就笑"那种),当然可以交往。否则的话,还是让桃花再开一段时间吧。在这个不长的过程中,你对人的了解与判断,与人交往的能力与技巧,自我的感觉,包括机会,都会有很大提高,再行动就方便多了。

靖:所以,我决定不把太多的心思纠缠在这上面。最根本的还是要练好内功。不管对方对不对,这个才是根本之道。不走以前的情绪化老路,一头就扎进去,浮浮沉沉的累心。他也是个受过挫折的人。<u>我要胆子很大,才能大胆地选择自己想要的生活</u>。我目前还没有这种能力。今天估计可以把第三本抄完,抄一遍的感觉真的不一样。已经看过一遍,但在写的过程中,一字一句的印象更深。<u>我不是聪慧的人,但有一个优点,是相信笨鸟先飞,并愿意为之付出行动</u>……

2013-11-14 17:09

李:心思纠缠在这上面是人的本能,是不由自主会花心思的事,甚至是不管何时何地都会往这方面靠的。以前这种本能是有缺失的,现在要恢复,最起码要找到这种感觉。以后会推荐一些电影,辅助你找到这种感觉。

2013-11-14 17:28

靖:以前心思是有缠绕的,我还以为是自己有问题。不过有点过度了,像焦虑一样,我倒觉得不是缺失而是过度了。

2013-11-14 17:47

李:说的不是一回事,以后会明白的。

靖:昨晚他约我吃饭、聊天。呵,他是一个风趣的人,我就在想,如果他有心,他能让你天天好心情。他成熟大气,外部条件也不错,但更多的是,跟他在一起,很有话聊,一个晚上笑个不停。不过害惨我了,一个晚上睡不好。其实两年前,他就给我留下深刻的印象,他太风趣了。但那个时候的我,是把握不住他的。所以,还是想让自己变得更好,才能更好地与成熟的男人比肩而立……今天继续抄书中……

| 2013 - 11 - 15　08:59

靖：第一次发私信向你请求帮助的那个四十岁的男人,倒是更多因为他的外部条件引起了我的想法。不过也感谢他,正是那个契机,有了跟老师交流的机会,才有最近的一系列转变。年纪大了,常常会抓住救命的稻草,患得患失。我想,还是要有一个好心态,从容地快乐地开始一段感情……继续课程中。我最近填鸭式的学习,渐渐有效果了,很多想法转变得如此自然,有时我自己讲出来,都吓自己一跳。

李：当前正在交往的这个,离婚的原因,要考虑一下。离婚不重要,原因很重要,能够深入体现一个人。

| 2013 - 11 - 15　10:11

李：这个原因不是你听说的,而是你分析出来的。

靖：嗯,我还是先从你这边学本事,那边正常交往,掌握一个节奏,不急于达到什么目标,现在还没到时机去切入分析。是有听说前妻是某领导的女儿,漂亮而跋扈,他以前的性格估计也比较浮夸,虚荣骄傲,有点攀高枝的成分。然后这些年因为前妻名声大噪,她前妻离了好几次婚了,他也一下子出名了。大概成笑话了。他现在在一个很清闲的部门上班。以前非常开朗爱开玩笑的一个人,现在交际圈很窄。这回介绍的是他的一个好友,我说他离过婚,他好友说不是他的错。这个只是听人说的,具体的,我现在也不好直接问他。等了解一段时间吧。

| 2013 - 11 - 15　10:33

靖：我见过她前妻,来办过事,很漂亮。然后听同事说,她家家教很差,母亲是典型的太太,很喜欢摆架子、炫耀。我只是奇怪,他当初怎么会喜欢上这种女孩子?

李：哈,我来描述一下,你看准不准。较瘦,个子较高,长相总体不错但你能感觉到一些不协调的地方。眼神温和,有你说的"风趣",但少一些深入思考后的观点。先说这么多。

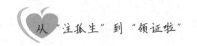

2013-11-15   11:15

靖：个子不高,壮实,目光坚毅。一辆车开了十年,还是保养得很好。坐上车会提醒我系安全带,说在安全方面要养成习惯。吃饭很快,喜欢掌控事情。知道我没驾驶证,第二天在车上就建议我去学驾驶证,说如果有用到,没驾驶证不方便。说掌握一门技术对自己有好处。

靖：吃饭的时候,不管四个人还是两个人,点菜都很适宜,几乎没剩菜。商量去吃饭的地方,他提议的地方人多,我提了另一个地方,他同意了。开到路上,他说还是去吃点纯粹的,白饭配菜或是面,东西杂着,总觉得吃得不舒服。聊天说到家里的事情,去年他老爸得癌症,住院三个月,他一个人照顾。讲到这些事时,他说当时情况很急,在我们这里的医院动了手术,差点出问题,幸亏朋友帮忙,转到省院,当时他说都蒙了。但清醒过来,第一件事就是去吃饭,把体力恢复过来,然后找旅馆,一样一样安置下来。后来他老爸渡过难关。讲这些的时候,他一直在笑,但不是温柔的人。眼神很犀利。会思考。他喜欢打高尔夫,每天会去练球。他说很少人知道他喜欢这个,他说是真喜欢这项运动,能让自己沉静下来。在球场上,能认识那些成功的人,与他们交流,他说他学到很多为人处世的道理。但还是有些眼高于顶。有在最基层的乡镇待过,懂得在官场的自保之道。

2013-11-15   11:38

靖：我两个朋友见过他。问及她们对他的印象,没有不协调的地方。我自己也没有。哈,不过听你这么说后,估计会去找不协调处了。我这是不是"邻人疑斧"呀。哈哈。

2013-11-15   11:53

靖：他着装干净,两天都是休闲的运动装。手指也非常干净,比我自己修得还整齐。他跟他父亲生活,老头子煮饭。家里是个大家族,堂兄妹都住同一幢楼,家人的交往接触比较多。在一个非常闲的单位,只有两个人,不爱去串门。觉得这个地方挺好,没想在事业上有大发展。自己可能有在外面做别的事吧。不靠工资,也不想有机会利用职位增收。几个朋友也比较固定,都是多年的同事或发小发展起来的。以前据说很人来疯,现在变得比较安静。他开玩笑说,绝不孤僻。他有跟人交流。聊天的时候,表情也很生动。好像还有很多细节,就是觉得这是一个骄傲优越的人,对生活细节很有要求。感觉都是他在照顾我。不动声色,却让你感觉很舒服。

李：原来是这样,哈,没说准。

| 2013 - 11 - 15　14:02

蜻：哈,咱不玩江湖测字那一招。

李：不是测字,是从你的描述与你的反应状态去推测。这种间接推测虽然难,但会排除一些干扰,也有价值。你过段时间,把上面这三段文字再看看,你的描述与你的感觉是脱节的。

李：或者说,你的描述反映出的信息,从社会普遍的认知来分析,与你的主观感觉不同。

蜻：他现在非常殷勤,一天联系好多次。我对这种近似热恋的状态非常不习惯。我对自己的感觉不自信,自认为看男人的眼光有问题。还是认知紊乱的问题。会跟朋友去探讨,各人又有各人的眼光,不过从现状看,好朋友的婚姻都很稳定。今天开始肠胃出现不适,这是压力大的体现。以前只要有重的心事,肚子都会不舒服。中午他说要一起吃饭,我拒绝了。不过待会儿会见一下面。

蜻：过段时间,大概会是多久啊？好期待哦。

李：哈,这离"热恋"还早得很、早得很呢。再过个把星期,或再接触个三五次,再积累一些认识就差不多有个基本全面的了解了。当然由于地域文化差异,也可能产生判断上的差别。

蜻：哈,好的,我对热恋没概念。

| 2013 - 11 - 15　14:59

蜻：孤单久了,有一个人突然这么强力地介入你的生活,开始出现恐慌了,瞧我,那种骨子里的不信任感又来了。每次跟人交往接触都会有这种反应,然后一直折腾自己。直到有一天找个缘由断了这种联系,人马上就舒服了。可能是朋友的一句不认同,或是旁人的一句风凉话。我想,我终究是太在乎别人的看法了,活在别人的目光里无法自如。现在,我该用什么样

的态度来面对这种感情难疾？他如果悠着点，我会觉得可以慢慢相处。可是他一般勤，我就开始产生排斥的心理了。做什么都不对劲，睡眠也有问题。瞧我这可怜的孩子……

> 2013-11-15 15:46

李：1. 这不是在乎别人的看法，而是由于生活中实在是缺乏乐趣，另外也实在是缺乏外部关注，所以就会把与自己相关的外部信息放大，而形成一种刺激，来使自己产生心理兴奋。更由于这种心理兴奋可能是你生活中唯一有强度的兴奋，所以就会无法摆脱，而使自己沉浸在这种状态里。这也是你说的"心思缠绕"与我说的不是一回事的原因。

2. 排斥也是正常反应，这是一件大事，谨慎与自我保护是再正常不过的了。只是由于对人的认知与交往能力不强，你对情感的承受能力，再加上对纠结性兴奋的需求，就表现出了比正常状态更强烈的感受。恢复后自然会正常应对。比如现在就会比以前要好。

3. "每次跟人交往接触都会有这种反应"，一是长期形成的不安全感，在面对一个付出情感，有外人强力介入自己心理与情感的领域时，会出现的自我保护性反应。二是由于对情感，尤其是恋爱缺乏认知，不知道接下来会是什么，不知道"热恋"那种极度兴奋、快乐的感觉是怎么回事。

靖：下午他到单位门口来见我，正好上班时间，车窗没关，我看见同事走过来，就开始紧张了，连安全带都忘记系了。赶紧关车窗先，有点手忙脚乱。哈。因为他是"名人"，我担心同事认出来。转了一圈，约了下次再见面，一回到办公室，就觉得不妥，他当时也有点尴尬。就发短信跟他说，白天这样见面，有点紧张，他说他理解。也算是道歉吧。又觉得不用太郑重其事，就淡淡地说了。是好很多，比如刚才转移注意力，就不想这件事了。写了一篇稿子，思路很清晰。开会去了。

> 2013-11-15 15:58

靖：最明显的是现在善于沟通。有什么问题，不再放在心里折腾自己。也明白这是交往过程中必经的事。知道我们需要慢慢熟悉，展示优点也不要怕出现缺点。告诉自己，从容点，耐心点，别想得太多。

李：哈，所以不要急，也就是几个月的时间，最起码也要等回到"本来面目"之后。

靖：不是着急，而是他现在急呀。前两年认识，一个电话也不打，现在一有空就见面，就发信息。偏偏又很近，随时都可以见面。不过这也好，总比以前自己沉迷虚幻的感情要好得多。还有一个就是，我现在坚决杜绝异地恋。反正都要回到本来面目，以后的事以后再说。周末快乐！

2013-11-15 18:01

靖：下班时候，路过办公室，看见一同事在复印。他老婆怀孕，笑笑问他："老婆生了没？"看他领导在，调侃道，"关键时期不能压榨老实人，要多给放假。"他领导故作怪气，说你没经验不能乱提意见。我大笑："不理你了。"走开，一屋子都笑了。路过看见同事打游戏，抢过来打了几盘，同事说我跟小孩一样。晚上回家，让弟弟弄的一份材料又没弄好，讲了很多天了。朋友要帮忙办事的，今天还提起了。以往我会发火。今天鬼使神差，用很慎重的口气说，朋友给我下了死命令，周一一定要完成任务，因为朋友是军人妻子。弟弟马上就放松下来，笑说好。不然按以往状态，又是一场不愉快。

2013-11-15 18:15

靖：今天办公室人品爆好，个个都愿意跟我说事。年轻同事说姐姐你好开心。老同事跟我抱怨委屈，然后陪说话，理解她，也帮她梳理。她还跟来办事的一个外单位的姐姐说要帮我介绍。以往会不好意思，今天一直笑，然后几个就一起调侃起哄要成立婚介所，气氛非常好。而我，也是参与人员。二楼同事评价，换了一个人。看自己眼睛，神采灵动。汇报完毕，李老师听了很高兴吧。

2013-11-15 20:13

靖：晚上跑堂弟家，跟小侄女抢电脑，顺便欺负了她一把。她一边说姑姑好坏，一边往我身上贴。很有成就感，从没体会过的感觉。

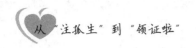

2013-11-16 06:31

靖：昨晚早睡,早上四点多就醒来了。突然间想到,昨天我关车窗时,他脸上的表情。那时,他有个动作,往方向盘上靠。我突然在想,他是个脆弱的人。越骄傲,摔得惨了,就把自己封闭起来。骨子里那股优越感却还在,所以他才会选择高尔夫球这项运动。那种心理状态有点类似于,你们嘲笑我,我才不跟你们为伍。你们看,我很优雅,玩得起高尔夫球,我这是跟高等人做朋友。但他其实是这么脆弱。我没起怜悯之心。我曾经也有类似感受。但现在,这种孤芳自赏、曲高和寡,早已随风而去。当那天,我跟我周围的同事坐在一起,笑对他们对我的调侃,不把那些当作恶意的攻击。原来的那股不平之气就消失了。

2013-11-16 06:47

靖：我看世界的眼光就变得很温暖。与人和善相处,就走出了快乐的第一步。感觉他现在的状态跟我以前很像,觉得被世界伤害了,然后自我隔绝出来。逃避人群,自我安慰喜欢寂静的生活,然后告诉朋友,这样很享受。其实本来也还好,但当自己体会到跟人交往的快乐时,我就不跟寂寞为伍。即使一个人待着,我也是快乐的感觉,以前那种冷清都跑光了。所以他挺喜欢跟我在一起。我很快乐,然后能让他一直说个不停。他只要一有空,就会发信息。昨晚我不想联系,后来他还是发了信息。短短三天,信息有一百多条。他应该是浅薄的人吧。哈哈,不过这世界,也没几个人真正高深。老师是一个。我在想,这段接触,应该让他感受下与人相处的快乐,认识到过往并不像他想象的那么难堪。即使我们没在一起,让他变成快乐的人,也是与人为善吧。就像老师,与我素昧平生,对我都这么热心。传递一份善意,也是我的一种回报,你说,好不好?

2013-11-16 17:44

靖：今天早上做家事,状态很好。下午改文章,要去参加单位的征文比赛。朋友上回介绍的一个异地的,朋友一直觉得不错。我是觉得不合适,争论了一番。我感觉人很浮躁,朋友一直说,是我不愿意付出。如果有感情基础,周末夫妻根本不是问题。他不愿意跑,也不愿意把家安在我的城市。

他们都说,我工作清闲,应该是我跑,每周去他的城市。问题是,我何苦那么折腾。为了婚姻,那个人,只见过一面,就因为他满意,我就不应该拒绝?!朋友有点生气,我也烦,说了好几遍了。一次一次说,都是那几句。自己心底的那股浮躁又来了。我都怀疑,这段时间的努力,都成无用功了,心浮气躁中。继续抄第四本。

李:这是什么朋友啊?!浮躁来了就来了,多大个事。人不浮躁枉少年,哈!

靖:见过一面,他就要结婚了。他说年末有焦虑症,说他弟弟先结婚后恋爱,也过得很好。哈,也许没上这门课,迫于压力,我就答应了。还好,顶住了。不过,我有拒绝焦虑症。每次拒绝别人,我都不愿意由我提起。更愿意对方说不合适。每次拒绝别人,被介绍人数落,我都会焦虑好多天。觉得他们讲的孤独终老的恐慌会落在我身上,然后情绪会很低落,直到这个恐慌过去。

李:能发现他的脆弱,很好!发现别人的弱点既是人的本能,也是最重要的处世技能①。有这个本事,与人交往就没什么大问题了。原先有些担心,现在看来你有足够的悟性与把握能力,这就怎么折腾都不怕了。

2013-11-16 17:55

靖:是啊,哈,来了就来了。来吧就来吧,去吧就去吧……对,以后我也告诉自己,多大个事,不自我纠缠,情绪说没就没了。

李:这个也太夸张了,见一面就要结婚。以后遇人介绍,先看介绍人,介绍人不靠谱,介绍的人也大多不靠谱,就不用见了,这样可以避免被动。另外,不靠谱又喜欢介绍的,一般口舌长,也会影响你形象。

2013-11-16 18:06

李:再说你前面的内容。<u>让人快乐的与人为善,需要很高的技巧,如果被对方误解你的意思,而最后又没能在一起,就成伤害了。要慎重。</u>

靖:嗯,记住了。这个朋友倒不是口舌长,她也是情感缺失的家庭长大的,热衷于关心别人,用这个来找存在感。她会不计回报地帮助人,很热心。不过分寸收不住,会过头。只要有一件不好的事情发生,她就会一直问,人

---

① 参看《人情练达的学问》第191—203页。

家不想谈,她还看不懂脸色。对外界的信息,她接收不到。不过她自己是心理学专业的,对自己的专业很有自信。

靖：那我不急,慢慢来,先练内功。

2013-11-16 18:17

李：哈哈,我最喜欢心理学专业的同学了,很有喜感。你的描述也很有喜感。我是十年前发现中国的心理学是与中国人的心理脱节的,研究心理学的人是与中国人的现实心理脱节的。所以就开始研究心理而不研究心理学了。

靖：我们这边的很多婚姻习惯,还没变化。见一面结婚的,还真不少。特别是在沿海的几个镇,大家都在外地做事。年末一股脑回来,媒人带着一家家看,看中的马上留下现金当聘金,个个财大气粗,就像买人。哪家聘金高,家人会炫耀。好玩吧?女孩子是按年纪跟外貌计价的,学历什么的做参考。据说都炒到几百万了。

2013-11-16 18:31

靖：我这些年看过不少的心理书。就像你说的,大陆的,很教条化,就炒概念。欧美的,毕竟国情不同,参照性差。而且现在受印度冥想影响,动不动就建议人冥坐和自我暗示。台湾的,也是环境不同,水土不服。然后就剩一些心灵鸡汤的自我安慰——我觉得只能让人缓解一段时间,没办法从根本上解决问题。那天浏览博客,看到你的一则评论,我觉得你的看法很务实。打开你的微博,我一口气看完所有文章,然后又找出博客,全看了一遍,觉得很有实际意义。那时我在备考资格证,书都顾不上看,就泡在你的课程里。事实证明,我的眼光没错。

靖：我一直知道自己性格里的悲观和负面,也一直想办法在调整。我也知道自己的性格跟我爸妈的家庭影响有关,但是不知道怎样从根源上纠正。所以,我看儒家的书,打算学习古代智者的处世方式,来纠正自己的焦虑和不自信。但古代中国也没办法提供行之有效的方法。直到看到你的文章,我不禁感慨自己的运气好。你说要什么样的运气,才能在微博里通过一则答复找到一个如此专业的人。不单有兴趣研究这个,还要阅人无数、涉世深、了解人情世故、愿意去琢磨。我认识很多像你这个年纪的人，谈起心来，他们往往不具备分析能力。只能说我运气太好了。

靖： 你不知道有多神奇，我验证了很多你提议的方式。我对你的博客很熟，一遍一遍地看，熟了之后，碰到问题，就会突然冒出想法。比如那个不要自己折腾自己，把心放在外面，天，你不试下，你根本不知道有多神奇。你说我有慧根，早上又看了博客，知道你是夸我知好歹、够意思，突然之间就很得意。自己眼尖，哈哈，自我表扬一下……

2013-11-16 18:49

靖： 我现在也开始学你在琢磨了。我这段时间什么书都不看，所有的手机电脑上收藏你的博客，有空就拿出来看看。有空就往人多的地方凑，专注听人说话，关心他人，注意别人的技巧，跟你探讨问题。现在连家里人都被我带动得乐观起来了。我跟我爸爸说有这么一个老师，他很感谢你。而我相信，奇迹就在前面，我的人生会有不一样的光彩。

2013-11-16 21:11

靖： 晚上跟他短信交流。我发现我现在的聊天水平大有长进，敢说也敢问。他说他对家里和办公室卫生标准要求很高。他说他喜欢精致、讲究、小资。突然间脑子里就出现了对他的评价，具体描述如下，看跟你的是否一致：自信而有优越感（家里条件好形成的自我认知），比较自私（认为只要做好表面的文章就好），冷眼（表现在对其他同事不客气的评价上），心冷（对婚姻没做挽回），特质流于表面化。估计不好相处，挑剔，但重要的是不关心他人，理性精明有余而温情不足——就是不会体谅他人，非常自我、虚荣。吃饭很快，但其间没有照顾别人的举动。所以他会把自己封闭起来。这样讲来，跟以前的我好像。所以上次见面我才会喜欢他，而他才会喜欢他前妻。他喜欢绢花，精致却没生命力。问题是我愿意改变，并为之努力，而他可能都没意识到。他只是觉得自己是受害人，更趋向极端。

2013-11-16 23:17

李： 哈，你很厉害。艰难的经历容易成为负担，但一经点化，就是智慧与能量。

你将来也会很有吸引力的。

> 2013 - 11 - 17 07 : 42

靖：六祖悟道之后，又修道那么久，才成就智慧。所以听了你的肯定，我不会自满，会一直往前走的。智慧和能量从来是我所追求的，将来如真能得到，也是得偿所愿。我一直认为，经历过挫折和困难不要紧，但你必须要培养一种能力，把那些过往化成养料，为现在和未来的人生提供能量。这样，那些纠结才不白受。我这么想，也一直让自己这么做。我知道还会有反复，但会一直往前。哈，发现跟你交流，非常之流畅。很受启悟的感觉。

李：我看差不多了，基本恢复了。分析人是个重要指标，只有心理状态好的人，对人的分析才能很深入，而心理状态不好，会在分析别人的过程中联想到自己的某些过往而产生心理压抑，限制心理兴奋与思维而分析不下去。但看你的分析已经比较深入了，已经比普通人要深了，而且没有不良反应，说明心理状态没什么问题了，或者最多是一些"惯性"。以后再分析人就是技术上的提高了，主要是把人的思维、性格、情感，与其父母家庭联系起来①，无论其年龄有多大。

> 2013 - 11 - 17 11 : 19

李：儿童哲学书也不用看了，或者闲了再看。我回头给你发十道思维训练题和参考解答。你先做题，然后和参考解答对照琢磨琢磨，有想法了就讨论。处世和情感是相辅相成、互相促进的两个方面，所以双管齐下。

靖：好的。是的，以前我分析别人的时候，或是听别人分析他人的时候，会代入自己。到最后变成对自己的批判，而对可以学习到的技巧完全忽视。今天跟朋友去爬山，整个人体会到自然的那种美。跟朋友交流也注意到很多东西，现学现用。她是个很通人情世故的人，今天我们交流评价人，很多分析都很一致。还有就是，心情非常开心，放松，不纠结。

---

① 这里介绍一个简易版的分析人的框架，一共有八个点：父母家庭、成长经历、性格心理、为人处世、异性交往、生活状态、工作状态、缺陷弱点。每个点都要分析出来，再一综合，就可以得到一个比较深入的分析。具体应用请在"哔哩哔哩"中查找"李晨老师讲情感"，"情感辅导直播第1季-第5位-视频1"中有详细介绍。

李：这是十道思维训练题与参考解答①，注意要按题目的序号做，这十道题之间是有逻辑递进关系的。

| 2013 - 11 - 18　10:59

靖：好,我等一会儿安静的时候,认真去做。

靖：思维训练题1:"哪一个是百年老店的生意口?"我选1,要几个馍。理由如下:

一、从店主方面来说。

1. 进来问要几个馍,一是彰显了店主的自信。自家的食物好,吃是肯定的,顾客只有一个决定要做——吃几个的问题。
2. 简单的问题,说明这家店的口碑已经有了,不需要再多费口舌去宣传产品的独到之处了。
3. 省下其他的心思和花费,把精力用在保持产品质量的坚持上。

二、从顾客方面讲。

1. 选择越少越省事。问题一多,就犹豫,也浪费精力。
2. 几个馍的口气问出来,很有自家人的感觉,让人宾至如归,不见外。

靖：我直接把我的答案记下来,发给老师。一来,这样有考试的感觉,会让自己认真对待,认真回答。二呢,这是最直接的反应,我尽量把自己看到题的几分钟想到的,都记下来,这样老师看了更直观。我先把十道题一一做下来,然后再去自己对答案。这样,既是跟老师有了交流,也可以对题梳理自己,一举多得……

| 2013 - 11 - 18　13:06

李：好,要多琢磨琢磨再写答案。

| 2013 - 11 - 18　13:20

靖：思维训练题2:"馒头应该怎么吃?"我选择早上黑、白馍,中午白馍,晚上黑馍。理由如下:

---

① 参见《人情练达的学问》第70—92页。

1. 早上不能先黑馍,待遇太差,引起麦客忌恨,到时在收麦时做手脚,就得不偿失了。也不能选白馍。一般初接触的时候,对人不能太过热情。不然以后的话,你就要用更强力的热情才能刺激对方对你的热情有所感觉。而一天只能提供一顿白馍,你第一餐就提供了,下顿没有了,麦客就会有心理落差,干活也不卖劲了。所以早上最好是提供黑、白馍,既显示对麦客的重视,也不过分热情。

2. 中午的时候,你提供白馍,一是显示对麦客一早上劳动的满意,回馈更好的食物。而麦客出于对主人的良性礼遇,对下午的劳动,就不会随意对待。

3. 一天的劳动结束了,主人从利益上考虑,晚上让麦客吃黑馍,可以省钱,而不对自己的麦收造成损害。

2013-11-18 13:31

蜻:思维训练题3:"为什么说'承畴必不死'?"这个题其实我以前有看过。不过现在用自己的语言和思路组织一下。从四个方面可以看出:

1. 光脚趿鞋。试想一个一心以家国为念的人,在皇帝吊死景山、京城易主、自己被俘的情况下,光脚就光脚了,还要趿鞋,说明极爱惜自己。

2. 一心求死的人,往往哀莫大于心死,一般是拒绝说话,他还有兴致破口大骂,可见,还有一肚子不平之气。

3. 与范文程"论古今事"。古今多少事,与一个将死之人,是没有多大干涉的,他会论,说明还有功利之心。

4. "尘从梁间落",马上拂去,说明这是一个非常爱惜自己的人。像这么细节的东西,他都可以注意得到,他应该是一个极重视外表、爱面子的人,这种人根本就不会为了家国大义,让自己去死。

蜻:思维训练题4:"如何应对顾客的赞誉?"卖油茶老板的回复,我选后一个,"还有什么不对你就说"。理由如下:

1. 这是一个良性的互动沟通,让顾客提出意见,有助于改进不足之处。

2. 让顾客觉得受到重视,对这个店更加有好感。

3. 这个口气,还是自家人的口气,很随意,又亲切。既少了"手艺好,料也硬棒,不敢糊弄人"的抬高自己的傲气,也不像"笑一笑,不置可否"语焉不详式的疏离,平实真诚。

2013 - 11 - 18   13:46

靖:思维训练题5:"离婚了财产应该怎么分?"我如果是男方的朋友,我会这么建议:钱就不用分了,都给妻子。然后问男方,你不是要找漂亮、聪明、有钱的? 你看,你钱都给了你妻子后,漂亮、聪明、有钱,她完全满足这些条件。还有一个更好的优点,体谅别人。你看,连要离婚了,她都那么体谅你,而你也那么为她着想。看来,感情还在嘛。你们两个只是需要磨合,赶紧多沟通、多交流,也许能够再重新挽回。

靖:思维训练题6:"为什么美国富人的身材比穷人好?"我选择"富人自制力强,可以坚持锻炼及控制摄取食物"这个调查分析结果,并论述理由如下:美国富人分两种,一是家境好的,靠继承家族财富成为富人,普遍受过良好的教育,理性而有自制力;二是通过自己努力成为富人,能成就事业的人的特质,一般也是跟精明和理性相挂钩。这两类人,总体上是不会放任自己的情绪的。他们善于克制自己,能坚持锻炼。有钱可以聘请好的营养师没错,可以聘请健身教练也没错,但如果计划制定出来,没有人去身体力行,也是白搭。

2013 - 11 - 18   14:05

靖:思维训练题7:"柏拉图应该怎么回答?"这道我以前有看过,但刚才认真想,还是想不出来原来的答案。我还是按照我自己的感觉写出来吧。我如果是柏拉图,我会回答:"第欧根尼,我用我的地毯成就你的傲慢。"这个回答,源于你博客里的一则文章,怎么对待"自以为是"的人,避其羞辱。而用这种回答,又跟他的话"柏拉图,我用我的双脚羞辱了你的虚荣!"相对应,营造出一种戏剧效果,会让听的人产生会心的笑,也不会让对方下不了台,机智有趣。

2013 - 11 - 18   14:25

靖:思维训练题8:"当铺收了假画怎么办?"这题也有印象。哈,想起来了,这几道题,我在你的上海大学校内论坛的博客上看到过,不过因为没有加好友,看不到答案,但是有看到各位同学的答复,所以觉得好熟。做到第8题才想起来,我做题太专注了。最近都驻扎在老师的新浪博客和微博,忽略了另一个博客了。还是照例按我此刻的想法来梳理对策与思路。哈,如果我是当铺经理:我会先不动声色,先划定小报记者的交往圈,找到里面玩字画的,放出消息说,最近捡到了大漏,收了一幅张择端的《寒食图》真迹,价值连城。等那些人上门观看的时候,小范围展看。那幅画既然能够瞒住掌柜这样的行家,肯定可以唬住那些人。有人商量要买的时候,又要故作神秘地说,这画还在赎当期,不能声张,如果让典当的人知道了,要赎回去,当铺就赚不到钱了。小报记者刚听的时候,肯定心里得意,认为掌柜笨死了。可一旦说的人多了,他估计就起心思了。画是假的,又怎么样,那么多人都当作真的了,我拿回来,可以卖更高的价。他只要再起贪心,这事就有戏了。

蜻: 思维训练题9:"亿万富翁相亲为何'一眼看中工作人员'?"哈,这题在你的博客里看到过,当时还多看了一遍,我描述如下:亿万富翁一眼看中工作人员,我们先来分析:

一、工作人员区别于现场其他女孩的特质是什么。

1. 外表。既然是"亿万富豪相亲",女孩子来参加这活动,肯定是极装扮之能事。而工作人员是服务人员,着装应该是简朴的。显然在这点上工作人员无法胜出。

2. 态度神情。参加聚会的女孩,都是带着找对象的目的来的,态度上就会有所牵扯,无法放松自己,神情上当然就会四处寻找目标,有锁定,有动作。而工作人员是来服务大家的,态度上轻松愉悦,一双眼睛可以坦然灵活地关注现场,甚至可以在脑子里玩游戏,来做男女配对——这个跟那个合适,很有兴味的感觉,脸上就会显出一种很灵动的气质。

二、我们接着来分析,亿万富翁看中的是女孩子的什么品质。我们想想,在现代社会里,能成为亿万富翁,肯定是能提供大众需要的产品和服务,才能积累亿万财富。取重点的话,还是要服务大众。他在服务大众中获得了利益,尝到了这个甜头,就会看重这个品质,保持这个品质。扩而广之到找对象上,他一定也会主动去选择具备这种品质的人。而工作人员在相亲现场的表现,正好体现了她的这个特质,所以亿万富翁才会一眼相中她。乃至知道她已经有了男朋友后,还不放弃,通过别人传递给她一张名片,这个动作反映了亿万富翁能成功的做事风格——锲而不舍,不轻言放弃。

2013－11－18　15∶18

蜻: 思维训练题10:"如何吃到更多的羊肉包子?"这个我来回答,还是要从服务大众出发,具体行为如下:主动站起来帮大家分包子,然后把肉多皮薄的猪肉包子分给大家,嘴里还调侃说,你看我多高尚,把肉多的包子都先人后己地分给大家,把皮厚肉少的留给自己。一来是减轻大家的警惕心,二来是主动分包子,让大家不好意思起疑心。哈哈,这题完全没有看过哈,自己答的。

蜻: 哈,看了答案,境界差距就出来了。我很汗颜,但是也看到一个方向。大气、精明、不在乎的大度,还有很多的品质,我需要慢慢揣摩跟学习。打印了这些题目和答案,慢慢看,慢慢吸收。觉得很多自己需要的品质在里面。灵活处事,我太呆板了,老想着盘里的菜,安于一隅。思维拓展严重不足,机灵劲(像你说的"小兵张嘎")不足。这一块是急需补的地方。我再慢慢琢磨……

蜻: 还要汇报一点,今天人际如鱼得水。中午正好晚点到食堂,坐到领导那桌,局长刚从国外回来。因为以前关系冷淡,他有点不待见我。然后我就主动打招呼,说局长真懂得养生,先喝汤后吃饭。他不知是没听见还是什么,没回话。我笑着说,局长出差回来好酷。他没听清,又问了一句,旁边一个副局长也开玩笑,说美女说你好酷,然后他就笑了,说出了一趟国,影响这么大吗?然后我就问出国之行的感想。然后话题就起来了。他说到矿山的整治,兴致起来的时候,他掏出手机,给我们看相片。然后我离开座位,站到他的身边,说出我的观感。一桌的其他人都被带动起来了,也去看他的照片。他拿着手机转了一圈,话题进行得很愉悦。如果不是有同事要请教事情,硬插进来,我们还会谈得更愉快。他们有事要谈,我就先笑着离开了。哈,很棒的一幕,对吗?把局长当长者对待,友好尊敬地打招呼。对局长的友善,我用行动表现出惊喜并回应。当时我没有去想怎么做,就自然而然地做出来了。了解我的一个副局长看我跳到局长身边看照片时,吓到了,因为我从来不是这么主动的人。哈哈,很开心哦……

2013 - 11 - 18 16:09

靖：跟那个人在接触。他约我吃饭。在考察和评估他是不是想改变及愿意改变之前，我不想去花他的钱，当然也不想花我自己的钱。所以我说，一起吃饭折腾，建议各吃各的，完了之后再联系去喝茶。他说，不吃饭他折腾。我就回了一句：那就看你在折腾你跟折腾我之间怎么选择了？他回说"算你狠"，然后，一场坚持就完成了。我觉得应对有长进，现在跟人接触，反应也快了。开心中……

2013 - 11 - 18 17:17

李：1. 从抢包子可以看出，及早进行争斗，对人的品质的形成非常重要。有个弟弟本是好事，可以从小就进行争抢，但可能很小就进入"责任"与"照顾"的状态，而把本性压制了。而正常的"责任"与"照顾"应该是在成人之后。

2. 第5题就是糊涂了。说明你对这种情感不了解。以后会向你推荐一些电影①，让你感觉感觉。

3. 改变一定是从外部进行的，靠自己去悟产生改变基本不可能，因为人想不出自己想不出的东西，必须依靠外部输入。所以静态的"考察与评估"是没有效果的，而要启发。但是启发的来源又不能离自己的认知太近，太近了外部容易变成内部，也是没有效果的。

2013 - 11 - 18 17:41

靖：1. 第5题之所以出现这么大的糊涂，我想是跟我的小格局有关的。总在身边寻找合适的人，有一种凑合和将就的心理。老觉得离开一个再去找一个，是件很麻烦的事情，而没有思考，两个人不合适了，就应该往外部折腾去寻找。还是小农意识作祟。加之身边长辈同事的观念，都认为劝合不劝离。也有两对同事是离婚后复合的，现在看，表面上还挺和

---

① 推荐电影名单请见书后的附录。

谐的。所以会有这种想法，没看到答案的时候，还对这题挺满意，看到时，一下子就傻了。努力学习中。

蜻：2. 对弟弟，自小就很爱护，其实这对我自己是造成了压力的，对他也带来了不良影响。我先提高我的技巧，再琢磨怎么应对弟弟。不过他这些年，做了公司的市场开发部主任，整天跟人打交道，从外部折腾这块是足够了，就是对女孩子不感兴趣，让他追人，都没兴致，休息时宁愿待在家里。

蜻：3. 我一直有忍让的性格，从小只有被欺负到忍无可忍了，才会激烈反击。这一块，看到那个"怎么吃到更多的包子"题目的答案时，都傻了眼了，完全是我不具备的心机和灵活劲。

蜻：4. 对考察与评估打算这么进行：我有一个朋友，当年爱上了老婆的表妹，搞得身败名裂，比笑柄还不如。但他始终坚持自己，没有把自己隔绝跟封闭起来。离了婚，接着娶了有感情的那个女人，一步一步走出困境，现在过得很开朗——不但家庭和睦，人际什么的，他也非常受欢迎。现在在一家公司里当高管，开了一个茶馆，整天人很多。打算带他过去喝茶。一来，朋友的圈子跟我的不会太近，不会造成谣言。二来，让他看看朋友现在的状态，暗示其实没有必要把自己隔离在人群外。只要他能对人消除敌意，从脆弱清高的地方走下来，自己去找环境折腾，就可以有希望，然后再作进一步打算。

2013 - 11 - 18　18：13

蜻：对他还存有想法，其实也是现实所迫。我是1980年出生的，现在34岁了。我的家乡非常重视女生的年纪，男的普遍都不愿意娶年纪大点儿的女生。社会环境就是这么一个论调。上次给你留言说沿海女生结婚像卖钱，最大的一个筹码是年纪和外貌。不在乎年纪的男生，往往性格有很大的问题，这个感觉更头疼。离婚的呢，一是我的家乡是一个非常讲究家庭的地方，一家子生活在一起，离婚率很低。二是真有离婚的，也是性格古怪的。因为社会对婚姻的稳定很看重，特别是我在的这个环境，身边的人，婚姻基本上很稳定。男人即使对妻子不满意，没感情，也不愿血性到去离婚，宁愿家里有红旗，外面有彩旗。所以，说真的，可选择的空间非常小。我一个姐妹甚至说我,只要嫁了,不孤独终老,其他的别在乎太多。可以想象这个社会的压力。我也是这些年在这个压力下不断变形,难受得要命,所以才会采用激烈的方式把自己隔绝起来。不管怎么样,还是要乐观。不合适的,也坚决不能将就。把日子过得美美的、很快乐,是最重要的。在他,有几个优势:对我上心,现在是天天短信不断,也有话题聊,天天都会见面。

靖:而且为人方面,相貌不错,学识不错,又是和我在同一种性质的地方上班,有共同话题。

靖:另外他受过挫折,我有指出他的问题,他有说愿意努力改变。其他的几朵桃花,更是内向得要命,几乎都对人生没有目标,不知道自己要的是什么,像没有生命力的布娃娃一样,活在虚幻的想象中,更不会有改变的想法和意识。我也是迫于无奈。不过也可以用来锻炼自己的情感处事。那几个,我都拒绝了,只剩这一朵桃花了。

靖:晚上一起去看电影,他说他非常怕感冒,一有初期症状就会非常紧张。我说是不是小时候家人太爱护了,造成心理过度紧张。他说不知道,反正一感冒,整个人就会非常难受,晕乎乎的。就这样路上聊天。说起他家人。他妈妈过世了。他记得妈妈去世那年是四十九岁,当时他刚参加工作。他说他跟妈妈关系当然比跟他爸爸好。以前在家里完全是他妈妈说了算。而现在他家是他说了算。口气中对他爸爸很不以为意。然后我问他爸爸后来有没有再找,他说:那怎么知道,他自己私下找,谁知道?我说:怎么可能?他有找妻子没,你做儿子的不知道?他说这个没有,还说以为我是问找女人,还说我没经历过,不知道男人的状态。然后我奇怪他怎么那样说他父亲,是吧?是关系不好吗?他说没有,怎么会不好,他爸爸住院,他去照顾了几个月。我说那是本分。他就火大,提高音量,说那要他怎么办,难道要抱起来亲才是孝顺。我回了句:你生气了?他又笑着说:我哪会生气?从这点可以看出,他的强势传自他妈妈。他父亲生活应该是不检点,父子有矛盾。他口是心非,寡情。

2013-11-18 23:39

靖:在影院拿表格,开始填。我注意他写字——用力,笔尖往各个方向扫开。

吃爆米花——掉得地上、桌上很多,喝水的动作急切。订票时,他说最后一排最好,根本不跟我商量,就订了两个座位。就像吃饭时,他都自己点菜,不征求别人意见。以上行为,我觉得他是一个被宠坏的孩子,急性毛躁,我行我素,不会体谅他人,拒绝跟他人沟通。

2013-11-19　00:01

靖: 继续聊天。在路上分析人,我开玩笑,说他听不进别人意见。他说看人,看得爽的人,就觉得什么话都动听,不爽的,就是明知有道理也不听,并举例说明。交流几句后,我开玩笑说,他有急躁症,他就不耐烦地说:这么说你的性格比我优越了?谈话陷入尴尬。然后说朋友要调他去卫生局当副局长,一边说这是个好机会,一边又说可惜被书记否决了。但是不承认他自己有想去的想法,感觉他对社会的各种定义概念很混乱。是非,甚至有跟没有,都存在混乱。以自己的主观想法来决定所有的事,喜好是最大的真理。又因为家里条件好,不用去社会上找帮助,可以生活得不错,就没意识到自己的问题。跟他交流,越来越违和,对应不起来,没办法真诚地交流。他对人的评价,只有几个形容词,然后就讲不出其他细节了。感觉思维非常单一,心智不成熟,所以表达往往偏向俏皮话,没办法往更深去挖掘东西。我甚至怀疑,他是不是得过儿童自闭症。他晚上整个人给我的感觉是非常焦躁,很不对劲。还有走路的感觉,也很急切、无神、漂着。

2013-11-19　00:26

靖: 他的生活就是吃喝,不愿跟你说心里话。你说,他回应。你不说,他也不主动说,不会从话语上去关心他人。感觉就是用物质享受来争取他人,以自己的性情为傲。

靖: 翻开几天前我对他的评价,完全与现在的看法变了一个样。而看你对他的评价,一针见血。我通过自己的了解和分析,找到了和你的分析几乎一样的评价,是否说明昨天的十个情感识别题让我的理论水平又上了一层楼。昨晚的实践中,一种很本能的感觉自然而然就起来了——强烈地不适应。一度我都生气了,他把电影介绍单,暴发户一样甩给我的时候,我马上拒绝了,我说我不要。感觉他就像小学初中的男生,给朋友或同学零食、汽水的感觉,以此来建立人际。据说他以前也处过女友,估计是爱慕物质的人,所以愿意跟他在一起,花钱随性。问题是我喜欢物质,但物质不会成为我选择伴侣的决定性砝码,我更看重人本身的品质。我决定了,结束考察,撤退。就像你说的,我有慧根,改变性格,都这么撕心裂肺,这么遭受磨难。而他这个脾气,这种深度,根本不可能,白费力气。我到别处去找。把自己变成有修养、有气质的人,魅力四射,我就不信,我找不到对的那个人。

2013-11-19 11:58

李:这是以前上课时分析报纸上一个人物的录音,你参考参考。其他事还要多琢磨,等有个基本全面的了解后再说①。

2013-11-19 12:54

靖:下载了,正在学习中……

靖:这是上周天的九华山之行的相片,你看活力恢复了……

靖:这是9月初去北京的照片,你看差别好大。

李:哈,你以前得多苦呀。不过这个状态还不到位,什么时候眉眼一开阔、疏朗,状态就出来了。

李:但是活泼的感觉已经有了。

2013-11-19 14:31

李:1. 谈恋爱也是需要机灵与手段的。这个下一步看电影的时候会说。

2. "考察与评估"的计划很好。但要注意"点到为止",主要靠自己感悟,不能过多干预。不过你朋友可真多。

3. "现实所迫"也是正常的,不管什么年龄,都会有这样或那样的"现实所迫"。但现在时机很关键,再急也就是几个月的时间,状态出来了,不管和谁,都可能是另一番景象。

---

① 类似的对人的全面分析请在"哔哩哔哩"中查找"李晨老师讲感情","情感辅导直播第1季-第5位-视频1"。

4. 看电影时所谓的"强势"只是表面化的,是对内心脆弱的一种对冲,或者平衡。而内心脆弱是由小时家庭环境造成的。人的情感状态主要取决于小时候的父母家庭状态,一旦形成,后天很难调整。很多名人、成功人士情感状态不好,也是这个原因。因为情感状态是内心的状态,不能为外人道,也不能模仿情感状态好的人的状态,所以习惯性很强。另外由于人的心理特征,会选择性遗忘,即便想与外人交流,也会"想不起来"最核心、最关键的问题、事件与人。外人自然更无法探究了。

5. "非常怕感冒"之说,只是整个情感系统在弱的状态下的一种偏执性的支撑,一般心理与情感状态弱的人都会有一些偏执性的习惯,不是这个习惯重要,而是这种习惯会产生一种"与众不同"的感觉,形成心理与情感支撑,从而获得存在感。包括"办卡、坐到最后一排"。

6. "吃爆米花——掉得地上、桌上很多"是心理与情感状态不稳定的一种外在表现。另外也是由于你"刨根问底"刺激到了心理问题最核心的"父母家庭",他有些失去心理平衡了,进而用一些举动来"强行"控制肢体,但又很难控制,因而表现得更加不稳定。

7. "非常焦躁"也是由于你问得过深、过多,他感觉你太强硬而表现出来的。"不愿跟你说心里话"其实是不愿陷入痛苦的回忆与心境。

8. 你的"生气",只是还不了解人。在有了上面1—7点认知后,应该做的是体谅对方。人都是可以改变的,尤其是心理与情感脆弱的人,更渴望改变,只是不得法。其实都还是好人,善良的人,找到了弱点与原因,这样的人其实更好把握。

2013 - 11 - 19　15:09

靖: 是的,以前我以为自己会体谅人,但那其实不是体谅,那只是附和,讨好式的附和,没有自己的附和。嗯,继续学习中。

2013 - 11 - 19　15:28

靖: 说到朋友,真的蛮多的。多年来他们关心我,让我能一路不放弃自己,直到能遇到老师,调整状态。也是我幸运,一毕业就到一个单纯的环境里,认识了很多的人,年轻时结下的友情,一路扶持,一起成长,他们给我很多正能量。

2013-11-19　19:04

蜻：听录音,前两遍有些杂音没听清楚,刚才安静地再听了一遍,都连贯了,也做了笔记。现在对照笔记,梳理自己的感受,描述如下：

1. 听你分析这个女孩子的时候,觉得跟自己好像,也是无奈,也是脆弱。我年初的时候,还跟朋友说我自己是一个存在感很淡的人。众人欢乐,我会一隅向背,有种拒绝欢乐的感觉。大家说的那些热闹的事,引不起我的兴奋点。沉闷、不敢展示自己,老是觉得自己长得不好看,这缺点那缺点,总是愿意成为别人,觉得无论什么人,都比我过得开心。我沉浸在自我的世界里,像你说的,男生不再是一个个活生生的人,而成了一个个指标,评估一下,能不能满足让爸爸扬眉吐气的愿望,总想为他争气。我以前的着装,也是喜欢正装,颜色都喜欢黑灰白低沉的暗色。因为在政府部门上班,也是一白领的感觉,但眉眼没有灵动。同事说,我是冷冰冰的,跟我说话像在谈判,给人孤独的感觉。我是初中时考上了本市最好的高中,但因为爸爸的坚持,去上了重点中专。后来在学校里参加自考,毕业时中专大专文凭一起拿。刚工作那些年,这些成了我与人谈话的聊资,这是典型的炫耀。工作前几年,很努力地拿了本科自考、中级会计师,去考注册会计师,现在想来,很多时候,跟人沟通都会说到这些。这造成那时身边的同事想起我,都觉得我是很努力念书的一个人,而对我人格特性方面的东西都不会给予肯定。我觉得自己一无是处,家境不好、长相不好、处事不会,只有这个拿得出手,用来博存在感。

2. 对家庭,真的一直是在付出,也很努力,回家还要讨好爸爸,造成一种感觉,就是我是一个没有人爱的人。好在当初在工作的地方,外单位的几个姐姐对我很好,常常给我关心,给我正面的情感。但是自己还是很无助,小心翼翼,觉得大家都不喜欢我。

3. 小时候,在农村,倒是常常一群孩子玩。但因为家庭(我爸三个兄弟,他出去倒插门,奶奶和两个伯伯认为我们不是本家,伯伯家的小孩也觉得我们不是他们的堂兄妹,我跟弟弟是外人。妈妈这边,爸爸不让我们当他们是很亲的兄弟,造成被冷落的感觉),倒是常常跟小伙伴们玩过家家的游戏——记得那时我当妈妈,煮菜什么的,还会给他们梳头,穿妈妈的长袖当戏服,很喜欢照镜子。今天想起有三个不和谐的记忆:一是在幼儿园被同桌的小男孩打了,回家叫家长,爸爸挡住那孩子要教训他,遭他忌恨,常常骂我。二是爸爸拿回黄色录像带,随意放在桌子上,看到上面的画面时,觉得很恶心。后来青春期发育,觉得女性特征很讨厌,走路都弯着,还觉得就应该这样才不会害羞(爸爸的这个"随意"造成弟弟很早就接触A片,现在还沉迷在小电影和黄色小说里,怎么骂都不听,苦恼。我怀疑他对女生没兴趣也是因为这个,不过没有同性恋倾向)。我自己倒是比较早就开始看言情小说,会有兴奋感。但是当有一天看到同性恋小说(俗称耽美小说),就完全对男女这一块不感兴趣了,这几年不知看了多少部(后来还是在一位耽美作者的引导下开始对儒家经典产生兴趣,然后兴趣才转到这里来,接受情感培训后再不感兴趣)。我对文字的描述比较有感觉,最兴奋的时候,右手的中指和无名指会有一丝颤抖,特别是看到那些淡淡的同性爱的时候。反而对太过强烈的描述,没有这么入到心底的感动。对电影的画面没那么敏感。三是念中专的时候,对爸爸非常崇拜,他那时因为我年纪小(十四周岁),怕我在学校谈恋爱,离家的时候跟我说,如果在学校里谈恋爱就打断我的腿,这句话有向同学转述多遍。

4. 对高富帅男生会喜欢,但觉得跟我不是同一个世界的人,根本不会也不敢去套近乎。对同年龄的男孩不感兴趣。几段感情经历,要么是暗恋、单相思,要么是网恋、电话恋。

| 2013 - 11 - 19　19:26

靖:我在幼儿园里,野性十足,上课被老师点名批评,还把铅笔盒扔向老师。后来二年级的时候就很乖,老师还常用这种反差来夸我。那个在幼儿园打我的小男生,我一直很喜欢他。因为他很机灵又可爱,无法无天,这种异性很难让人不喜欢。父母从小管得比较严,造成很多事情我都不能做,都不敢做。什么好吃的、好玩的,都要想着弟弟,照顾弟弟。前段时间翻出中专时写的家信,满篇都是写想弟弟要好好念书什么的,让他对父母孝

顺,说爸爸身体不好,要他乖点什么的,少年老成。上班后,工资收入用来养家,花钱小心翼翼,压抑克制自己,同事说我很压抑。

靖:跟一个同事一间宿舍,她是一个非常强悍的人,那些年相处,她对人非常不客气,话语强势(她是长女,家里有两个弟弟,从小就学会竞争,据说家里几个孩子常打成一片,她根本不会退让。结婚后,老公也听她的。公婆是退休的领导干部。她人又聪明,反应很快,很有优越感),骨子里看不起我,我面对她时,常常觉得很受伤(她长得好,嫁得好,家务事处理得好,跟人相处有手段),感觉自己像矮了一头,卫生总是我收拾,还怕她不满意。因为争工资聘用等级的事,跟她闹翻了,现在互不理睬。她平常看见我的时候,熟视无睹,一副高贵冷艳范儿。我觉得自己好可怜,好委屈,甚至自虐,觉得是自己搞砸了我们的关系,觉得是自己的错。看她跟同事很开心地聊天,我觉得自己是被排挤的。上周她休息一周,这两天过来,发现她只是一个正常的人,那些气势压人什么的,完全消失了,真神奇。反正我不再感觉难受,该干什么干什么,不会刻意冷淡她,也不会刻意讨好她。现在整个人感觉轻松自在。

2013 - 11 - 19 20:08

靖:你说我以前眉眼苦,那是真的苦。

靖:我家家境不好。爸爸一直不作为,还一直抱怨,给他钱去开店,他就一味地扩大经营,钱也不回笼。家里买东西什么的,都得我出钱。弟弟的经济也是一团糟,时不时地找我拿钱,要做生意。我只是一个普通的上班的工作人员,工资很低,整天就陷在这里面。

靖:两年前,弟弟做烟草,一下子亏了三十万,截用公司的货款,他公司老板说凑不足钱要送公安。我凑钱,欠了一大笔债。为了不让他坐牢,简直是拼了命。爸爸只拿了三千(当初我们给他做生意的那些,全变成二手电器堆着,明明可以处理换钱,但是爸爸根本不准我们动,到现在还是没有动,不过我们已经不在乎了。家里的亲情,其实很残缺吧,爸爸是一个自私到极点的人,只会一味地索取),还一直抱怨是我惯坏了弟弟,一直护着他,才到这个样子。弟弟我是从小疼爱的,他初中毕业,爸爸就没办法供他上学了。出去当保安,夜里很冷,打电话给我,很懂事的感觉,现在还一直留在我的印象里。他一个月八百的工资，全交给爸爸，然后爸爸给他零用钱。那些年，我们用自己的辛苦，去支撑爸爸的生意梦。他自小就乖，也是过得很苦。朋友说，我至少还有她们可以谈心，而弟弟，把所有的东西都憋在心里，在父亲的冷暴力下，更苦。

靖：爸爸身体不好，得了糖尿病，曾经住院，医生下过病危通知。医生说不能喝酒抽烟，所以，他一跟我们生气，一达不到目的，就喝酒抽烟折腾自己，让我们服输。他又小心眼，什么事都要管。家里一言不合，这日子是别想过了。他会摆脸色，支使我妈让我们服输，说他身体不好，不能气他，说他为我们付出多少，孩子要孝顺。我妈就一副很怕的感觉，大清早的，会到我床头，跟我说话，让我认错，吓我一跳。一次次，我都不想抗争了，就想着，赶紧嫁了算了，不理这个家了。因为弟弟的出事，我们才意识到家庭的教育理念有问题。弟弟说，他想死了算了，但他不敢死，所以只能去面对。他不敢让姐姐债务缠身，所以要努力赚钱。然后跟弟弟梳理了很久，那时真是割开肉来疗伤。两个人小心翼翼，他在公司认错，在众人的眼光下，默默地做事，像个先锋一样，最难的事，都自己去做，还要忍受一个副总的奚落。他都忍下来了，还做得不错。这两年通过业绩努力赢得老板的认同，升职提薪，也让大家重新接受了他，并且把自己经济理清楚，换了一个人。他们公司业绩最好的就是他，也算是浪子回头。但平常休闲，他还是沉迷 A 片和小说。那时，弟弟还没有脱离险境，他老板说还要看他怎么做才不开除他的时候，爸爸又折腾出事情了。爸爸自怨自艾，借酒消愁，喝酒得了急性胰腺炎。那时我手头都没钱了，医生说要三十万才能治，我们都要卖房救人。那时压力非常大，简直是撑着一口气，都是在靠我的朋友们帮忙。两个伯伯亲戚什么的，我们不相信他们，他们也根本不会出手，甚至事情我都没有说给他们听。只是卖房凑钱的时候，想把房子卖给堂哥，跟伯伯讲了一声，他们就四处宣扬，说我们姐弟没本事。那时完全是姐弟两个自己在撑着，要照顾病人，压力又大。后来是去年吧，因为收拾家务，跟老爸大吵一架，把我妈争取过来（吵架的时候，我妈都吓晕了。就是家里一张桌子，我爸不让扔，乱放工具在上面，搞得环境很差。他的什么东西都不准别人碰，一碰就要跟你战斗到底）。那时，家里一团乱，我是憋了一口气，把架吵下来了。大概是弥补了青春期的叛逆吧，然后我就彻底摆脱他的控制了。我爸是一个完全不服输的人，搞得我身心俱疲，只剩最

靖： 后一口气了。哈哈,好在老天爷爱护我,让我碰上了老师,有了解救。

靖： 爸爸那场病,运气不错,医生特效药用得好,救了回来,治了半个月病,花了几万块,还好,不是雪上加霜,不然凭我当初一个月三千不到的工资,真的要跳楼了。那时,真的有这个想法,还特地去查要怎么自杀才不痛苦。可是,不敢死,所以只能活着。爸爸这几年,动不动就出事情,跟邻居吵架,被人打住院,自己喝酒也住院,一进去就花钱。他就喜欢折腾人。现在我不想把心思花在他身上,淡淡的,我也搬出来住,周末回家,带上水果什么的。他也变了一些,不过还是依旧自私,但我跟弟弟都成熟了,也不在意了。在家闹个什么不愉快的,一会儿也就释然了。不会像以前一样,心思全被他牵动。但愿以后不用再去回忆往事,不好受,但为了让老师更了解我,有针对性地解决问题,有些事情,还是不敢隐瞒。哈哈,这就是我的悲催过往。哈哈,不过有时我觉得我就是一棵小草,生命力很强。但我想变成一个情感正常的人,对自己会喜欢的男人产生爱意,养一个健康活泼的孩子,好好爱护他,做一个快乐的母亲,相夫教子,不再有以前的无奈和悲哀,活出活力和自信。

2013 - 11 - 19　20:28

靖： 我这些年还常常自责,觉得自己没本事,照顾不好家人。但我又找不到赚钱的其他门路,只能自己抱怨自己。

靖： 还要说一句,老师的课堂好快乐,老师的学生好幸福。听课听得入迷。

靖： 早上想到几点继续。

1. 小时候抽血体检,我跟弟弟是乙肝病毒携带者,是妈妈传的,几个堂兄弟姐妹都没有。农村的医生医学知识不够,说会传染。从此心里就留下了阴影,仿佛这个事情被人知道,就会没人理,被排挤。跟人相处的时候,都小心翼翼地,生怕传染给别人。跟人保持身体距离,学校里同学吃饭,也不敢跟他们分吃。直到上班,看身边同事对健康都很谨慎小心,还是不敢说。后来有网络了,知道传染渠道只有母婴、性、血液传染,去医院检查,医生说没办法转阴,让我保持心情舒畅。我有探试,知道身边的人,对身体是宁可信其危害,也不愿意贸然把自己置于危险当中,心里一如既往地存了小心。

蜻：家没办法给我快乐，如果再失去朋友和同事，我真不敢想象自己会变成什么样子。可朋友、同事的关系其实又很脆弱，因为她们的朋友会有很多，不差你一个，心里真是患得患失。朋友有小孩后，我都不敢做太亲密的动作，也不敢用自己吃过的餐具夹东西给他们吃，有点儿把自己的人情味都隔掉了的感觉。但会很关心那些小孩，所以朋友的孩子都很喜欢我。但我又怕伤害他们，有阴影。（这点昨天梳理的时候，都忘记了，以前觉得时时放在心上，居然都忘记了。不过忘记的感觉真好）

蜻：2. 去九华山爬山，每次都会拜拜求签，然后请老天赐给我一个好姻缘。（对恋爱没有想象过，总觉得好累，对婚姻的理想做法，是古代的媒妁之言，父母之命，不要过程，直接结婚过日子。但父母又没办法让我服气认同，所以走不进婚姻。还有就是身体原因，家境原因，不敢与男孩子交往，怕被他人否定，觉得那是一件很灾难的事，会让自己的世界崩溃）朋友很喜欢这个季节爬山，上周天正好是十五，日子很好，就一起去了，也拜拜了。跪着的时候，只跟菩萨求保护家人平安健康，这事我是无能为力。但其他的诸如感情、姻缘，没有再求，心里想，这是我的分内之事，我自己有能力去解决，让自己过得幸福。没有抽签。

蜻：3. 自己过得苦了，便会生出不平之气。朋友谅解我，依旧喜欢我，喜欢跟我在一起。可在同事看来，是好人，但就是不让人喜欢，所以客客气气的，不时还背后说几句损人的话。家乡人重视家庭，女人可以没有成就，但一定要有婚姻家庭，这才是最值得炫耀的事。办公室姐姐人缘好，一大群已婚的女同事喜欢跟她聊家常，都是老公啊孩子的。我们单位又闲，一整天都是茶场，都在说是非。我因为没有老公孩子可说，气闷、不合群可想而知。日日面对，日日煎熬，便生嫉恨之心，摆了冷脸不理她们。实在吵了，就塞个耳机看电脑。那几年，我上班时间都跟电脑相依为命。后来看到一句话，"学问深时意自平"，冲着这个，看了大量的书。又因为那个耽美作者的影响，开始看四书五经，对《论语》尤其喜欢，用手抄了钱穆的《论语新解》，喜欢夫子的中正平和。平常闲余，几乎是手不释卷。

蜻：4. 年初，单位来了几个快乐的女同事，跟她们打成一片，才发现原来生活可以这么开心的。跟其中一个一起去了黄山，见识了一种洒脱的人生态度，在她的鼓励之下，去北京旅游（朋友去培训，跟她合住酒店，省钱），一个人没有导游，完全是自己安排游玩行程，才发现，我原来可以这么独立。

北京的大气，我自己的见识，很多正面的能量，开始渐渐生长。

蜻：5. 早上起来，不知是不是错觉，觉得眼眉开了一些，哈，等状态稳定一些，再拍照给老师看哈。

2013 - 11 - 20   09:26

蜻：以前很喜欢逛淘宝，买东西。其实买东西也不好受，买的时候，觉得很需要，很适合，可一付款，又心疼，可又有强迫症，看上了的，就会惦记着，那种心理，看到老师的博客里的文章，开始明了，是一种不正常的兴奋和自我折腾。整个人陷在里面，又兴奋又自责，又无力自拔。总觉得人在世间，没有开心的事，这件乐趣可不能放弃。买的东西又喜欢小众化，所以又得不到众人的认同。想想那些日子，真的很折磨。自我、自以为是、孤僻，所以，老师你想，多苦呀！

2013 - 11 - 20   09:37

蜻：我总怕同事姐姐说我不懂事，乱花钱，可一方面又忍不住。我想要有更好的自己，她们都说我土（单位里的女人家境普遍都好，敢花钱），不会打扮，我咬着牙，在经济宽裕的时候，会买衣服。可是买衣服的时候，就选那些耐穿的，低调的有品质的买（牌子知道了一大堆，都选无公害、没特点的暗色衣服。外国人喜欢颜色低调，本地人喜欢鲜亮，所以以前的着装很老气）。一是想着可以多穿几年，二是想着，这是品牌的品位（都是买外贸的余单），你们没有吧（同事开玩笑说，你就死命追捧丝绸羊毛麻吧，我们看不懂）。一面自卑一面又自作清高（同事觉得我根本不理她们的意见，索性不说。但明显地用不认同的表情来对待我，不咸不淡地评价几句，来个似笑非笑，后来干脆就懒得理你。服装话题无法引起她们的认同）。办公室女人无非就是几个话题，老公、孩子、打扮，所以跟她们的话题，没有共同点可以说，又不懂得去关心她们，一味地只想要她们对你好。而不想着，你也可以去关心她们，她们自然就会对你好。现在办公室的压力完全消失了。最近买了几件平价的衣服，颜色鲜亮，她们都夸好看，还出主意怎么搭配。我按她们的搭配穿了，个个都很高兴，很得意自己的眼光。现在在办公室待着很舒服。

| 2013 - 11 - 20 21:40

李：还原能力很强,能想出这些东西很好,差不多了,下一步从理论上认识一下。附件是上学期情感课的录音①,主要是亲情方面的,你先听听。

| 2013 - 11 - 21 06:52

蜻：我变坏了喔,哈哈。昨天打趣一个同事,我也瞎起哄。大家笑得眼泪都出来了,我晚上腮帮子都疼。你可以想象吧,我长大后都没有那么笑过。没想压抑,甚至没有克制。善意地取笑同事。同事也被逗得可爱极了,然后情急之下,说错话。他惨了,这个把柄没个十年消除不了,哈哈。老师,快乐的感觉真好。释放善意,感受真诚,我开始懂得幸福了。继续课程中。

| 2013 - 11 - 21 10:06

蜻：早上在人际交往中有了一个反击。事情如下：同宿舍的那位还在跟我冷战的同事,把茶叶放在我们办公室里,平常大家喝茶都会去拿。昨天下午我也拿了。她过来后,知道我也泡了她的茶叶。今天早上她泡茶的时候,说话很过分。说茶自己喝不心疼,给别人喝心疼。如果是以往,我会不好意思。但是今天,我不忍了。我去拿了另外的一个茶壶,去冰箱里拿了一包铁观音,当场就泡。别的同事问我干吗,我说胃不舒服,要喝铁观音,就自己去泡了喝。我觉得这是一个反击。汇报一下,哈。

| 2013 - 11 - 21 10:23

蜻：我反击后,她也在座位上,有点不好意思,借故打电话就走了出去。我就该喝茶喝茶,开始坐自己位置上听课。心里的堵,一会儿就消散了。

| 2013 - 11 - 21 11:52

蜻：早上人际气场全开。外单位的一个局的副局长过来联系业务,带着我认识的一个下属。正好办公室里领导不在,我负责接待。先倒茶请他们落

---

① 讲课录音请在"喜马拉雅"中查找"李晨老师讲情感",即可找到。另有视频版情感课请在"哔哩哔哩"中查找"李晨老师讲感情",即可找到。

座,打电话给股长,汇报这件事。在尊重上级后,开始自己得体应对。回应他们询问的业务,并表示他们的经办人员(是我老姐,早上也打我电话关心这件事,我就借这个机会把这个信息跟副局长进行沟通。既体现他的下属做工作很卖力,又借助副局长的力量去协调一些事情,也让我老姐有面子)一直有在跟踪。然后我也帮他们联系这件事在局里的进度。因为这位副局长以前认识,比较年轻,我就跟他的下属适当地打趣。气氛非常好,而我也非常开朗有自信。同事在旁边看着,以前会觉得怕枪打出头鸟,不好意思,但今天完全没有这个感觉。还有就是对办公室姐姐非常尊重,她提出的要求,我善意地回应,既有人情味,也从工作上帮大家忙。感觉非常好。

2013-11-21 12:57

靖: 我对声音很敏感,电话里的声音听过一次几乎就不会忘。听见老师的声音很惊奇,好清亮。干干净净的,中气足,很能反映一个人的状态。我以前的声音低迷,常常说话吞吞吐吐,最近因为在调整阶段,开始变得有点高亢但不尖利(以前怕自己口音重,其实我的普通话在同一辈人当中算是好的了,因为太注重细枝末节,导致胆小。讲话的时候,会斟词酌句,现在根本不会去想发音的问题,发错了音也无所谓,更注重表达本身)。因为办公室人多,几个女同事声音很大,要说话就得大着嗓门。以前被压得完全没办法表达。但现在自己想要表达什么,基本上会引起大家的注意,而且能让对方专注回应。自己则一点也不会胆怯,会按照自己的思路去表达自己的想法。想着以后,会温和一点。但我很喜欢自己现在的状态,中气十足,话不会在脑海里徘徊。思维的整个节奏非常流畅,碰到难堪也会应对,不计较,哈哈大笑就过去了。

2013-11-21 19:23

靖: 讲课录音里说到最苦三恋的机制,真是绝了。哈哈,暗恋的不接触、不换人、不想办法,跟我简直一模一样。好纠结啊,哈哈哈。隔夜的馒头真讲究啊,老师,再大笑三声……

2013-11-21 23:57

李: 讲课录音里有一些是"即兴发挥"的观点,主要是为了调节气氛与学生心理,并没有经过认真思考,要注意区分。

2013-11-22　05:05

靖：我这是调侃的节奏啊。昨天听了四节课的录音。夜里睡不好,还是有些触动,有点小纠结。不理它了,干脆起来看《拉斯维加斯,钱来了》①。

2013-11-22　07:36

靖：我想我情绪的波动是因为你所描绘的爱情打动了我。然后我就代入,想着以后自己也能有这种体验,然后想着能让在接触的那个人也变得不自我、不自私,跟我一起,有爱情的感觉。然后我就想多了。哈哈,今天阳光很好,下乡去乡下走走。还有一个,介绍的同事把两个人正在接触的事告诉别的同事,有点烦。女人啊,保不住秘密。看来只能我淡定一点儿了。

李：哈,最苦三恋是认真观察、思考过的。这三次课主要讲的是亲情,对这个亲情问题的认知差不多了,才好进行下一步,要不然又会有一番反复和纠结。《拉斯维加斯,钱来了》先不要看,到时会发给你。另,传言是正常的,没有传言是反常的,重要的是如何利用传言的机制为你自己服务。下乡,听起来很好的感觉。

2013-11-22　07:54

李：不要看《拉斯维加斯,钱来了》,是因为看小说,主要是从"文字"中"想象"。但目前你能想象的还是你能想象的,而想象不出来你不能想象的。因此要先从电影这样具象的素材切入,了解别人的想象,社会的想象,甚至是历史的想象。这样你就能想出你之前不能想象的,尤其是那些你之前不具备的,但却是符合人性与事物规律的想象,也是能让你产生最大快乐与能量的想象。

2013-11-22　08:34

靖：下乡是很好。呵呵,去以前待过的乡镇,一大批的同年龄的伙伴,简直是

---

① 《拉斯维加斯,钱来了》,为美国著名侦探小说作家厄尔·斯坦利·加德纳所著《妙探奇案系列》中的一部。里面主人公赖唐诺与海伦的情感非常有价值。因此是情感课的最重要研究素材之一。

有回娘家的感觉。到处有人跟你打招呼,很亲切地问,回来了啊。还有就是满目青山,一条溪流,空气新鲜,加之今天阳光美妙,真好啊……好的,《拉斯维加斯,钱来了》暂不看。

靖: 晚上带他去见朋友,我觉得气氛挺好。因为是以前的老同事,都说一些以前的话题。他都不爱说话,但回来的路上他很不高兴。觉得说那些话题他没当场走人,已经是涵养很好。他说他对孩子不感兴趣。我说你感兴趣的话题,你也可以拿出来讲,但是他都沉默。也许我太急了,应该打牌的。呵呵,他今天非常排斥,情绪很不好。他说他觉得自己什么都拿不出手,他说他不会说话,他说现在的他都不喜欢这种场合。然后我就说,你很好啊,你也可以聊你感兴趣的。然后我就没词了,发现自己的交际能力太差。真要努力成为善于沟通的人才行。

2013-11-22 23:05

靖: 朋友是那个有过挫折的朋友。他说如果是他,他就不活了。做出这种事!唉,没有起到作用哈。他的性格其实很对应你描述的内向,关注自己的感受。把自己封闭在以前的事里,觉得人生是失败的。甚至连讲话都不能大声。思维很慢。你说我该体谅他。然后我就说不好意思。但为了不让话题停下来,我们只有不停地讲。我也有点乱哈。纠结就纠结了吧,洗洗睡了。明天进行课程学习。

李: "没有起到作用"只是表面上看。能说出"不活了"这样的话,说明此人此景此事是进到脑子里了。所谓"不活了"只是一种习惯性的表达或感慨。其后会在脑海中反复出现的。这也是一种常见的心理机制。只要是印象深刻的东西,尤其是与自己反差极大的东西,就会受到影响。所以有时候干预人,不需要"当场出效果",而且深刻的影响也不会当场出效果。只需要制造"印象深刻",而且不要去打扰他,分散他的注意力,让他全部"吸收",就行了。效果自然会出来。

2013-11-22 23:34

靖: 事情是这样的。晚上吃完饭去朋友的茶馆,我一共约了两个朋友。一个说晚点带老婆过去(他非常会说话,很会搞气氛)。就我和他和朋友三个人先喝茶。然后介绍一下，就开始聊天。他就在笑，偶尔附和一两句。我跟朋友一不说话就冷场。然后说起一些以前的事。可能聊得太兴奋了，他对这一段意见最大。说我们说的一些事情，他完全不感兴趣。后来另外那个朋友带老婆过来，先从孩子教育说起。朋友是当过兵的人，讲话很风趣，后来又加了一个被好气氛吸引过来的人，开始说楼盘风水什么的，他也没插什么话。大家笑得肚子都疼了。他一离开就不开心，说他不喜欢这种场合，太无趣。说他最喜欢看电影，不用说话。

2013-11-23　08:30

靖：早上沟通了下，嘻嘻，效果很好。我学着去体谅别人。

2013-11-23　14:46

李：起作用要有一个过程，"当下"的反应只能说明"当下"及"之前"的思维、心理状态。只要有能够产生真正快乐（即来自外部的，与人交流的，能产生精神或物质收益的）的因素介入，"之后"都会有正向的变化。但要注意承受力，以及必然会出现的反复。

2013-11-23　19:51

靖：嗯，他这几年日子过得苦。我在你这边学了那些正能量，常常会让他笑。他今天开始会关心我了。呵，好现象，不是吗？沟通，我说我们要多去沟通，他说尽量。起码他有在努力，也会多找朋友玩。跟我也开始说更多的话，笑得更多，已经比前段时间好多了。

靖：早上在车上，我一直在说话，他没做声。我说，你有没有在听？他说有啊。我说你没回应我说不下去。他笑了，说是不是要"嗯"之类的。我说是啊。然后他就开始了。呵，去到公园，我有段时间不说话，然后他就找话题。坐在木椅上聊天。我说我的朋友、同事还有他们的小孩的好玩的事。他常常微笑。然后我问他的奶奶。他说从小妈妈在市场做生意，都是奶奶带大他。说他奶奶很厉害，很会持家，家里收拾得很有条理。然后问他的小名。他心情很好，一直在笑。然后我说起跟朋友小孩的互动，小孩生日时送她一本

《小王子》。小孩说看不懂,我就给她讲起这个故事,然后也让小孩跟我讲她喜欢的故事。我问他,你听过《小王子》吗?他说没有,他不爱看儿童书。然后我就说,不行,我得给你讲这个故事,他就又笑了。然后我就讲了。他也给我讲他和外甥的相处。感觉不再咄咄逼人,有了柔和的感觉。

2013-11-24 08:03

蜻:他对别人的炫耀会有种反感,直来直去的当面就会要人家难堪。我觉得根子还是太自我,对人有排斥心理,跟我以前的感觉好像。可我在你的治疗下,完全健康了。昨天去找朋友,她前两个礼拜刚见我。今天吓了一大跳,说变了个人,又开朗又灵动。神奇吧!还有另一个开培训学校的朋友也说我,快乐得在哪里都很开心。我去找他,他正好出去一下,没在办公室,叫我等下。我碰到铁将军,就跑到隔壁,有人在喝茶,我就跟人说,找隔壁培训学校的,要等一会儿,借你家地方坐坐。人家就马上请我落座,倒了茶,嘿,茶很香喔。看见一个小朋友在玩乒乓球,我就跑过去陪他打球了。朋友回来的时候,很奇怪,你怎么认识隔壁的呀,他都不熟呢。然后跟朋友聊学校的事,朋友告诉我,他的梦想是办养老院,我们开始聊起来,很起劲。他说要请我当社工,呵呵。这是不是就是传说中的交际手段提高呢。呵呵,跟老师得意一下。

李:人最无法容忍别人的"得意之色",这是本性。因为竞争是人类社会的本质属性,因此所得多寡也是人的心理状态的重要影响因素。所以对炫耀反感倒不全是自我,主要是被对方那种"得意扬扬"的状态刺激到了,但是虽然会反感但通常不会表现出来。能表现出来说明被这种"得意扬扬"触发了内心与以往的"不堪",甚至痛苦,这也是正常的心理反应。解决的方法一是提高认知水平,掌握新的理论与视角,释怀以往的不堪与痛苦,使其不再产生负面的作用。二是提高识人能力。通常正常人不会花心思特意去炫耀,因为有正常充分的心理兴奋与外部关注,而只有"缺乏"的人,才会炫耀。因此,看到一个炫耀的人,马上能看出对方的弱点与缺失,就不会被影响了。反而会"迎合"与"忽悠",因为几句好话并不费事,但是很可能会赢得一个缺乏外部关注的人,而转化为实质性收益。

李:把录音听完就先把情感的事放放。当前的交往继续按你的意图进行就行了。下一步练练方法。恋爱与结婚,这个过程中绝大多数都会运用到手段(两个人顺其自然走到结婚这一步的,基本没有)。尤其是最后的结婚,是一定要用手段的。当然这个手段是出于对双方的负责,出于快乐幸福追求,从双方已有感情基础出发的手段。

蜻：好的。

李：上面这段话看看就行,因为我还没有想出能够准确表达我的意思的表述,不要被误导。

2013-11-24 10:56

李：这里的方法,不单纯是情感的方法,而是处世的大方法,情感的方法是这个大方法在情感领域的应用。

蜻：我理解。我现在就着你的方法,一步步踏踏实实往前走。一边不断寻找与人交往的乐趣,一边继续复习博客里的文章。熟能生巧,碰到一些场合,自己就会产生感觉,进行运用。现在反应速度很快。重要的是,人的气场开始出来了。完全不把心放在自己身上,与人交往,很得到人家的肯定。

李：还不是方法,是手段,我认为"方法+执行=手段"。

蜻：哈,是呀!

蜻：你不知道结果有多惊人,我现在脸部的长相都变了。

蜻：以前双眼皮有点死鱼眼,浮肿无神。

蜻：但现在眉眼都开了,精神气非常足。

李：手段比方法重要,但是也比方法难。难在心性上,或者说方法明白了但是用不出去。所以手段的基础是心性硬挺,而心性硬挺的基础是明事理。所谓"菩萨心肠,霹雳手段",就是这个道理。心性好了,再下一步就要学"坏"了。也就是我说的,手段没有性质的区别,好坏在心不在手。会"坏"了,从人的角度看,就基本圆满了。

蜻：我以前因为家庭的原因,很容易犹豫,患得患失,但是我的执行力非常惊人。只要目标确定下来,我就很有干劲去落实,想方设法,调动很多的感觉去做。所以在工作上,同事觉得把事交给我很放心。所以,你放心,你的方法,我会马上化成手段的。因为相信老师,我的执行会是不折不扣的,立马实施的。

李：你这不是执行力，是一种心理依赖。可以让自己陷入一种忙碌或者艰苦的行动中，忘记其他，获得一种"眼不见为净"的心理舒适感。琢磨琢磨。你的执行力其实是被逼的。我的理解，执行力可能有两个层面：一是常规性的工作，不费脑子不费事就完成了，完成了基本上没什么感觉；二是特殊性的任务，能够全力以赴、坚持不懈、想方设法、乐此不疲地去干！而且由于常规性工作消耗精力能量很少，因此在做特殊性任务时，爆发力很强，耐久力很强，思维特别活跃，而且越是有挑战就越是兴奋。其实人生的大好处都是从这些特殊性任务里来的，而不是常规性工作。

李：要出去办事，你有什么想法直接发就行了，我回来会回复。

靖：是的，老师真是明眼人。以前做一件事情，要积累好久的勇气，事情过后，就会觉得累。我以前有开玩笑，就好像演一场戏，开戏之前要不断地给自己打劲，给自己鼓励。戏一散场，整个人就累得心力交瘁，往往要颓废好久。但现在去做的话，就不会累，整天精神气都很足。特别是昨天，早上去公园走了一早上，中午又坐了好久车，下午去培训学校跟朋友聊天，晚上跟朋友吃饭，回家又折腾了很久。但到家时，一点都不累。要放在以前，是根本不可想象的。

2013-11-24 11:11

李：好。

靖：老师，你发给我的三次课的录音都听完了，我觉得你的讲课效果很好，其余的课件也发给我吧，我觉得多听听挺好的。感受那股心气，系统地掌握。

2013-11-24 11:38

靖：听讲课录音里的细节分析，老师该是多么细致的人。很多想法，平常我根本就不会想到，灵活务实，言传身教。呵，让我多感受下言传的力量。我太缺少这一块了。我觉得多听几遍，都挺好的。

2013-11-24 11:49

靖：手段比方法重要，但是也比方法难。难在心性上，或者说方法明白了但是用不出去。所以手段的基础是心性硬挺,而心性硬挺的基础是明事理。所谓"菩萨心肠,霹雳手段",就是这个道理。心性好了,再下一步就要学"坏"了。也就是我说的,手段没有性质的区别,好坏在心不在手。会"坏"了,从人的角度看,就基本圆满了。

蜻:对你这一段我很认同。前段看王夫之的《宋论》里面,也有谈及这个。我那时看的时候,也有触动。手段有好坏,全在乎一心。《易经》里面也说到这个。我的理解是,要去分析现实面临的情况,然后对症下药。<u>每个情况都不同,没办法用那种规范性的条条框框去解决所有的事情。书呆子就是这种类型的人,被套死了</u>。但王夫之和《易经》都没有办法指出从哪个地方下手,指出可操作的做法。老师说得更明白、更务实。存乎一心,你直接定义成心性硬挺。我一个朋友就是这种人,心性硬挺,就会把注意力集中到具体事情的分析上,然后就会有条理、有步骤地应对所有的事情。人从理性出发,回归到理性,达到明事理,这是一个良性循环。

| 2013 - 11 - 24　12:56

蜻:摆脱心理依赖,现在想来,我是很有心理依赖的。以前做什么事情,老喜欢有人陪着。现在好多了,但影子还在,给你一提醒,就想起一件事。

蜻:昨天下午,去一位朋友那边,就是那个培训学校的校长,要我去当那边的讲师。因为劳动局那边,要求学校必须有有职称的老师,我就拿了证件过去了。然后,就习惯性地打电话给一个好朋友,也是这位校长的好朋友。跟他说这个事儿。

蜻:谈业务的时候,我的没经验就表现出来了,不懂得跟人讨价还价,不懂得为自己争取最大的利益。

蜻:其实校长的意思就是为了我的那本证书,因为是劳动局的硬性要求。按理说证书挂靠是要费用的,但他耍了个手段,聘你当兼职,按劳取酬。而我思路没整清楚,应该抓住这点,跟他讨人情,并利用他的得利敲定一年至少要安排多少课时,每课时多少钱,大致要跟挂靠的市场价相当。由于交际技巧不够,这一块被他占尽优势,一年的课时还要靠朋友私下里协调,这就用了不该用的人情。好在,后来合同只签了一年,明年的话,可以再讨价还价。从此可以看出经验的不足,以及手段的不老练。

靖：还是早年间的思路，相信朋友之类，朋友不会让你吃亏之类的。后来签的聘书，也没敲定具体的签约期，也没填上具体薪酬数字。后来校长出去了，我的这位好朋友跟我说了很多，针对处理的没经验，给我提了意见。还说，是朋友，也得明着算好，明着说好，要掌握主动。他这些年在外面历练很多，人又天生精明，跟老师的思路很像，对我一直像对妹妹一样。后来我按他说的，马上补充了一些东西。

靖：现在想起来，还是有依赖心理。我在琢磨着，要摆脱心理依赖，还是要从提高心理承受力出发。还有一点就是要见多识广，多听听，多看看别人怎么做。这样自己使出来的手段，讲话做事的套路才会有心眼，不会被动。你不可能把希望寄托在别人不能害你上。这一点，我非常不足。看来还是要多学习多提高。

靖：对老师的建议，最初也有些心理依赖的感觉，总得你这边指点些什么才能放心。但是一个事物都有两面：好的一面是，这样的信任，会让我的改变很迅速；不好的一面是，这毕竟还是一种心理依赖。最终还要淡化这种心理依赖，我才能掌握好老师教的方法论（这点老师教得非常好，都会指出其然及其所以然，这样就有可以模仿处及学习处）。而我也会在学习的过程中，运用这个方法，并把自己感受的一些细节用文字描述出来，让老师指导分析，并加以纠正，这简直是一对一的学习和指导，太幸运了。这样等自己手段学好了，心性自然就硬挺了，就可以摆脱心理依赖了。艺高人胆大。以前常会茫然不知所措，现在这种感觉淡了很多，这是一个进步。

李：这么多年的经验与观察，艺高人胆大、胆大艺更高、艺高胆更大，是解决心理问题最高效的手段。而且不仅解决了心理问题，更是一种对人的系统的、全面的提高。而单纯依靠心理学的方法去调整，人的认知、思维与处事能力没有改善，心理也很难发生真正的、实质性的改善。

靖：对，这段时间我的改变，也是这种心理与处事相辅相成发展的结果。

2013-11-24 17:10

靖：我觉得整个人在外面，感觉面貌会比较好。而一在家里，惯性使然，整个人就会有点弱，就是那种感觉，精神气会差很多。特别是一下雨，整个人就会有些不安。因为家里是平房，下水道邻居都堵住了，家里人没办法去跟他们协调,一下雨水会漫到草地上,整个院子就会湿湿的,完全的心理阴影。不过按老师说的,阴影就阴影吧,多大的事儿呀。哈哈,大笑三声,管他呢。

2013-11-24　18:12

蜻:情感第一课和第二课又听了一遍,果然第一遍还是没有吃透。情感输出、情感手段、主观感觉、输出技巧,果然,有好多的内容值得细细体会。

蜻:其实对那个正在接触的人有失望。心胸狭隘,想着可以改变,但对某个话题,他的回答让我失望了。昨天说到男人婚外的事情。他说现实实情就是没有一个男人不偷腥。我说也包括你自己吗?他说假话总是好听,真话总是让人不爽。但他认识的男人都这样做,没有一个没有。我说,不爽倒谈不上,不过我们可以探讨一下,当作一个纯哲学问题来探讨。然后就开始了。我问都怎么外遇。他举例,有人去便利店买牛奶,有人养奶牛。然后说区别就是次数的问题。说这是男人的天性,老婆根本就管不住。我说这个问题我有听别人讨论过。有些人会耍泼,会吵,有些人会死心。如果是我,我不吵也不闹,我都不说。我会把放在对方身上的感情收回来。发现一次收回一部分。收到没感情了,对方对我只是个陌生人,我根本懒得理。对方能伤害到我,无非凭的是我对他有感情。等到感情没了,他对我来说,就什么都不是了。他听了没说话。因为朋友发生过这种事,我有发表意见。就是骂他傻,只有老婆能真心实意爱他,帮他照顾家人,养育孩子。外面的,都是逢场作戏,哪有真心?这些话我也对他说了。他附和,但我觉得他无耻。他的那个环境,听说很多人都这样。我只觉得离我好远。我觉得感情应该是一对一的,情感和身体都忠诚。我听了描述情感的那一刻,很感动。就像那天跟老师说的,希望对方也会感受这种情意。昨天晚上,我翻来覆去,脑子里都是我的那句话,收回感情的那句。我记得我那时的口气,很决绝又很悲哀。一直想,一直想,然后我动摇了。改变这样一个自私、薄情、封闭,又对感情如此随意且有恃无恐的人,花去精力,真的能起到作用,收到成效吗?

蜻:对了,我还问他:你怎么选?他说不养牛,只去便利店。那种口气,现在回想起来,还是无耻。

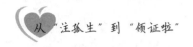

| 2013-11-24　23:09

李：对这种话倒不用太在意。心性弱的人,喜欢说一些"狠话"或"坏话"来从"心里"支撑自己,这样自我感觉会强悍一些,其实做不到。而真这样做的人,往往不会说出来。类似于一句俗话:"咬人的狗不叫。"

靖：这样的一个人,要有怎样的妙手回春,才会让他成为一个热爱生活的人。他的母亲是强势的生意人,把商人的劣根性都植到他骨子里了,有种不可思议的优越感。

靖：我问他小名那一段,他说他曾跟他父亲说,他父亲就做了两件事他看得上:一是生了他,一是取了这个名字。那口气很不以为意。加之之前他说的一些情况,我猜他的家庭模式是这样的:他爸爸是招赘在家的(本地还有这个习俗,生女孩的家庭为了香火传承,老了有人照顾,招一个女婿在家,小孩姓女方的姓,由女方家庭抚养成人。这个陋习成了社会习惯。连一些有文化的人,也在这个社会旋涡里,极自私地不顾儿女的幸福,把他们绑架在古老陋习所维持的面子上。特别是有钱人和当官的,招的女婿好不好,关系到这个家庭的社会地位)。他妈妈家,是这个城市的老市民,家有房产,在拆迁中,赔偿的房子挺多,通过出租房子,及他妈妈在市场所从事的生意,家庭经济优越。他的奶奶其实就是外婆,是一个精明的老太太,没文化,善持家,具有小市民的小家子气。父亲入赘,估计人品跟能力都不怎么样,被这一家子看不起。所以他的口气中,流露出对父亲的不以为意(他母亲过世得早,现在他家的经济由他说了算,对这一点,他说起来很是自得),及对母亲能力的认同。家庭不和,父亲肯定长时间在外偷腥,所以造成他对这种事情的态度。而在这种家庭长大的孩子,也变得极端自私,优越感极强,善嫉妒,无法认同别人。但是综合分析他本人,又实在不学无术,特别是学习能力,对外界信息的接受能力很差(或者说他根本不屑于接受),就局限在自己的思维里。不关心周边的人或事。自高自大,但自己实在又乏善可陈,就用不屑和贬低他人来找到心理平衡。

靖：在前段婚姻中,我估计也是,根本就不会体谅他人,一味地按他外婆和妈妈教给他的方式,优越感极强地对待前妻及孩子。婚姻维持不下去,又一味地怪对方,所以他的朋友(介绍人)才会说是他运气不好,都不是他的错。但其实,他占了很大的一部分原因。那天跟我朋友聊天,他之所以会有那么大的反应,其实是因为大家说的话题,其中也有一些是现在社会上都关注的话题,但是他完全不关心(我的两个朋友都是做和人打交道的工作的,一个搞房地产销售,一个是保险公司业务做得最好的业务主管,信息的掌握面很广且都会找大家都能接受的话题。不夸张地说,其中一个是开心果,只要是人,就能让对方开心大笑)。但他的反应,太过激烈,也反映了他自身的问题。

| 2013 - 11 - 25　07:55

蜻:综上所述,这是我对跟他这段时间接触所得信息整理出的一条大体的脉络。作为分析人的这一课的学习体会,老师做个点评吧。

李:我们学校是三学期制,今天冬季学期开学,因此很忙乱,稍后琢磨差不多了回复你。另外我觉得节奏有些快了,要缓一缓,交往还是按你的意图进行。对人的分析,路数很好,但是有些过了,也有些偏了。一是不至于这么严重,二是对优点挖掘不够,<u>注意不是看表面,而是要"挖掘"</u>。另外其余课程录音还不宜接触,这是给大学生的,你有社会阅历,可以直接从电影入手。闲了先看看电影《咱们的牛百岁》①。附件是我刚完成的书稿②,是我这二十年"江湖经验"的总结,你一是可以系统地了解我的理论、观点与方法;二是帮我再校对一下,快要出版了。

| 2013 - 11 - 25　10:44

蜻:好的,其实这个分析是有些过了,也是以前的焦虑的惯性在起作用。我要让自己更理性一点,才能做中肯的评价。好的,挖掘挖掘。

| 2013 - 11 - 25　11:00

蜻:我先把速度放下来,让自己在对待他的问题上,多些菩萨心肠。我觉得这

---

① 《咱们的牛百岁》是1983年上映的一部轻喜剧电影。其中的情节、表演、场景、角色设置,尤其是情感展现,极为真实、丰富、生动、准确、感人,极好地回答了经常被问到的"结婚以后感情是不是会淡化"的问题。此外还是"眉来眼去"与"打情骂俏"的绝佳学习模仿样本,也是对"过日子"与"两口子"的极好诠释。

② 该书现已出版。《人情练达的学问》,李晨著,上海大学出版社,2014年9月出版。本书中所涉及的背景知识与学习资料,均可在该书中找到。

个是我欠缺了,太过用审视的眼光去看他。他的优点也蛮多的:守时;自我要求高(所以才有底气评价别人);愿意接受我的意见(只要有道理的就会接受);对朋友大方(总是急着掏钱);他现在有在慢慢改变,也会关心我,迁就我;对我很上心,对他表姐表哥也很有感情。

靖:非常干净整洁,一个单身男人,把自己弄得干干净净的,清爽。不贪,在职业上,不会去贪小便宜。

靖:还有,像孩子一样直爽。

2013-11-25 15:19

李:菩萨心肠的定位不好。应该是在对等原则上的互补性的相互关心与帮助。菩萨心肠有些"施舍"的意思了,也有高看自己的意思,不好,不能用于恋人之间。

2013-11-26 08:05

靖:记得你说过有排斥期,我昨天下午、晚上的状态很不舒服。整个人就像心里堵了什么似的,不安,没有前几天的状态。心神不宁,走路重重摔了一跤,膝盖都出血了。录音第二遍听完。

2013-11-26 09:10

李:事物的发展都不会是一帆风顺的。习惯了、老道了,在做事的时候就会把反复、意外、麻烦当作正常,甚至在开始的时候会盼望这种事情的尽早发生,而且如果长时间这种事情没有发生,就说明整个事可能靠不住。因为把一件重要的事做成、做好,是必然会出现反复、意外、麻烦的。

李:改稿你直接用红色改。

靖:改稿我想这样:我先改在文稿上。改完后再去对照你的原稿,把改动的地方用颜色标示出来。这样一来我自己动手的时候会比较流畅。二来,你可看出改动在哪里。三的话,三个版本(原稿、改动稿、对照稿)看起来一目了然。四的话,我也利用这个机会,多琢磨琢磨,加深印象。好书不厌百回读。我尽量加快进度。

李:好。

2013－11－28　20:35

靖：改稿真是个细心活。我现在只能先把语句理通顺，领会你的写作思路，好像是下一次修改要做的事哈。对照稿才改了五分之二。这两天一直下乡，呵，进度没办法快。改完后再一起传给你吧。

李：已经很快了，不着急的。

2013－12－03　10:55

靖：发了两个版本给你，一个是对照版，是在原稿的基础上修改，把添加的和修改掉的内容用括号红字表示，有些是添，有些是减，形成底稿。蓝色的，是表示我不明白你要表达的是什么，暂定。一个是修改后的版本，改动处也用红字表示，删掉的没办法体现。前面二十几页因为是直接改动原稿，没有留底稿。在对照本上还原后，再在修改稿上列示出来实在麻烦也无意义，就没有再用红字标识出来了，但从对照版上可以明显看出来。前面三四页的修改幅度比较大。你修改版看下，我们再作进一步的商讨。

靖：一份发你邮箱里，一份发微博上。

2013－12－03　11:06

李：这么快！好。

靖：看了电影《咱们的牛百岁》，菊花嫂子真有风情，眼角眉梢都是情意，会说话，又会体贴人，终于打动了那块木头。牛百岁夫妻的互动也很精彩。这真是市井的乡土的活生生的感情。说真的，以前会觉得这种片子太老，但认真看过之后，觉得这种感情很有温度，来源于生活，来源于人性，很温暖。不像那些冷冰冰的算计和衡量。看了两遍，意犹未尽……

2013－12－03　17:16

靖：看报上有个故事——《当狗狗爱上了鹅》。雷克斯是一只营救犬，天生一副坏脾气。不让人喂它，还攻击陌生人。看样子，它没救了。但是，"爱情的力量是伟大的"！就在人们打算放弃它时，一只名叫杰拉尔丁的鹅走进了它的生活，它居然爱上了杰拉尔丁，"两人"形影不离。更神奇的是，谈了恋爱的雷克斯还改掉了臭脾气！

问:感情真的能让人变化那么大吗?

| 2013-12-03 21:20

李:1. 哈,这显然是人们"意会"出来的一个故事。用动物来比拟人极不恰当,机制也不同。情感是能改变人,但与其说是情感可以改变人,不如说是<u>情感能力可以改变人</u>。比如,一个有魅力的人,通常很难心理状态不好,也很难处事不好。

2. 回头会把《咱们的牛百岁》在上课时讲一下,有好多东西可以挖掘,到时把录音发你。

靖:昨天晚上两个人聊天闹得不愉快。我一个朋友两地分居,老公在外省。我跟她是姐妹淘,关系非常铁。昨晚跟她去洗头,回来他发短信,就两个人聊天。前面聊得挺好。因为平常有交流,他知道我这个朋友。就因为朋友没辞职去跟随老公(毕竟每个人都有自己选择人生的方式),他说我朋友是怨妇(他认为女人不必有事业,浪费!)。我一听也火了。我认为人要体谅她们,讲话不能那么不客气,太自我,要懂得尊重他人。他回了句,他不喜欢别人对他说教,不喜欢别人高高在上,评判别人,除非是他仰慕的人。气得我⋯⋯

靖:这些天接触下来,觉得对他的性格的了解又全面了很多。还是负面的多。

靖:1. 狭隘较真。我们共同认识的人很多,在他的评价体系和我完全不同。有一个公认的厚道人,跟我好朋友关系很好,我比较了解。但在他口里,是无耻小人。原因是领导出于工作需要,叫他们一起去看望一个属于"弱势群体"的人。厚道人级别比他高,路上买了水果,是他提着。到人家门口,他拿给厚道人,说让厚道人拿进去,他才不拿,说给这些人送水果,他没那么贱(我不明白他哪来那么多优越感,看这个不起,看那个不爽。看看他本身,又乏善可陈。脾气又大,都不懂哪一下就会把他得罪了)。后来厚道人汇报的时候,没说他也有过去,他就记恨上人家了。我听了,无语,只能说各打五十大板,都有错。

靖:2. 工作中关系糟糕。他的人际关系中的熟人都是发小、亲人。一个上司,关系到冰点。话都不说,他表示极端鄙视人家。有一次,他定了要去打球,市局来检查。他还是走了,说才不管他们怎么想呢,说结果不照样没事。他曾经做过基层的一任领导,并引以为豪。现在在一个冷门单位,几乎不用做事。但相对的,也没有事业上的交流。早上八点上班,到十一点回家。下午去高尔夫球场打球,一套好几万的打球设备说买就非要买,整天就是吃喝玩。显摆自己有能力消费。

蜻:3. 原先以为他有改变的想法,现在觉得,是我判断失误,他自我感觉好得很。

蜻:4. 不看书,不爱山水,拒绝去这些地方。对商场、影院、吃饭感兴趣,还有打牌、足摩、高尔夫、喝酒。

蜻:5. 优点:花钱倒是不占公家便宜。

蜻:6. 对他奶奶很服气。

蜻:7. 父亲去年生病,花大钱帮他治疗,得到大家夸赞,并以此为傲。

蜻:8. 他是一个不大气的男人,关注自身感受。小心眼,容易忌恨人。

蜻:9. 对以前的一个上司很服气,很喜欢谈到他。有一个表姐关系不错(他表姐有个亲弟,表姐平常买东西总会准备两份,他和那个亲弟一人一份。他说即使姐姐的话不靠谱,他也会耐着性子听)。

蜻:以上评论,也许是我狭隘了。呵呵。

| 2013-12-04 12:45

蜻:哈哈,我在看你的新上传的课件。突然发现,我现在好像就是在干预他了,昨天吵的开始、结束都是我引导的。中午他 HOLD 不住了,发了短信给我,我也开始拿捏分寸,不冷不热地回过去了。这个过程,我都没有自我纠结。

李:从你的这几段话看,语气很放松,说明即便是发现了些问题,也是发展中的问题,问题不大。另外所谓"犟",大多是一种自我保护。非要买什么东西,这种"执拗"也反映了一种心理的紧张状态,用这种方式来引起关注,宣泄心理压力,强化自己的存在感。但是正常人都是想处于轻松状态的。

| 2013-12-04 13:09

蜻:下载弗洛伊德的《精神分析引论》来看,可以吗?我现在对分析人非常感兴趣。昨天一个同事的老公住院,是胆结石引起的腹痛,其实只在医院打

点滴就可以了,根本没必要住院,他非住院不可。同事把这个当作好玩又好气的事来说笑。我呢,就用老师的办法去分析他。他是一个外部缺少关注的人,生病正好形成了一个可以吸引外部关注的点,他就极端兴奋地利用起来了,同事很看不起他。平常他在家里,就跟个无理取闹的小孩一样,没男主人的地位。我就拿他分析,不能太过关注他,但也不能太过打击他。他做错的,要告诉他怎么做才对。他做对的,一定要鼓励他。慢慢地引导他的生活,他才会变得更好。

李:《平凡的世界》你看过了没有?

靖:看过了,但印象不深,都忘记了。我可以再看一遍。

2013 - 12 - 04 13:22

靖:课件的这句话,打动了我。找对象就是要找这么一个人:你的过往只有我懂,你的未来只能我陪。原来以前是我错了,我一直以为,是找一个优秀的人,找一个有感觉的人,找一个愿意跟你在一起的人。原来,只是找一个,你对他付出时间精力,然后,愿意去了解他,愿意陪着他的人。即使他有很多缺点,你也愿意去包容他,去干预他,让他变得好起来。

李:开始看《平凡的世界》,听比看效果好。在网上可以找到音频版的《平凡的世界》①,经过了艺术家的处理,播讲出来的《平凡的世界》,比文字表现力更强,也更易于理解与思考。听一遍之后,再看文字版,效果最好。《精神分析引论》最后看,先看《平凡的世界》《曾国藩》②与《雍正皇帝》。因为《精神分析引论》是外国书,针对的是外国人的状态,如果硬套会跑偏,所以先要看加上《胡雪岩》③的四部中国书,对中国人与中国文化有一个深刻的认识,再看就可以"运用"了,而不会被误导。另外我分析人的路数与这本书相关,但只是用其作基础与启发,主要还是自己总结的。所以要先把底子打好,才能发挥这本书的作用。另外最好不要看电子版,要看纸质书,因为纸质书好加批注,每看一遍都可以看到之前的批注,既有利于更

---

① 这里推荐的是由李野默演播的《平凡的世界》。演播版是对小说的一次艺术加工,更加生动、丰满、鲜活、贴961,于初读者来说,先听演播版,比直接读这部书可以更好地理解与吸收。

② 此书指由唐浩明所著的《曾国藩》,分为血祭、野焚、黑雨三卷。

③ 这里指的是高阳著的《胡雪岩》。由于版本较多,推荐的这一版开头是"楔子",第一句是:"在清朝咸丰七年,英商麦加利银行设分行于上海以前,全国的金融事业为两个集团所掌握,商业上的术语称为'帮',北方是山西帮,南方是宁绍帮。"

深地理解，也多了乐趣。将来你孩子看的时候还能看到妈妈的批注，哈哈。

李：我整理了一个书单，都是我从中学开始，二三十年来对我影响最大的。感觉读透了这些书，轻松快乐地过上比较宽裕的生活，应该是没有问题的。

《平凡的世界》，放牧自己心灵的书；

《白鹿原》，从文化和历史汲取力量，卸去枷锁的书；

《胡雪岩》（高阳），风流洒脱、悠然世事的书；

《雍正皇帝》，硬挺心性，洞悉人性，机谋理性的书；

《曾国藩》（唐浩明），坚韧耐烦，力行高远，朗声诵读的书；

《九尾龟》，打开心智，习练手段，行走江湖的教科书；

《十日谈》，启蒙情窦，丰富想象力的书；

《精神分析引论》，看别人，不自我，得自由的书；

《出类拔萃之辈》，哈尔伯斯坦（美），齐沛合译，三联书店1973年出版。明白一个高尚的人也可以耍流氓，甚至不会耍流氓就无法成为真正高尚的人的书；

"儿童哲学智慧书"，柏尼菲（法），接力出版社2009年出版，全书9册。40岁时看的，提供了总结40年人生经历的框架。

李："你的过往只有我懂，你的未来只能我陪！"这样的"经典名句"还有好多呢。

2013-12-04 13:35

靖：我去下单。这几本书，你推荐且如此看重，肯定有你的道理。人生经你一指点，乐趣多了好多，哈哈。我也去琢磨琢磨这几套书。反正现在杂书没看，省了好多时间精力。

李：按平、曾、雍的顺序看。《平凡的世界》先听吧，效果很好。另外《曾国藩》里面的诗词、对联、奏折、答对，可以出声读出来，对说话、语言表达也很有帮助。

靖：曾国藩的传记和家书我都看过（当初看也是很有体会的，不过总是觉得老曾很倒霉就是，哈，不过，正是屡败屡战，才成就他的人生。还有你书里的,他写的奏折——《参翁同书片》,让我对他的印象更加丰满化)。雍正的也看过(记得那是国庆长假,一套书看下来,真是痛快,邬思道真是惊为天人。我弟还说,这种不世出的人物肯定是虚构的。他说一个人,都在书斋,跟外界信息不通,怎么可能对天下事了如指掌。现在看来,是有这种可能的,比如学了李老师的这套分析方法,哈哈)。

李:当时有"邸报",各地都可以买到,是掌握信息的重要来源。此外还有亲友书信与坊间传言,虽然信息传递速率慢,但是信息变化也慢,信息总量也小,因此在书斋里掌握天下事是可能的。另外即便是虚构的,就没有价值吗?希腊神话都是虚构的,但是对人类文明的启迪发挥了极其重要的作用。曾书是看的唐浩明写的吗?

2013-12-04 13:47

靖:是,是唐浩明写的,我刚才看了目录,是同一本书。雍正也是二月河写的。不过话说回来,好书不厌百回读。带着另一种眼光去看同一本书,肯定会有不同的收获的。

李:我是基本上每年都会看一遍。这就是故事的好处,可以不断挖掘。

2013-12-04 13:56

靖:嗯,其实好书多看几遍,效果更好,可以不断地琢磨。我六套书都下单了。小说书我买的不多,正好可以趁此机会,填充下我的书柜。这两天,我先听《平凡的世界》。

李:《出类拔萃之辈》的书已经买不到了,是1973年出的。要是能下单那肯定不是一回事。这个就只能看电子版了或者买旧书。

靖:是呀,这本书没有。《胡雪岩》是一套六本的对吗?

李:六本的太贵,你搜一下,有三本的,便宜些,内容都一样。

靖:幸亏你说一下,我查了,两者价钱差了一半。

李:哈,有钱人。

靖:不是有钱人,但是有些钱就得该花,这个成本我可算着呢。不过省下钱来也是好事一桩,哈哈。

靖:《出类拔萃之辈》在旧书网上买到1973年三联的原版书了,70元包邮。还看到居然有复印版的,呵呵。

李:这个书一开始不易看进去,如果看不进去就从第二章开始。

| 2013 - 12 - 05　14:39

蜻:我把《出类拔萃之辈》纸质版的也买了。哈,只要静下心来,都看得进去的。大不了,我用笔把第一章抄下来,就当练字哈。

蜻:开始听录音了,李野默的声音真好啊。听着很舒服……老师也是学朗诵的吧,听你上课有讲过。还是第一次听这种小说录音,感觉很好。

蜻:我想,他的妈妈是个好强的人。他现在会提起他妈妈。她在市场做生意。他小学毕业考上重点学校,是他妈妈的骄傲。据说在市场风光了好久。丈夫没亮点,所以儿子就成了她的希望。估计他小时候压力很大,总被寄予很大的希望,被拿来比较。所以总是容易紧张,容易动怒,整个人绷得很紧。总是在找自己的出色处,总是跟别人比较。所以那天他才会说,他的过去没有东西拿得出手。现在也会关心人了,昨天变冷,还问我冷的话车里有他的马甲。其实最近他轻松了很多,笑得也多了。也会跟我讲好玩的事,一起分析身边朋友的感情。他生气,我不放心上,一会儿就过去了。

| 2013 - 12 - 07　10:02

蜻:前天喝酒,他说为朋友,喝过量了。我不认同这种交往方式。争执起来。他说男人没点义气算是男人吗?我说再怎么讲义气,也要以保护自己为前提。再说了,真正关心你的人,是不会让你喝酒过量的。我就举例说,你最好的朋友会让你喝那么多酒吗?他愿意你为了他的面子那么折腾吗?真正的朋友会关心你。让你喝酒为他撑面子的人,也不值得你那么做。然后他就笑,说他不认同我的说法,但我知道他有听进去。不急。

| 2013 - 12 - 07　17:45

李:1. 如果单纯是父母性格不好,那对子女的影响并不大,甚至会促进子女的反叛与独立。因此一定有一些事件,这些事件会借助道德、情感、舆论,甚至是性的压力,才会形成无法抵抗的压制。不过我看这些问题在你

的影响下应该会逐步弱化而不起作用了。借用一句话,就是在发展中解决问题,而不能针对问题去解决问题。

2. 你的"争执起来",其实是一种强烈的关心与爱护,因此效果会很好。甚至从某种程度上说,告诉你这个事(通常还会渲染与夸张事情的严重性),目的就是获得这种"强烈的关心与爱护"。

2013 - 12 - 07   18:12

靖：与他的交往我记住你两句话：一是在发展中解决问题,而不是针对问题去解决问题;二是学会体谅。今天早上他家拆空调,他说被工人气,也发短信给我。调侃他几句。见面时他心情不好,吃过午饭,他说想回去午睡。我同意了。各自做各自的事。呵呵,我不把问题当问题,该干吗干吗就好。就像老师说的,不要针对问题去解决问题。当他把我当成信任的人,当成可倾诉的人,而我用大而化之的手法去处理引起他生气的事情时,应该会引起他的触动。只要他能体会到轻松的感觉,他自然而然会自我调整。

2013 - 12 - 07   18:21

李：下次遇到类似的工人,你给他打发处理了,你的吸引力会更大。哈。

靖：有一个女友,昨天下午跟她喝茶,发现很好玩的事情,跟老师说说。她1978年的,中专毕业后,因为家境不好,在一家小商店里当店员(她很喜欢回忆这段经历,一般都会是一个公主式被养大的女孩子,因父亲过世,家道中落,被迫承担起了家庭的责任,然后勤劳努力,学着处理生意上的事,帮店里煮饭,帮老板洗衣服)。后来遇到她老公,19岁在一起,一起创业(那时很苦,夫妻店刚开,朋友说别人是八小时上班,她是一天十六个小时,忙得没空吃早饭,嗓子一天下来话讲多都哑了,现在声带都哑掉了。夫妻两个白手起家,通过做某品牌的运动鞋,挣下一份家业)。现在有多处房产(她会列出房子在哪里)、事业稳定(她会指出跟厂家关系好,把员工当姐妹,说是本打算为一个她很喜欢的老员工买房付首付,可惜那个楼盘开的时候房都售完了。这时旁边一个人说,不会呀,我去看的时候还有房呀。她说九十几平方米的太小,一定要一百多的,说她老公说第二期开盘一定要订上)。

蜻：她说她现在很幸福,老公对她好,公婆很尊敬她,两个小孩也很乖。老公遇到问题,她都会鼓励他,说你是最棒的。说她老公很帅,是最优秀的,她说每次她喜欢跟老公开玩笑,说以后离婚,她什么都不要,会自己出去打工养活自己,说她相信自己是最棒的(她很喜欢用这个词,"最棒的",形容自己夫妻,形容儿子,然后脸上带着那种梦幻的感觉,跟老师描述的那一对大学恋爱然后结婚然后夫妻都要靠想象过日子的例子很像)。她讲到老公的时候,脸上就会有很励志的感觉,一直强调她老公对她多么好,好爱她(她很喜欢用"爱"这个词,因为我们这边人比较含蓄,极少用这个词),强调她是多么讲究浪漫,她老公多么为她着想。她说每天一定要有一个拥抱,不然的话,她就会很生气,然后指控她老公不够爱她。她一直强调当初,自己的皮肤是多么好,笑容是多么灿烂!

李：哈,她是不是文过眉,还是比较重的那种?

蜻：(现在还是很灿烂,看见人就是那种很生意式的热情,帅哥美女好的招呼,有表情有动作)她说儿子也很争气,书读得很好,只要是她定下的目标,就会努力去完成。说她老公规定儿子每年至少要出门旅行两次,因为他们给得起这个条件。儿子不愿意跟奶奶出门,她老公坚持没得商量。她说现在事业基本不用她操心,但她有失落感,觉得自己天生是做生意的料。对家庭主妇不感兴趣也做不来。但她老公不喜欢她那么累,叫她享受生活。她说现在什么都好,就是她老公太爱大儿子了,每天跟儿子讲完故事后都陪儿子睡,她很不习惯。说儿子明年小学毕业,她要买两套对门的房子,两个儿子和公婆各一套,她要跟老公享受两人世界。她说她是她老公最爱的人,他们不但爱情甜蜜,更是事业上的伙伴,当初成立公司的时候,她老公登记了百分四十的股份给她。还说她很尊重她老公,明明公司的大小事她都可以说了算,但她都会征求老公的意见。她一直强调：我一定要让他感到自己是最棒的。喝了一下午的茶,听了一下午的励志故事,感觉这个故事跟老师描述的大学的恋爱结出的婚姻之果很像,很梦幻的感觉。讲的人,一脸梦幻的感觉,连故事的措辞也很梦幻。不过,过程不错,毕竟物质这块很满足。描述出来,我自己看了也很可乐,呵呵。

蜻：她没文眉,不过她的眉是往上挑的感觉,一双眼睛水水的,往上挑,眼神有点迷离。做生意多年,脑子转得很快,精明。喜欢比较,看见茶馆十几岁的小姑娘,会问我,谁的皮肤好。精神气很好,头发都扎起来。喜欢讲自己,一讲到,就很兴奋的感觉,滔滔不绝。有些话题,我听过几次,语句跟录音一样精准。哈,我觉得是个很好玩的人。

李:噢,忘记年龄了。现在才35岁,那是不会,但过几年会文眉的,哈,我发现很多类似情况。励志的肯定是底子不硬的。

2013-12-08 11:44

靖:她讲话的时候,很喜欢问,你说我说的对不对,不是征求的口气,很强势。整个脸部表情,额头光洁,眉眼修长,颧骨很高,坐姿笔挺。强调自己很喜欢看书,会看杂志,比如美容和励志类的。说看到好的文章,会读给她老公听,这样两个人才会一直进步。她说最近有人介绍她看一本名著,想了半天想不起来。翻看短信,才知道是《呼啸山庄》。说每晚都看书,不看睡不着。还叫我说要多读书,让我帮她推荐书。呵呵。

2013-12-08 11:54

靖:她现在的情况其实不错,但她把自己架得太高了,一直往最好处去设定。这样搞得大家都紧张,也会产生一种对自己的不切实际的评价。脱离现实,四处强调,累得慌。

李:这是有些偏执了。通常生活现实远离她的预期,或者被生活现实抛弃,就会形成这种状态。无奈之下就只能用想象来填补,用反复强调与诉说来迫使他人认可而间接论证她好像就是过的自己想要的生活。

2013-12-08 12:25

靖:我有一个月多没见她了。上次见她时没什么感觉,那时自己也纠结,就觉得她是在炫耀,倒没看出什么问题。今天早上闲着,突然就有给你描述她的想法了。在描述过程中,自己的一些想法才厘清。对分析这个人很感兴趣。偏执呀,给你说下,还真有点。在聊天过程中,不能说她的不足之处,不然她会解释很多的。她总有办法绕到她的励志上去。大部分是从跟老公的感情说开去,事业、经济,她的付出辛苦,她的简朴节约。

| 2013-12-08　13:00

李：偏执通常是缺什么强调什么，因为已经到了自己都说服不了自己的地步，才会强迫他人相信，然后产生这样的心理反应：既然他人都相信了，应该是真的，那我也应该相信。但是为什么会有这样的心理机制，我还没有研究过，只是通过现实观察。出现这种心理状态的人，通常会对应某种配偶的"过错"，而且很多时候还是想象出来的。

| 2013-12-08　13:21

蜻：我有猜测过，是否是以下原因：当初她父亲非常有能力，是十里八乡有名的生意人，因病过世后，家里的叔叔伯伯争执起来分家产，上演了一出欺负人的戏。她那时在学校，跟我说过家里的闹剧。她那时才十六岁。有一个不长进的哥哥和一个还在念小学的弟弟。那些年做生意，是真的很辛苦，而她本身又要强，那种出人头地的欲望，那种高强度的压力下，她的精神能量被激发出来了，再加上生意做得也很好，催生出赌徒一样的兴奋点。在她有点类似于功成名就的感觉，既在婆家立起了地位，也帮助娘家很多。但是现在她环境好了，不可能再像当初一样拼命了，家庭成员也增加了，也不可能像以前一样跟老公那样只有两个人的亲密的奋斗，一起跑业务，一起送货，像连体婴儿一样地相处。她的精神兴奋点一直停留在当初。人际关系也是只有生意场上的人和家人。钱已经有了，金钱和收入不会再给她带来振奋的感觉。而其他的能带来振奋的事情，她的生活又太过单调，也无力去开发出来，没有替代物。再加上，她一直强调自己的成功，也让人不爱跟她在一起探讨事情，<u>人跟人之间的亲密关系是建立在彼此分享与关心上的，针对很具体务实的一件件事情来讨论，针对彼此身边亲密的人来展现自己的关心</u>。而她的话题都放在强调自己优秀上了。生意成功当然离不开她的奋斗和努力，但还有其他的机遇和行业问题。像老师在"哪一个是百年老店的生意口"那个思维训练题里的分析，自己的自吹自夸，只会让人反感她的做法，对她敬而远之。无法得到外部的关注，就只能自己去通过强调引来关注。恶性循环之下，再加上她老公有钱有事业有外形，她又极度担心拴不住他，所以才会有那么多的强调他爱她之类的话，她自己有多优秀的话。

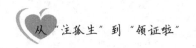

> 2013－12－08　13:33

靖：在这种情况下，她就把自己神化了，认为自己天生聪明过人，得天独厚。不但在生意场上如此，在其他的方面，她也认为自己是最好的。人不可能样样都完美，所以，她没办法达到的，她就用很励志的话来激励自己，等于自己给自己签下支票，至于空不空头，无所谓，她把自己要达到的目标高高挂起来，实不实现无所谓。在她的想象里，只要她要去做的，这个目标就一定能实现。什么事情都不重要，重要的是，她在做，就一定能成功。我觉得她的谈话中，流露出的就是这种感觉。她说要开婴儿用品店，具体的定位、产品，那些很具体的事务还没有认真规划，她就宣布她一定会很成功，因为她天生是做生意的料，能管理人，有生意缘什么的。神化自己，我觉得是她偏执的来源吧。

李：非常好！已经有严密的分析逻辑了。下面再从"过错"或"缺失"的角度去琢磨琢磨。

　　一是当一个人的"功"与"过"处于某种平衡状态下，既不可能有更大的功了，也不可能有更大的过了，家人对她就会表现出一种表面上的情感与尊重。而这会使她没有实质性的情感支撑，就会被迫进行想象。

　　二是这种小时候艰难困苦的环境，既会形成坚韧奋斗的性格，又会造成某种正常的生活品质与能力的缺失，因为没有正常的生活环境去塑造，所以会缺失。这样在以后脱离艰苦环境进入正常环境后，由于缺乏对应的品质与能力，也会造成各种不适应。比如对丈夫不能正确全面了解，缺乏足够的女性的吸引力，等等。

　　继续观察。

> 2013－12－09　12:03

靖：他好像闹别扭了。那天早上跟空调师傅生气后，中午一起吃了饭，叫他一起去朋友处喝茶，他说不想去，只想回去睡觉后，我们就各自做各自的事。两天都没有联系，接触以来没有发生过这种情况。我梳理了一下，不能惯着他这种脾气，我也不去理他。最近两天情绪有点小低落，就当作是正常的情绪反复，小纠结什么的，该怎么来就让它怎么去，多大个事呀，吃午饭去。

李：怎么回事？

2013-12-09　13:44

靖：关于交往的人，不知闹什么别扭了，两天没联系了，一条短信也没有。等晚上看看再做决定。

李：闹别扭当然正常。哈，这个是有些自以为是。不过据我观察，和自以为是型选手，度过了磨合期，生活状态倒是不错的。可能自以为是型选手通常比较单纯。

靖：是，他人倒是挺单纯的，好就是好，不好就是不好。那天可能面子下不来，哈哈，我现在想想，都觉得好玩，一个大男人被当成小孩哄着，哈哈，他可能觉得别扭，反正我也先不理他，不惯着。他在球场打球，嘴唇被风吹着干裂。昨天正好路过药店，买了一管润唇膏，晚上给他。

2013-12-09　14:47

李：看完书稿有什么感觉？

靖：信息量极大，完全可以拿去当教材。内容的表述很严谨，条理清楚，又有可操作性。这不是奉承的话，重要的是，接地气。我不知道你听没听过哈佛大学哈尔教授的《幸福课》，里面有大量地经过科学验证的心理学方面的知识，在你的书里也有，比如忽视弱点，发挥优势，弱点在发展中自然会被克服之类的。我觉得你的书最大的一个特点，是讲一种很积极的行为学。我前段时间看过一些美国顶尖大学的讲课视频，在面对心理问题、解决心理问题的时候，他们的大部分主张，跟你的很像，都是主张从改变思维认知开始，重塑一个个良好的习惯。这个说明你的知识非常之新，跟一些草台班子的心理学书，不可比较。亲情这一块，因为我的切身体会，觉得你的理论非常有现实作用。我昨天还在想，我要把这书当作课本再看一遍，中午的时候，从第一章开始，认真地做笔记。有些内容因为在书稿里看过了，有些没看的，总觉得印象不深，所以打算以应对考试，当初看《论语》的方式再看一遍。比如其中的看电影的那些分析，很值得琢磨。我还打算这段时间把手头的事情做完，就开始看你介绍的电影，然后再跟你的评论对应起来。这简直有言传身教的效果，入大师门下的教学方式，也不过如此了。你的思维非常细致，我看电影分析那一段，都吓了一大跳，居然还有这种分析方式，再深入一点，简直可以去开侦探培训班了。

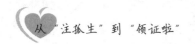

我主张学习的方式,是浸染其中,涵泳久了,自然就会掌握这种方法。

2013 - 12 - 09   15 : 13

靖:你这回上传到博客上的冬季学期的那两段视频,我看过两遍,特别是讲文化的那一句:"道是无情却有情",是我看过的对文化最好的诠释之一,还有一个是《易经》的"人文化成"。

2013 - 12 - 09   19 : 02

李:哈,出版社是要销量的。帮我想个名字,一是能吸引人,二是能当教材。

靖:"人情练达的学问",很好。我觉得从红楼梦的那两句诗来想,世事洞明皆学问,人情练达即文章。销量什么的,也要看出版社的推荐力度,看那个推介怎么写,定位在哪个读者群,能吸引到一些什么人。找一个很有人气的作家来力推,这个也很有推动作用。因为你书的内容非常好,只要看得下去,看下去了,就肯定会有很多的收获。所以,这个出版社找的推介名人,很重要。他本身要务实,很有智慧,有号召力。

李:哈,这个思路很好,真是要集思广益。我和编辑讨论讨论。

2013 - 12 - 09   20 : 34

靖:我买的六套书都回来了,《出类拔萃之辈》的二手书也回来了,连版本也是跟你推荐的同一版的,书虽有些旧,倒是保管得很细心,像以前家里我老爸藏的那些杂志。初中毕业的那个假期,把他收藏的《收获》等杂志拿出来看,一样的纸质,一样经历过岁月的文字的痕迹。此时重温,开心中……

2013 - 12 - 09   21 : 34

靖:原来男人也会说八卦哈。我的一个朋友早上过来找我,问我是不是在跟他交往,吓我一跳,我默认了。然后她告诉我说,她的一个很好的朋友告诉她的,说是对方跟他说的,还说他这回是认真的。哈,发现世界真小,发现男人原来也会八卦。

2013-12-11 12:23

蜻： 看了《英俊少年》①，对少年的父亲印象深刻，好深情哈。艾伦律师也让我很有好感，热情善良。两个人的感情进展很美妙哈，第一次见面的时候，那种眼神互动。然后进一步接触，艾伦律师说我们现在很熟，是好朋友的时候，那神情里的不好意思，好有戏。后来去监狱里看他爸爸，对少年说以后我们的关系还会变，哈哈，看了的感觉很好。

蜻： 晚上跟他一起吃饭，把唇膏给他，呵，晚上脾气好得不得了。陪我走了冤枉路也没说什么，问我饭会不会太硬，跟我起争执也会试着解释。我说，你一跟人起争执，就有点结巴。他说那是被激起了斗志，他说每次被人冒犯，他说恨不得用语言当剑，一剑刺到人家心里去（朋友跟我说过，上次婚姻对他刺伤很大，目前，我都不敢去触动这个话题，大部分讲些单位或朋友的事，逗他笑）。我说又何必。他说他不爱讲别人，每次讲别人都会反省一下，自己都这么差劲，哪有资格说人家。我说，谁都不是完人，但人又都长有一张嘴，就是用来说话的。有用的话跟废话都会说，生活就是说来说去，别太当真。还举了一个同事的例子，她话说太多，自己都忘了，所以我们都不当真。

蜻： 然后他就笑了。我就调侃说，你看你自己，多好的一个人，心地好，为什么非得把自己变成毒舌，因为话得罪人。多点笑，像你这样的，肯定会很受欢迎的。然后他就笑着说，花见花开。他有个口头禅："我怎么不知道。"听得多了，会火大。我说你这样的意思就是不耐烦的表示，让对方闭嘴，让人不爽。我说生活中特别是女人，常常废话，可那也是在表达一种关心。人与人之间这也是善意的一种，然后就举例好朋友跟我的互动，大部分也是废话。然后他就说知道了。顺便就夸他，说他放松时，那种笑笑的感觉让人多舒服呀。我顺便提意见，说我说话的时候，你也回应下，要不然我一边组织话语，一边观察你的脸色，很累的。

2013-12-11 22:12

蜻： 然后他就笑，说我相信你有这个水平。我说你这是捧我呢，还是损我呢？

---

① 《英俊少年》，联邦德国电影，1981年在中国上映，引起热烈反响。对我们的启发：一是少年机智勇敢的意志品质；二是少年与外公的情感关系从冷漠到相亲的转变过程。

两个人又都笑了。他现在笑的次数比较多,整个人放松的时候也比较多。其实他跟人打交道很紧张,打电话的时候,可以明显感觉出来,语气又急又短促,话刚讲完,就迫不及待地挂掉电话。呵呵,写菜单的时候有一个字我不会写,问他,他调侃我也有不认识的字。那笑容,真的会融化冰水,让人心动。

靖:他从来没在上班时给我发短信,今天下午他们开会,他一直给我发短信,哈,一会儿说这个,一会儿说那个。我知道他在那个场合紧张了,所以才会找我聊天。就正如他昨天一直说不想去,后来我一直鼓励他,去坐坐也挺好的,哈。男人无论多大,还会像个孩子一样。

2013-12-13 15:43

李:哈,你现在俨然情感专家的架势。

靖:因为从老师这边学到了正能量,能够往积极的方向去引导他。

李:能量是每个人都有的,只是用的方向不同就有了正负。下一步有两个重点:一是琢磨情感的技巧与方法,情感的推动是一定要用方法的(类似于《咱们的牛百岁》里的各种"花招"),以后的发展应该是由你掌握主动的,调动、推动、鼓动情感的发展;二是在事业上也要有个打算,有了情感的支撑,事业上会有新的意图,同时事业的推动也会产生新的智慧与精神力量,再推动情感的发展。这个事业应该是两个人的事业。

2013-12-13 16:07

靖:嗯,我们的交往到今天整整一个月了。他挺上心的,这一段时间以来,工作日晚上(周末我回家)都会在一起吃饭,渐渐地好像就习惯了。他也越来越放松。嘻嘻,就是两个人手都没碰过。我也没经验,他可能也放不开。哈哈,就是会一起去看电影。事业,也有探讨过。他现在是公务员,副科十一年了。早年前妻家关系好,也没提上去。他这些年也是被人的口水给淹了,整个人颓废了,在乡镇的实力部门做了几年领导后,就一直在一个清闲单位待着。我倒是有跟他说,人活一世,总要发挥自己的才能,在事业上完全不发展,太可惜了。他也有心换个部门。这个倒是也不急。反正也不想着他当官。但是有个头疼事,他花在高尔夫球上的时间太多了,每天下午都准时去打。他跟我说,这四年,如果没有这项运动,他都不知道怎么挺过来。一直打球,腰也出现问题。我倒是有说,要注意身体,一直靠按摩师傅,也不是一个事儿。他说他心里有数。他这人太脆弱,这些年太孤单。母亲过世,跟父亲的关系也很淡,一直没个人体谅他,性子就往偏的地方去了。下午肯去开会,已经是一个进步了,呵。

李:碰手是水到渠成的事,另外不接触的情意也很动人。先发展不接触的情意,否则进展太快倒失去了一项快乐。中国人当官是心里热,这个不用催,心理能量恢复以后挡都挡不住。打球也是,有了更有乐子的事,自然就淡了。

2013-12-13 16:42

蜻:是的,我也不急,哈。就是不知道这种状态对不对,也不好意思问别人。嘻嘻,其实下午那通短信,我就知道,他现在把我当成可以信任的人。那家伙是一个别扭的人,老是觉得自己是超人哈,是打死也不肯吭一声的人,有事都往肚子装,装得爆炸了也不说一句话。下午他用的话题是普通话,说那个主持人的普通话讲得真好哈,我都可以想象他坐在那边的感觉,还说要去参加培训班。我回他,给他推荐念顺口溜和念报纸,哈哈。

蜻:说说听课感想。

  老师你问你的学生,说什么让他们排斥快乐?我知道自己的不快乐来自哪里。来自我的家庭,来自我无论怎么努力,都无法改变的家庭。无法改变经济状况,无法改变爸爸的自私,无法改变弟弟的封闭,无法改变妈妈的毫无主见。甚至在刚刚起步的感情中,一想到对方怎么看待我的家庭,怎么看待老爹积攒的那些不肯卖的像垃圾一样堆在家里,十几年都不去动一下,贬值得不成样子的(当初都是我们的工资给他的本钱),儿女一碰就要跟我们拼命的二手电器。去年国庆我要动他的一部分存货,吵了一架,我妈当场吓晕了,全身冰冷,差点没气,我彻底对他没辙了。即使这样,他也不退让。我们甚至求他,我出钱给他买,他也不理你,说那就是他的财产。家里的事一点也不理,早晨去他的二手电器店,守着一堆金属,一年三百六十五天,风雨无阻。下午回家去市场买点不好的菜,做做样子。我跟弟弟平常都不住家里。周末我们会去买点儿好菜。对他来说,家人和生活都不重要,连他自己都不重要,重要的只有他的生意。我现在后悔死了,当初不该支持他做生意。可那时,单靠我的工资哪里养得起家?一想到这个老顽固,我就头疼。我甚至打算出去租房子,把老妈带走,跟弟弟三个人一起过。可老妈放不下他,他也无法自理,家里吃饭都要别人给他舀。他拿餐具从来只拿自己的一份。人生有这样一个爸爸,说真的,毁了我对男人的所有美好的想法。我有时觉得有这样的爸爸,还不如没有的好,可是一旦他病了,我又会倾尽全力去救他。可他实在太令人寒心了,无情得都不像一个父亲,从来不会为子女考虑,甚至就是见死不救。这几天,一边和他接触,我也相信,他会认可我。但一掺上家庭和我身体携带乙肝病毒的事,我就很无力。其实这也是我迟迟无法跟人深入交往的原因。一想对方,对方家庭会怎么样看待这两件事,我就特别无力。我自己的修养、自己的魅力、自己的人际可以努力。但对父亲,对天生带病毒的身体,我无能为力。在外面,怎么沟通都可以,但在家庭里,一丝的体谅,都不会有。他不会考虑你的任何难处。他的思维里,别人与他无关。儿女是用来养老的。当儿子经济遇到危机,女儿拼了命帮他渡过难关的时候,做父亲的首先想到的是,他要保住可以保障他晚年生活的那堆破铜烂铁。一待家里,我就气闷。一看见我爸,我就绝望。你想象不到他的自私。可一个礼拜没回家,我那个老妈又会一直打电话,心一软,就回来了。可一回来,整个人就完全不对劲。那种负面的情绪就出来了。工作日是满满的正能量,在外面也心情很好。可一回到家,还是会陷入郁闷。唉,我都要怀疑是家里的风水问题。自己住的宿舍,会收拾得干净整洁,可在家里,我都不知道从哪里动手。只能说,无能为力。老爸已经成了一个阴影了。有他气息的地方,都是负能量。没人愿意跟他待在一起,连子女都不愿意。

李: 这是在这样的环境下形成了特殊的产生心理兴奋的方式。我的最新理论是<u>人的心理活动都是朝向最能产生心理兴奋的方向发展的</u>①。所以即便理性认知到了,还是摆脱不了,因为摆脱了就无法产生心理兴奋了。之后在恋爱中会产生比当前更大、更强烈的心理兴奋,就会覆盖以前的心理兴

---

① 理解心理兴奋这个概念,可以在微信公众号"两情相悦的艺术"中查找《不好找对象的心理分析》与《百无一用是暖男》这两篇文章,作辅助阅读理解。

奋,这样就能在心理上摆脱了。至于其后的具体问题的应对,就简单了。比如你周末回家,其实潜意识是一个寻找心理兴奋的过程,或者是以前习惯的惯性。恋爱推进后,尤其是进入亲密阶段了,这方面自然会弱化。以后有了孩子,那是极大的心理兴奋,之前的问题就更好摆脱了。很多人有孩子之后心理会有一个很大的转变,就是这个道理。

2013-12-14 22:57

李: 之所以上课要问学生这个问题,是因为错过了这个课,以后就很难再解决了。因此要用各种方法把学生的心理状态逼出来。哪怕是被逼得骂我呢,这也是一种正常的宣泄与正常的心理兴奋,也能起到转移的作用。

靖: 好像是。纠结不一定会发生的事,然后满脑子都是这种想法,紧张、排斥、想象。一轮一轮的纠结,然后把自己扔进一堆一堆的无奈中。反反复复就是这两件事。明天他要去打比赛,不然周末就拉他去看书法展。两个人待一起,就是坐着聊天,也很好。

李: 就是。<u>一整天的接触量比较大,会产生新的感觉、新的快乐与新的问题,强化了感觉,积累了快乐,解决了问题,就推进了一步。</u>

2013-12-14 23:10

靖: 所以说,江山易改,本性难移。改变是多难的一件事。何其有幸,碰到你这样一个智慧的人。能有你的指导,不断修正我的心理盲点。有时觉得岔路太多,明明刚刚还在阳光大道上,一不小心,就是一个死胡同。我现在基本上摆脱了淘宝的购物兴奋。买东西后也不自责了。也会跟同事朋友交流购物的价钱什么的。那种非买不可的感觉消失了,那种纠结的兴奋也没有了。

2013-12-16 14:42

靖: 看了《咱们的牛百岁》,想不到这部影片当初是那么地轰动。时隔三十年,看影片,生活气息很浓。里面的人物个个鲜活,很有朝气。前段时间是看你剪辑的片断,已经印象深刻。这下看了全影片,更加丰满。里面有两个人物值得大大琢磨:一个是牛百岁,一个是菊花嫂子。

靖：1. 牛百岁是一个很有人情味的人，也是一个非常聪明的人。在包产到户中，他有大爱，不忍心那些因各种原因而后进的分子，被人歧视，收留了那几个人，又用情意打动了天胜，诚恳地提出要求，希望天胜能够帮他，让他不负学过的那些文化。有了一个秀才策划。又揽下了菊花嫂子家里的重活，不让那些年轻人瞎起哄，让菊花嫂子恢复尊严，成为一个真正凭自己劳力过生活的人。又用"活出个样给众人看"的目标，把"懒汉组"的人，紧紧地团结在一起。在处理家庭关系上，也是以诚对待妻子，把他跟菊花之间的往事说给妻子听，也让妻子了解那个女人的重情义和不容易，这样，就又团结了一个人。他动员老婆去跟菊花交朋友，女人跟女人之间好交流。这样，就解决了夫妻之间因菊花而引起的矛盾。他处理组员（打架事件、田福的短粮事件）的事，也是从理出发，又兼顾情，让众人心服口服。

靖：2. 菊花嫂子，在农村，常有这种人，会被人议论是不正经的女人。但是随着故事情节的推开，我们分明看见了一个重情重义、坚定的、懂得爱人的女人。当初，她跟牛百岁有了感情，百岁受了伤，有可能瘫痪一辈子，她坚定地说，我伺候你一辈子。跟"四清"主任有了感情后，她对人家照顾得无微不至，在那个年月，受到对方的连累，被游街，被批斗，也没说对方的不好。顶着破鞋的名声，活得艰难。在对方恢复公职后，立马被抛弃，她也没去为难对方。天胜帮她扬灰，她立马回报他，给他一根黄瓜。又担心对方流汗马上洗凉水澡会感冒，给他煮来了姜汤，并用"激将法"刺激对方喝下去。在干农活的时候，主动要跟天胜搭帮手。天胜因为她的名声和田福的请求，开始避着她的时候，她也很坚定，没有因为自己是寡妇的身份，就胡乱地接受田福。在对待田福上，毫不给对方误会的空间，对方给她水果，果断地扔开，不接受。对方帮她修猪圈，也毫不客气地拒绝。也正是她的这种坚定，让天胜对她有了新的认识。在百岁因组员的事和老婆离家而心灰意冷的时候，是她掏心掏肺的话，让百岁重燃了热情。是她在天胜闹别扭的时候，温言和语地让牛百岁去跟他好好讲，还用自己的手帕包了两个热馒头拿给他。去天胜家帮他热馒头，也制造契机让天胜帮她修灶台。正是在不断地一来一往中，双方有了真正的感情。一个女人如此知冷知热，温情地关心你，这才走进了天胜这个重情义且半生凄苦的男人的心，至于什么寡妇的不寡妇的,在感情面前,又算得了什么呢?

李:有感觉了,很好。但你说的都是一些本质性的东西。还很不到位。如果你直接说的是眼神、动作、表情这些手段,就说明摆脱了一般性的束缚了。现在还在抒发感想,说明还不到位。回头还要讲这个电影,到时把讲课视频传你看看。

靖:好,上周的课,说是有语音版,没见你上传呀。我在看《粉红色潜艇》①。

李:录音要编辑一下,有的地方涉及学生情况,不适合放网上。

2013-12-16　15:48

靖:菊花嫂子影片里有两个点烟的动作。一个是为百岁点的,本来是用柴点了火直接让百岁就着她的手点,后来还是换了个动作,拿火柴给他。一个是给天胜点火,就有了风情,让天胜直接在她手上点烟。这是不是手段?

2013-12-16　15:58

李:对,顺着这个方向去琢磨。

靖:下午看完《粉红色潜艇》,对艇长和霍顿很感兴趣。在我看来,艇长是一个很有家长味道的人,哪里有需要,他就跑到哪里。第一次见霍顿,艇长很瞧不起这个像贵族的男人。但是当见识了他的才能后,他就放手让他去搞需要的物资。在霍顿带回那些女兵后,他也收留了这些人。霍顿偷了农民的猪,他的处理很好玩。顺着霍顿的话,承认了那个酒鬼的存在,并说他要去执行一项重要任务,保存了霍顿的面子。然后把养猪的人带到霍顿的房间,让他挑霍顿的东西作为赔偿,并恶作剧地让人多挑一些,不断打开霍顿的箱子,好好地惩罚了霍顿。面对喜欢他的护士,对对方因紧张造成的一系列后果,他很宽容,并最终赢得美人心。

2013-12-16　21:12

靖:说到霍顿,他是蛮柔情的一个人。面对对他没有好感的艇长,他很坦率地

---

① 《粉红色潜艇》,美国1959年拍摄的二战题材的喜剧电影。主人公之一霍顿机智灵活、风流潇洒,善于随机应变。另一位主人公艇长则是足智多谋、深沉儒雅、善于掌控全盘。这部电影对拓展思维很有好处。

告诉对方,他从生活中得到的人生信条,并灵活地与对方找到共同点。他总能在各种各样的人身上,找到对方的需要,并巧妙地加以利用,实现双赢以达到自己的目的。其实有时面对问题,他也不知道怎么办。偷猪途中,遇到关哨,同行的人问他怎么办,他说他也不知道。后来让对方脱了衣服,罩在猪身上,他便开始沉着应对。他对艇长很尊重。每当对方教训惩罚他时,他都能服从管教。打一副真诚的乖乖牌。这也让跟他起冲突的人,有了退让的余地。他喜欢上了那个女军官,便开始献殷勤,又是借衣服,又是喝酒。在对方跟他谈到婚姻时,他很坦率地告诉她自己订婚了,并对对方说两个没钱的人在一起是不会幸福的,而不是采用欺骗的手段。在对方气得跳海回潜艇的时候,出于关心,一直划橡皮筏跟在对方身边,并一直请求她上皮筏。最终,他还是选择了爱情,并有了两个可爱的儿子,自己也凭才干实现了事业的发展,成了艇长。在老艇报废后得到将军的肯定,被推荐成为新艇的艇长。

2013－12－16　21:29

靖：最后的那个场景,老艇长把艇长日志交给他,完全是对自己人的感觉。霍顿用自己的能力,成了将军的自己人。

靖：机械师初遇少校时,全身油污,万般不情愿。真应了那句话,女人是老虎。少校用胸罩解决了没有弹簧的机械问题,他还抱怨。我怀疑他也是一个典型的情感缺失的人。你看他的动作,一直用脏兮兮的布擦手,都是强迫症的节奏,当然也许只是因为跟女人在一起紧张引起的。他们因为机械的共同话题不停地接触。一同探讨一同实验。艇长看见他们躺在地上调试机械的时候,吓了一跳,我也吓了一跳,但又觉得很正常。少校38岁了,她跟同伴探讨爱情,同伴告诉她,在正确的街角遇到正确的人,要顺从心的想法。后来,就有了大变化。机械师开始觉得对方好可爱,冰开始融解,他开始收拾自己,变得绅士而干净,少校也变得甜蜜而有女人味。多好的变化啊,这是爱情的力量。这正是老师所说的快乐的能量,爱情弥补了他们的感情缺失。

靖：在看你学生的电影观后感作业,他们好厉害。阅读之,感受之。

| 2013 - 12 - 18   17:28

李：你这是把故事情节描述了一遍,这个不好,注意力要落在里面的方法与思维上,这样才能把电影里的东西变成自己的。比如霍顿和女生在一起时,总是挨得很近,但是又绝不接触。这就是一个很高的技巧。可以一下让女生就想到"那方面"去,拉近双方的距离,激发女生的情感,但是"绝不接触"又能让女生心理放松,有安全感,大胆和他交往。另外还很好地树立了自己的形象。这就是手段。学生的情况也不尽然是这些好的。真正"会"这个的,通常写得没这么详细,因为不会那么敏感了。当然另外一部分根本就没接触过这些"根本不会"的就基本上不感兴趣了。写这么详细的通常是已经上过我一次课再选课的,就有了这些丰富的启发和感觉。

靖：有时会火大他的不上心,又是五六天音讯全无(下了两天雨,听说最近他家里在装修,但好歹也发个信息说下呀)。打算下次联系的时候,拒绝他一次。

李：既然是有事,也可以关心一下。

| 2013 - 12 - 20   13:18

靖：这周两人关系是个倒退。上周四见过之后,到今天都没见面。周五他主动发信息说,上周天下雨他有比赛,我有发信息问情况。这周我也有主动发信息问他。这周六他回说很忙,几拨师傅在家。我叫他忙不过来就找朋友帮忙。人家很牛地说,他能行,还说是体现能力的时候。只说这几天我的心拔凉拔凉的,好容易燃起的感情的火,全熄灭了。只是觉得两个人相距这么近,居然可以十天不见面,连个电话也不打。上周他答应一起去看画展的事,估计他也忘了个干净。只能说,他太不上心了。我打算撤了。

| 2013 - 12 - 21   22:29

靖：前段时间有多热络,这段时间就有多冷淡。也许是我太配合了,人家觉得过分好追,就没兴致了。呵呵,有点小失落。

| 2013 - 12 - 21   22:49

李：出现反复是正常的,从你的描述看,人品没什么问题,人品没问题就不会

辜负女生的热情。可能一是有事，二是产生了什么顾虑。再琢磨琢磨。

靖：估计还是性子急惹的祸。他朋友（介绍人）家装修房子，他也凑热闹。然后估计是被她们的"房子要装修当新房"的撺掇给打动了，越弄事情越多。他家就他跟他老爹两人，他又觉得自己是主心骨，什么事都得他来。又加上这些年闲散惯了，硬生生把这个当作证明自己的机会，全力投入。却不想，结婚最重要的是两人的感情。两人才刚热络，他来这么一出，我会怎么难受，觉得被冷落。感情基础都没牢固，就这么折腾。

李：哈，多关心一下，要有智慧与手段。

2013-12-21   23:31

靖：他可能也是想，短信麻烦，事情又多。还不如忙完后见面，当面说。可他就不想想我的感受。天天见面，一下子就十天半月不见。估计跟他说了，他反而会说，你就不会关心我多累啊。况且他事一多，脾气就不好，估计也不想跟我犯冲。只能等他忙完再说，现在说什么都不合适。他一点小事都如临大事。让他折腾吧，这账我记着呢。他折腾我，看我过几天怎么折腾他。

李：直接去看看不就行了。

2013-12-21   23:45

靖：他没邀请我去他家，我们都没去过对方家里。我也考虑过了，这个还是缓缓。上回他去接我，我正好要去办公室，顺口说句，要不要跟我去坐坐。他都很委婉说，再过一段时间吧。我们都是在外边约的。他家是一个大家族住一栋楼，姨妈舅舅的多，还不到见的时候吧。

靖：忍不住问了，据说忙得四脚差点朝天。还问我肯定是没经历过家里装修还要应付其他事，然后晚上累得八九点就睡的情况。然后我回说，没有经历。说你都不说，我怎么知道你那么忙啊。然后他估计忙去了。

靖：这个过程我发现了自己的一个问题。以前看过一个小故事，说的是一只鸟儿被关在玻璃柜里，想飞出去却被撞得头破血流，所以它放弃了。有一天，玻璃的盖子打开了，它却不试着飞了，它放弃了。我觉得我的思维很像这只鸟。这几天一直在折腾自己，想东想西，这一个月时间积累下来的感情和默契，没有给我安全感，总有一股被冷落和被忽视的怨气。一旦遭遇这种情况,老师你知道我的第一反应是什么吗?我要断了交往。这个感觉跟以前的好像。百般不舒服,然后就犟着,偶尔主动关心都觉得是在透支感情。其实最近的感情还是有效果的,起码我舍不得离开他。呵呵,所以昨晚你说干吗不去看看。我选择发短信去问。见他累得无奈,我又不好意思了。可又觉得他应该跟我说下。还是太从自己的角度出发,太自我了。其实看他的短信,有点心疼哈。

| 2013-12-22 11:27

李: 哈,好,继续关心。可以把《风流寡妇》①看看,牛人都是主动的。

靖: 可你不觉得我太自我吗?我对他的信心还不如你对他的足。我心里其实有想过,他不是那么没着落的人。毕竟以前那么上心,不可能立马就放弃。我好像又开始享受让自己哀怨让自己自怜的感觉,就是你说的折腾。有种内在的兴奋。好像巴不得跟他断掉,然后自己可以舔伤口了。往小里说,是纠结。往大里说,是自己的判断力有问题,是不会识人。那种悲情,哈,要感动自己了哈。

| 2013-12-22 13:00

李: 没这么夸张,每个人都会有这样的心理与情绪上的波动,毕竟普通人还是需要一些"以苦为乐"的自我安慰的。只有《风流寡妇》里的这两位高手才不会,因为不需要。

| 2013-12-22 18:20

靖: 看了《风流寡妇》,如果在以前,我对主角是不以为意的,我会认为哪那么容易爱上。可现在带着这段时间对你的知识的接受度,我有了新的感受。拉迪克爱上丹尼洛是那么自然,那么一个英俊的情人,多情,那么受女孩欢迎,能歌善舞,在那个夜晚的广场,他是那地快乐,那么地光芒四射。然后他在拉迪克的窗前唱情歌,多么浪漫的一个人呐,不论从哪个方面看,寂寞的寡妇爱上他,都是很自然的事。而丹尼洛爱上寡妇,却是因为

---

① 这里的《风流寡妇》指美国1952年拍摄的电影,由拉娜·特纳主演。可以增加对爱情、风情、风流、魅力以及相应的心理活动的了解。

酒吧那晚,拉迪克的聪明。他对她不是一见钟情,那一群舞女中,他并没有注意上这个不熟悉的人。但是当拉迪克跟他借火,他的注意力立刻被吸引过来了,他以为她是舞女。他问她的名字,她也问他的名字。丹尼洛大吃一惊,她居然不知道他的大名。要知道,他从来都觉得自己是一定会让女人印象深刻的,她们见了他,从来都围着他,从来都捧着他。乍然间碰到一个对他比较冷淡的人,他很惊奇。他发挥浪子的本性,对她展示亲昵,拉迪克却很不客气,在他对她动手动脚的时候,就把他的手放到桌子上,用很随意的态度在拉开距离,让对方不是那么好触碰到她。故意顺着对方的话头,说自己今晚想找一个银行家。而丹尼洛什么都有,就是没有钱,并在为钱发愁,甚至因钱要被逼娶一个他不爱的女人。在喝酒的时候,隔壁桌有人向拉迪克送秋波,拉迪克也若有若无地鼓励并回应,他就被激出了男人的争斗欲。他走过去告诉那个男人,拉迪克是他的妻子,他们养育了五个孩子。然后他们有了交谈,他知道了她是良家女子,初来乍到,为了生计过来这边。他邀请她去吃饭,并通过她的反应(不知道楼上是餐厅)知道了她真的是个淑女。在楼上吃饭的时候,丹尼洛认为拉迪克是在跟踪他。拉迪克马上反击,指出对方的情圣本质,踩到了对方的痛脚。她以为他是登徒子,要求离开。他让她离开,两个人不欢而散。拉迪克关门离开了。最美好的转折出现了。门开了,拉迪克回来,并向丹尼洛真诚道歉。一句"我让自己出糗了"大方而美妙,对方也很热烈地原谅了她。我觉得这个时候,丹尼洛的爱情才真正萌芽了。他为自己无法用金钱帮助对方而痛苦。这个时候,拉迪克跟他聊天的神情,开始变得越来越迷人,像怀春的少女一样,有羞怯,有陶醉,不再害怕,并开始接受对方的亲密动作,他们共舞,互诉衷肠。确认爱情的时候,是拉迪克主动的,她问他爱她吗?会爱多久?然后她又像是落荒而逃,像是丢落水晶鞋的灰姑娘,任凭王子一人去警察局寻人,并因此与警察起冲突。得不到的从来是令人牵挂的,在爱情浓烈的时候,硬生生地戛然而止,让对方为她伤脑筋。其实她这招(让对方无法找到她,而她又能找到他)让主动权掌握在自己手里。失而复得多让人兴奋呀!最终他们能在一起,最关键的是,拉迪克的爱情让她在乎对方,关心对方。因为那句"人头落地",她去而复还,并最终签下支票,挽救了这个国家。而误以为自己将一文不名,又让丹尼洛放下心结,真诚地向她求婚。她终于赢得了一个不因她的金钱而爱上她的人。而他，不但实现了他的保护国家的职责，也让爱情跟婚姻一致了。

> 2013 - 12 - 22 20:07

李：哈，很好。文字跳跃，感觉出来了。

蜻：晚上两人见面了，去看了电影《私人订制》，冷了十天，没找到感觉。索性不搭理他，玩手机。他倒是态度很好，不断说话，还买水。呵呵，这部片子真没拍好，题材有点断，都是凑在一起的。冯郎才尽啊。

> 2013 - 12 - 25 22:18

蜻：昨天过平安夜，本来想一起去教堂看做弥撒，跟他一提，一盆凉水下来，他死活不去。然后本人也不爽了。一路上，几乎都不讲话。他说想去看电影，到商场一看，人多车多。然后他说，要不逛商场？我不置可否。结果他说不逛了。他说看你平常都不爱逛，算了，下次跟他同学来。然后就掉转车头，回来了。一路上，冷场，我一直打电话，他也不说话。有个细节倒是很贴心。我在打电话，他就把车上音乐关掉，调到无声。然后很早就散了。我估计也是那段时间没联系，积下的不爽。他倒是看起来很累的样子。搞得有点不欢而散，临睡发个让他早点休息的短信也没回。今天到五点多下班，他也没联系。

蜻：然后我又想跟他一起过圣诞夜，就发信息说想一起去吃水煮鱼。他很久才回说，刚到球场，想打会儿球，要不等七点。我第一反应就是，算了，我找朋友吃去。后来一冷静，这种别扭的人，吃软不吃硬，就回了，嗯，那我等你。然后从六点开始，吃水果，听音乐等他。结果六点四十六的时候他说过来了。见面的时候，一副好脾气的样子。不过还是老样子，自己点菜，也不问我的意见。自己舀饭。不过，现在也不跟他计较。他去点菜，我就擦桌子，把他的椅子弄干净。然后他上来，就让他坐那张，倒是很顺从。吃的时候，才知道他特地点了清汤，他说自己平常来是不点汤的，怕我被辣着。然后一边吃一边聊。

蜻：我没了前段时间两人在一起的讲话的兴奋劲，倒是整个人的声音开始低柔下来。对他，也不再有想改变的想法。偶尔调侃两句，他也不再较真。第一次像相处很久的朋友一样，很放松地说话，吃饭。他要喝饮料，顺便叫他拿王老吉,结果我没喝,他还问,怎么不喝呀?我说饱了,他说那他喝。我说你东西乱吃太多,待会儿肚子不舒服。他说吃这个嘴腻。吃完我说我付账。他说不要,就自己付了,然后两个人就开车乱转。听一首音乐听了一整晚,他说他很喜欢听,可一直都忘记查歌名了。我说马上查,用手机一查,知道是齐秦的《回来》,然后就聊起那个时代的歌手。后来经过一家服装店,他说要逛,就进去了。他说他的衣服,百分九十都是他表姐买的,我说不会吧,他又强调了一次。然后我没说话,转了话题。看来他以前的妻子做得很不够。我转开话题,说你这脾气,别人买的,你说不定不中意,他说不会,他会喜欢的。然后跟他说起以前给我弟买衣服,又贵又不好看。他就调侃我说,眼光这么差。呵呵,很温情的感觉。临了分别的时候,我心急,他还没开车门的保险,我就开车门,结果打不开,他说我怎么这么急性子。我就当没听见,不去管他,也不置气。下车后,就原地站了一会儿,他也打开车窗,撇了撇手。

靖:老帅,很温情的感觉,对吧?

2013 - 12 - 26 14:32

李:"很温情"是你的感觉,我的感觉就是正常。

2013 - 12 - 27 08:35

靖:嗯。

2013 - 12 - 27 12:20

靖:前段时间的好状态好久没来了。最近又有点心事重重的感觉。睡眠也不好。大概半个月都没好好睡过一觉了。我告诉自己,反复是正常的,平常心对待好了。《平凡的世界》已听到第86回,昨天听到少平与晓霞在山坡上的谈心,居然眼眶都热了。我还保有一颗敏感的心灵。

靖:晚上看《三十九级台阶》①,前面看,觉得演员的表情很硬。一旦投入进去,

---

① 指1978年拍摄的英国电影《三十九级台阶》。由唐·夏普执导,罗伯特·鲍威尔主演。这部电影塑造了一个鲜明的"小伙子"形象,精神气质、智谋身手、才情魅力,以及与女主角的惺惺相惜,都很有启发。

味道就出来了。特别是汉内的配音,很清亮。看到汉内的灵活处事,我很惭愧。他是多么灵活呀!他说他在非洲待了二十年,什么事情没经历过。是了,这就是艺高人胆大,所以他在面对那么多突发情况的时候,从来都是不慌不忙。利用他所处环境中所有对他有利的,立马就能上演一部好戏。我喜欢的场景很多,拉火车的停车阀,天啊,他真是太当机立断了。如果是我等凡人,判断下,犹豫下,什么机会都没了。你看他被打了麻药后,成了活死人,也没放弃逃走,居然用头撞上去,还能用眼神忽悠侍者帮他去弄酒。然后转动轮椅,那一幕真好玩。我万分佩服他的判断力,这跟他在生活中的锻炼是分不开的。他对发生的事,抱有一种令人惊奇的主动。会半夜去卸了斯各特的手枪子弹。骗守卫进来,他卸下灯泡,哈哈,真聪明。如果是我,大概只会关灯,我们国内的电影电视,估计也是这样。

蜻:继续看你推荐的那些电影。我在你的书上,看到你的对电影的分析,但看过一遍电影,感觉更丰富。《平凡的世界》,听到少平给妹妹写信那一段,对苦难的描写,心有所动,多听了一遍。录音的效果很好。有时一边做事,一边听,也能听得明白。年底会计事多,但会坚持上你的课程。

蜻:俞丽拿老师好可爱,她讲解《梁祝》的那一段①,真生动。很早时候就听她的演奏录音。看了她的讲解,那种风趣,那种灵气,那种与音乐合一的境界,让我印象深刻。他喜欢看电影,我最近也陪着看了挺多的。呵呵。

蜻:今天一起出来。本来想去寺庙,后来他说没意思,说一起去吃饭。结果在找他想去的店的时候,两个人走岔了。我跑去问另一家饭店门口的服务员(其实心里明白不该找,但看着两个人四处乱转,还是问了)。他后来说我傻,同行是冤家,居然去问这个,说得我脸都很红了。就跟他说,你看我耳朵是不是红红的,他说看不出来。我说我被你说得不好意思了,道理都懂,但有时就会犯这种错误。他没说什么。然后他说,我对以前在乡镇上班的那段非常怀念,说肯定是常常想起。说我说起来的时候一脸的幸福,说我活在过去。

蜻:天地良心,我其实很少想起那段岁月。也谈不上怀念,但那段岁月留下很多朋友常常交往,除去家人,他们在生活中很重要。然后两个人争执了起来。我说,你讲的如果是事实,那我会注意,以后会改。但没的事,我就不承认。他说,你看你现在的眼睛,眨了很多下。他说他没别的意思,只是

---

① 见《鲁豫有约》:"俞丽拿:不老的传奇",20090505期。

说出一个事实,让我不要活在过去,还说我们其实很多话谈不到一起去,会彼此误解,他又不习惯解释。我说刚开始你解释一下,让我慢慢习惯,我以后就知道你的意思了。后来他说下午要去打球,我也联系朋友,打算各走各的。结果朋友没回电话。他问联系得怎么样了,我说没事,你回去,我转转,现在怕朋友在午睡。他说就去寺庙吧。后来就一起去了。他说突然很累。我说找一个地儿,你在车上眯一会儿。然后他就在车上睡着了。我在旁边给你发私信。

李: 挺好。

靖: 昨天我回家。约了见面,早上联系的时候,我家那边车少,约的时间过了,给他发短信,他说没关系。后来坐上一辆过路车,到半路,问司机,多久到,司机说五分钟。怕他等得心急,发信息说五分钟,结果九分钟才到。他说等车是没办法的事,但你怎么知道五分钟能到。他还说如果说十分钟,等九分钟,他会很高兴。如果说五分钟,他等了六分钟,他就会火很大。然后,我就道歉了,说我记住了。在寺庙,去洗手间后,两人会合。手都有水,湿湿的。我拿餐巾纸,他自然而然地走到身边,拿了两张。擦完后,我说都拿给我,我一起去扔。他顿了一下,还是给我了。垃圾筒其实就离几步。呵。他一直打哈欠,说从来没这么累。前面一直说不在车上眯眼,后来大概觉得我这提议不错,将车停在公园的停车场,说眯一小会儿。我本来说,那你睡,我去公园转转,你醒了打手机。他说可以。后来想想,一个人逛没意思,他一个人在车上睡也不安稳。就说,算了,你睡,我就在车上玩手机。然后刷微博。他开了一点车窗,放下座位椅。一会儿就睡着了,听呼吸,入眠很深。后来是旁边有人停摩托车,讲话很大声,他就醒了,说被吵醒了。呵。我让他送我到超市,他问说买什么,我说牙膏。他说那正好,他要去买酒,一会儿联系,他送我去车站。我说不用,一小段路,我自己走。他说,挺远的,走路累。我不想他那么折腾,那边是十字路口,转来转去,很麻烦。就说我自己走,让他忙自己的。然后就分开了。发现跟他讲话,不能计较。他讲话太简短,有时没我自己猜测的那个意思。要学会不敏感。不过现在有摩擦也好。反正,两人交往,平等沟通。有分歧是正常的,今天被他说了好几次。我试着沟通,不闷在肚子里,自己折腾自己最没必要了。朋友说,他爱说,就让他说好了,计较什么,久了就习惯了,无所谓了。呵呵。

李：正在根据你的校对稿在校对书稿,感叹你真是厉害!!!做事很是认真、细致!

李：改得我都快疯了。

靖：呵,本来想再看一遍。最近事比较多,只好先做事。会计的年底啊!

2013-12-29 11:59

靖：继续观影。看了《骗中骗》①,非常喜欢康夫,似正又邪,游离在法律之外。他有那么多的朋友,他能够用利益把这些整合起来,编织了一张网,一个个的骗术,让人叹为观止。骗到这种境界,已然成了一种艺术。而两位主角,康夫和虎克,在完成任务后,感叹报仇不会带来什么,但感觉棒极了。不等分钱,就离开了。他们都为这种艺术着迷了。真似假,假似真。一群人,一个周密的计划,就构成了一个真实的世界。有时想想,好像就是那么一回事。康夫多年江湖行骗生涯,积累了很多经验,所以在面对贪婪凶残的隆根时,才不会被对方吓到,有条不紊地请君入瓮。最喜欢火车上赌钱那一段。他把自己扮成喝醉的糊涂虫,拿牌的时候,紧紧护着牌,不让别人看到。这样才能在对方出同花顺的时候,轻易地反击成功,赢得赌局;才有机会,留虎克继续骗隆根。警察斯奈德气势汹汹地要搜酒吧的房间,康夫的情人,先是要请对方喝酒,解决不了问题,就用一句轻飘飘的"在走廊上可能会碰到警察局长"把对方镇住,可谓四两拨千斤。我喜欢这种气势。若有若无,可比内地演员的咬牙切齿效果好多了。

2013-12-29 20:28

靖：看《十二怒汉》,助理工程师说到那句,她只是比其他人更仔细地看了我一眼,却能带他走出绝望和孤独。其实这两者我们都怕呀,真情的力量真伟大。出租车司机,从影片开始就让人讨厌,咄咄逼人,霸道冷酷,可是在听完助理工程师说到女人的嫉妒时,他联想到自己的家庭,说出一个痛苦的故事,然后他就像变了一个人,回归人性。这就是老师说过的干预吧,有力的成功的干预。故事最后,艺术家为了少年的安全,建议判他有罪,然

---

① 《骗中骗》,1973年拍摄的美国影片,主演保罗·纽曼。其中的设计、算计、计谋以及执行,对拓展思维极有益处。

后通过几个陪审员的努力,让恶人受到惩罚,但大家因各自原因拒绝了。他一个人承担了这个任务,领少年回了他家。像死去的将军一样,他成了少年的依靠。俄罗斯电影浓浓的人文关怀,让人折服。电视公司的经理,明显就是被母亲无微不至溺爱长大的孩子,心理脆弱,是个容易受别人语言和态度左右的人。出租车司机在跟他眼神对峙后,他的游移和讨好的笑,出卖了他的性格。然后,在司机的影响下,他被引入了那个假设主角是他家人的凶杀现场,恶心呕吐,并被成功引导改变想法。我喜欢眼神淡定的人,也努力让自己成为这样的人。像老师说的,不要轻易被人的言语和态度干预。当司机故技重施,要对付外科医生时,他失败了。当外科医生夺去他手中的刀,无比熟练地施展刀技的时候,他吓得脸色都变了,碰上一个艺高人胆大的主,他就成了弱势的一方。

李:《十二怒汉》①看错了。我推荐的是1957年美国拍的版本。亨利·方达演的,这是最经典的。其他版本都是根据这个改编的,不推荐。

2013-12-30 17:01

靖:好。我再看。这两周的上课视频能传给我吗?对人物分析这一技巧,我觉得无从下手哈。有没有一些具体的指标或是描述之类的,可以参考一下哈。

李:正在整理,但是比较慢。这次管理课的作业是分析人的框架②,你可以做一下。

李:你做一次,我给你看看,这比看视频效果好。

靖:这个题目做得很难,对自己熟悉的一个姐们进行分析,简直太痛苦了。从早上九点一直做到现在,中间吃了午饭就又坐下来了,刚弄好。也不敢改。写得杂乱多。

2013-12-30 17:01

靖:看完视频,笑得用手指夹在牙齿上,同事也笑我,怎么笑成这样,哈。听你评价父亲给女儿的那封信③,太可乐了。可其实想想,从前我的很多想法

---

① 《十二怒汉》,1957年拍摄的美国黑白电影,主演亨利·方达。电影鲜明生动准确地刻画了12个人物形象,对提高识人能力,提高对人的心理的理解与把握,都很有好处。
② "分析人的框架",见《人情练达的学问》一书。
③ 请在"喜马拉雅"查找"李晨老师讲感情",即可找到该录音。

也是这样的。可是现在,我听你的点评,笑成这个德性,哈,可见完全没有阴影了哇!哈,想以前自己多折腾呀。也感谢,有老师告诉我,不应该把自己的安全依附在别人身上,自己根本不需要别人的照顾。哈,苦情,离开我了。有的是一个听课听得乐得不得了的我。开心得乐不可支!

2013-12-30 17:42

靖:今天有两拨人要给我介绍相亲,犹豫后,都拒绝了。说真的,相处一个半月的时间,虽然觉得他脾气不好,但对我很真诚,日久,是人都会动心,那么就以诚相待吧。今天他陪他爸去省城医院检查,我有发短信关心。现在一般他跟我讲哪天有什么事,我都会记下来,然后发短信关心一下,平常则大部分是他找我。今天以为不会见面,我就做自己的事。去超市途中,他问想不想一起看电影,就约着去了。然后他就不经意地说,明天要去打球。我问那下午有没有空,他说没有。

靖:有一次吃饭,他说喜欢吃家养的鸭子,我就留意了,请同事帮买了一只,明天能拿到。这段时间一起吃饭,他几乎不让我付钱。帮他弄鸭子,也是个往来。他听到这个事后,我不知道是什么表情。他说会叫他最好的朋友过来拿。然后就打电话找他朋友。

靖:停车的时候,说到一个学心理学的朋友,他告诉我,他曾经看过心理医生,付费的,根本没效果。我说有那么严重吗?他抿嘴说,有。后来打高尔夫球后,才渐渐好了。他说我看你沉迷在过去,心理问题也很可怕(哈,他不知道,我那是在用快乐的话题引导他。反正这自以为是的家伙,现在是认定我沉迷过往)。我告诉他,我曾经很绝望,后来看四书五经,才渐渐走出来。哈,本来想说老师你的,想想还是没说。

靖:停车的时候,我问干吗不停另一个地方,他说不是内行就别瞎指挥。我说就是因为不懂才要问,才要学。然后我又早开车门,保险又锁了,他又要生气,我赶紧送上一个傻笑,他眼神无奈地瞥了我一眼,张嘴没说话。看电影时,前面有个女人一直讲话,他生气骂了粗话,我懒得理他。挺久后,那女人声音还在说,他就凑到前面去提醒人家。他这么敏感,气得我拉了一下他的衣服。后来他又一次要提醒,整个人坐立不安,凑到前面的时候,我又拉了他一次(这感觉真像我爸生气时,我妈劝架)。然后我们就继续看电影了。出来后,他开着车窗,我说冷,关掉吧。他说是他在窗边,他都不冷。我说,你不怕冷,我怕冷,然后他就关了。我让他送我去超市,他问买什么,我说买肥皂。他说,就不明白现在还用肥皂。我说你是少见多怪,用肥皂的人多了。他说你又理解错了,原来他的意思是天这么冷,用肥皂洗衣服手会很冷。我下车后就给他发了短信,说戴手套洗。难得他会关心人,这种行为要多鼓励,哈。

2013-12-30 23:11

靖:他明后两天都去打球,跟我说的时候,其实心里有介意,后来想起老师的话,每天都是一样的日子,何必太看重特定的某日。我就完全没表情。打就打吧,我自己也有事做,何必要求他非得怎样。

2013-12-31 17:14

李:1. 不要提我,和上课不分析男生是一个道理。这会让他产生抵触排斥情绪,没有必要。

2. 把你的介意告诉他,不是很好吗?

3. "每天都是一样的日子"不记得是怎么说的了,但这个话肯定不适用这个事。

靖:嗯,接收到。

靖:祝老师新年快乐,桃李芬芳!

李:哈,都快乐,心想事成!

2013-12-31 18:56

靖:刚在看你的书,发现还有一些字和标点有问题,有些词多余。我明天正好有空。你可以将最新的版本发给我,我再改一下。

李:先不看了,等编辑意见过来以后可能还要调整,到时再说。

2014-01-01 03:20

靖:继续失眠中。晚上跟好友聊天,聊起他们夫妻的一些感情互动。突然决心放下心防,不再去掩饰和对抗我的感情,学着真实地去喜欢他并表达我的喜欢。依旧睡不着,一个多月以来,人都处在浅眠状态,脑中清明。用iPad放《红豆红》,我很喜欢这首歌,常听,晚上却听得泪流满面。我是一个很少会哭的人。以前实在是苦闷,或是家里吵,才会哭,晚上却是无征兆的。只是突然对感情有了信心,开始为那段对话——"看过心理医生,真有那么严重,嗯。"心疼,心疼他这些年过得不易。喜欢一个人,怎么会有想流泪的感觉。完了,我的眼睛肯定都肿了。不过,流下泪,整个人轻松了好多。

李:哈,这样哭是心性放松、自在与"柔软"的反映,很好!

2014-01-01 08:10

靖:发了短信表达我的介意。

靖:"新年新气象,元旦快乐!对于你2013年最后一天、2014年第一天这两个全球欢庆的日子都陪高尔夫球度过,以及据此表现出来的强烈感情,与球争宠喝了一小桶酸水的某人表示很嫉妒。"

靖:然后他回:"元旦快乐",说高尔夫是他生活中非常重要的一部分。我说理解归理解,理性都知道。不就是比我早认识你嘛!对于打情骂俏,还是不熟。哈,得加强锻炼。

2014-01-01 08:34

李:多从《咱们的牛百岁》中找找感觉,看电影的诀窍就是自己演一遍,好多感觉就出来了。

靖:听老师讲解《咱们的牛百岁》,细节处栩栩如生呀。心思也随着转来转去,看得自己也是眉眼飞动,太有意思了。哈,晚上约会马上练练手哈。

李:哈,加油,五一办事。

靖:好咧!

2014-01-02 11:52

靖:这两天有在看高尔夫的相关知识,既然他那么喜欢,我也花些心思。起码可以分享他打球的一些得意处。哈,昨晚发短信,他说了比赛的一些事哈,以前从来没有发过那么多字数的短信,他说昨天他还得了一个幸运

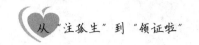

奖,呵呵……

靖:哈,晚上我惨了。脑子里一直是《咱们的牛百岁》里的打情骂俏。变了造型,把头发放下来,学着眼神动来动去。他都没反应,倒是我自己搞得很荡漾,一个晚上脸都在发热,看电影前半部都不知道演什么。唉,好玩吧。不过他有段时间都不敢看我,眼神一直在看别的地方,嘴里念着明天要几点去另一个城市。中间有笑一个,很迷人。

2014-01-02 21:21

靖:爱情是不是就是这种感觉,心里热热的,想着这个人就在自己的身边。想一直看着他,可又不好意思。想一直跟他说话,可又很享受只是单纯待着的感觉。看着他,笑意就掩饰不住。好像过了一个白天,就是为了跟他见面。可惜,每次分别的时候,他都没表情,就把车就开走了,有点小失落。

2014-01-02 21:39

靖:吃饭的时候,他点了两份牛排,我吃得比较少,就把自己那一块切了一半放他盘里,他只是问怎么不吃,我说中午也吃肉,吃不下。他说他中午也吃肉,然后告诉我中午跟谁一起吃饭,没午睡。他把牛排都吃掉了。

2014-01-03 12:09

靖:他说喜欢吃自家包的馄饨,我打算下午去买皮,明天早上去买新鲜的肉自己做。听了你对《咱们的牛百岁》的讲解,关心才是最能打动人的。一旦意识到这一点,就自然而然地会落实到具体的事情上去。

2014-01-03 14:40

李:很好!!!就这样下去。

2014-01-04 21:59

靖:自以为是型选手很难搞。今天为了给他包馄饨,特地没回去。他发短信,问我在哪,其实我已经在家里了,就给他发了一条短信:"你想我在哪儿?"他很不屑地回了一条。你要想让他说"好想你在身边",还真是不可能。

然后我就傻了。后来还是我妥协了,从家里出来去见他。两个人一起去吃稀饭。他吃完一碗,拿来第二碗,问要不要给我点,并去找调羹,舀了一些在自己碗里,剩下的给我。去看电影,他在排队买票,我后来说,时间太长了,会很晚,他说那就不要看了。两个人就去逛街。陪他买了两件衣服和一条裤子。搞特价,三样才304元,他说好衣服买几件充门面,平常的没必要买太好。说起一些以前的事,气氛融洽,转折点发生在回去的车上。朋友打我电话,我多说了几句。他在一边说,回去再打。挂断后,他说他非常讨厌人家在他车上打电话,还说我已经打了很多次了,他忍了很久了。还说因为打电话的事,跟他姐吵了好多次。然后我火也起来了,说你的破规矩真多。我坐过那么多车,都没人像他这样,不能讲电话,不能发短信,不能抽烟。

2014-01-04 21:59

靖: 我说你用这种口气讲话,让我感觉你非常讨厌我,非常无法忍受我。我说,你这样让我很不舒服,难道这样你就舒服了,你就不会想想你这样对我时,我的感受。然后他说,他对所有的人都这样。如果按我以前的脾气,我也会翻脸。现在会犹豫。然后我就说,你以后有什么要求,可以直接用正常的语气对我说,不要用这种我忍你很久了的口气,会让人感觉难受。然后他都不说话,脸绷得很紧。问他是不是还在生气,他说是你先大声的,他的风格是一定要比对方更大声,没得商量。然后我问他,是不是讨厌在小空间里说话。上次在电梯里跟遇到的一个朋友多说了两句,他也说我。他说对,就是讨厌人家在他耳边讲电话,要讲去旁边讲。然后他就气呼呼的,抿嘴不说话。我软下来,做了一些调和,然后就要赖,说:你是不是讨厌我?他说:你说什么?我说:我现在的感觉就是你讨厌我,都不跟我说话。他沉默了很久,说:你要这么想我也没办法。然后我就笑了,说我没这么想。问他气顺了没有,他说顺了。问他还生气吗,他说不要一直问了。

靖: 唉,想他的时候就想待一起,一起时又总是吵。有时我都觉得是不是我太计较了。看他那种态度又让人很难受。自顾自,都要别人让他。说话不客气,唉。这到底是什么性格呀?还有一点,我让他知道我把跟他的交往告诉好友和弟弟了。本意是想让他知道,我很认真在交往。会不会起到反作用?

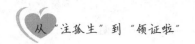

2014-01-04 22:44

李：1. "会不会起到反作用？"这么做都是正常且应该的，应该不会。如果有了反效果，就说明存在着某种不正常。

2. 这个阶段过了，就进入更密切的阶段了。<u>两个人在一起，一定是反复磨合的</u>。只要方向是"在一起"，那有什么说什么效果会比较好。

2014-01-04 23:30

靖：嗯。现在回放了一遍，好像也没什么。对，要有什么说什么。吵过了再收回来。今天逛街碰到两个他的朋友，他都特热情地打招呼，还跟我说怎么认识的他们，还有一个很孩子气的举动。试衣服的时候，我帮他拿衣服，看他很不自在，耳朵都红了。

2014-01-05 10:39

李：1. 本来就没什么，都是常事。

2. <u>让他"很不自在，耳朵都红了"的事要适当多做，进展就快了</u>。

3. 恋爱不在于谈了多长时间，而在于有效交往时间与交往强度有多大。比如谈了一年，每个星期见一次也就是五十几次。而如果天天见，即便只谈了半年，那有效交往时间就是谈了一年的三倍多。另外一般性的聊天与交谈，时间长度与交往强度都不会高。但是如果开始"谈情说爱"了，则即便交往时间短，强度也会很高。

2014-01-05 14:40

靖：昨天去快餐店吃稀饭，他叫服务员炒一盘青菜，说不要炒得太油。现在想起来，很暖心。我平常吃得清淡，吃到太油的都会说。现在想起来，他的一些情意都在细微处。早上跟他说头疼，他叫我去看医生。中午的时候发短信问我去看了没，呵。感情在一点一滴累积。

2014-01-06 17:49

靖：《平凡的世界》听到第101集，《拉斯维加斯，钱来了》要不要看？

2014-01-06　18:16

李：现在可以看了，会很有感悟的。

靖：今天给他发一条短信：你知道你最打动人的特质是什么吗？是一种干净的感觉。笑的时候，那种感觉，如《世说新语》里形容夏侯玄的一句话，"朗朗如明月之入怀……"昨天散步的时候看见月亮想到的，哈。然后他没回，我就又发：喂，难得我这么夸人的，你好歹给个面子，回应下，"嗯"也行啊。然后他就"嗯"了一个。然后我发："收到，哈哈。"老师评价下，这句情话说得怎么样？呵呵。

2014-01-06　18:41

靖：哈，我都可以想象他收到时不好意思的感觉，估计耳朵又红了。

李：这种话会越说越熟练的。

靖：写了一封情书，哈，觉得自己擅长用文字表达。有些东西，用话讲出来会矫情，可是用字写出来，感觉就很自然，又细腻，又恰到好处，刚好可以打动人心。哈！

2014-01-07　11:08

李：我也发现你的文字表达很好，准确、生动。但是也要练出不矫情地说出来"矫情"的话的本事。

2014-01-07　15:38

靖：好。

靖：不矫情地说出，有没有什么原则需要遵循，有没有什么技巧需要琢磨？

李：1. 要有铺垫，让对方有心理准备，不会太突兀；2. 引导，把对方导入能接受甜言蜜语的思维轨道上，这样才能产生反应；3. 营造，要营造一个相应的氛围，环境可以开放一些，这样心理压力会小些。

2014-01-07　17:06

靖：本来晚上约一起吃饭，他临时说要打球比赛，放我鸽子了。三天没在一起，中午倒是有叫他过来拿信。哈，我有点不知道怎么办呢。打算疏远一点呢，估计他也就那个表情。最近感觉自己有点过于主动了，可牛人总是主动的，对吧，哈。晚上回家，明天估计他不敢再没空了。

李：哈，牛人是主动让别人主动。不要有太多顾忌。牛一把才能知道牛的感觉。

靖：是啊。今天放我鸽子，估计明天他得不好意思了。他这人吃软不吃硬。让他不好意思，他自然就会主动。哈。

2014-01-08 09:25

靖：看《拉斯维加斯，钱来了》，有你的批注和没有批注，差了很多。哈，很多场景和语言的设计，叫我自己去看，根本就看不出那么多门道，看来是看书看傻了的呆子型。哈，只知道吃书，却对通过书表现出来的那些真实社会中的人情世故完全没有感觉。回归本能，也是回归到懂得这些吧，呵呵。我是没办法一点就能通透的哈，看来只能笨鸟先飞，脚踏实地，多花功夫，多看多学哈。

靖：告诉老师哦，最近不知道是不是眼神动得多了，我觉得我的眼睛，形状都变了呢。以前是眼皮有点浮肿，眉毛跟眼珠隔得很远，整个眉目看上去，有点儿呆，很生涩的感觉。现在的眼睛好像往上挑了，眼睛显得小了，慢慢地有了眉目清秀的感觉了。哈。

2014-01-08 17:07

靖：下午发生这样一件事，跟几个同事路过鞋店，看中一双鞋，同事也看中了一样品牌的一双鞋。两人砍价，同事说，她算了4.5的折扣，是五百多，打算按480元跟对方讲价。我算了价格，4.5折是539元，打算按500元讲价。后来讲价成功了，她一起帮刷的卡。几个人就走出来了。在路上，她说，她付的款是450元，我的是500元。那时我一直以为她是480元。她讲的时候，看我，说讲价就要狠一点，不能那么傻的。那个眼神，我一收到，整个人就炸了。我说，我要回去跟老板讲下，一样的品牌一样的时间买的鞋，不能价格相差这么大的。然后她们说差不多，不要回去了。可我还是回去了。那一刻，我只记得同事的眼神，那么鄙夷。根本就没办法去想其他的，就是觉得自己不能当傻瓜，然后我就回去找老板了。算了账才知道，同事的鞋是1 099元的原价，我的是1 199元的原价，同事在相同的折扣上比我低了10元钱。我原来以为是30元，其实是我算错了。然后，我就要求返还10元。其实那时感觉无所谓，但既然回来了，也应该说下吧。然后老板火了，说价格既然讲好，也付了款了，怎么能这样子。他说退款不能，鞋子如果不要，可以退了，退钱给我。我很尴尬，没有退鞋，就回来了。

蜻：在路上，一直在自责，觉得自己处理这件事不高明。一是对同事的眼神过于敏感；二是没有冷静地再算下账，如果是10元钱，根本不值得再回去一趟，这样造成了同事对我的印象，会觉得是看重小钱的人；三是做人不够大气，即使是30元，生意场上，跟人讲定了价，只能认了。

蜻：在路上走着，越走，越往好的方面去想这件事情，又得出了如下结论。一是起码不再折腾自己，觉得自己受不公平待遇，就马上付诸行动（回去找老板），而不再纠结于别人对自己的看法，能为自己争取利益；二是同事平常对自己很了解，知根知底的，知道自己不是那么斤斤计较的人，不会因为这件事情而造成对自己的负面印象；三是回去看形势不对，也知道选择自己想要的，不会因为跟老板的不和而迁怒把鞋子还回去；四是对这件给自己带来各种情绪感觉的事件，能马上进行分析和总结，不会任情绪蔓延，已经走出以折腾自己为乐的怪圈。回来同事问情况，选择实话实说，说是我算错了，现在同事一直在嘲笑说，买鞋最重要的是鞋子合自己的心理价位，何必老看别人的价格，何必心理不平衡。听着有点不舒服，不过还是选择无所谓对待。事情既然已经发生，何必辩解。吃一堑，长一智，下次不能再这么冲动了，任何情况都一定要冷静对待。这是对自己的偶然发生的这件事情的总结。

2014-01-09 08:04

李：1. 这是个小事，或者"情急之下"的事，每个人都有，应对得多了自然就好应对了。

2. 对钱不用太计较，但对事一定要计较，只有计较了才能看清事、不白做事，也才能提高做事的水平与能力，才能做更多、更大的事，才能赚更多的钱，是这么个道理。都不计较，就成糊涂人了。当然真计较与刻意表现出来计较，是两回事。你这个真计较很好。

3. "鄙夷"的眼神,仅仅因为这个事是不可能出现的。通常是因为在平时的交往中可能有一些让你的同事"忍无可忍"的事,而借这个事发作出来。如果仅仅是这个事,最多是个"起哄"的眼神。所以可以反思一下,举一反三。

4. 要想不"过于敏感",唯一有效的路子是"多敏感",敏感得多了,应对得多了,解决的问题多了,处理的麻烦多了,水平上去了,事情能办好了,自然就不敏感了。

5. 事后总结很好,但没必要总结得过多。这几个点都是干货,很好。

2014-01-09 09:18

靖:这个同事以前因为工资职称竞争,好关系成了陌路,一直无法修复。倒是昨天我自己出糗后,表现得无所谓,反而两人关系近了。嗯,你对计较的分析,会成为我的原则。继续修炼。

靖:昨天两人吃饭,都说稀饭最合胃口。吃的时候,帮他盛了饭,他不自在,一桌子的菜,他又起身去拿了一盘菜。后来陪他去买电视机,帮他拿衣服,买五金工具的时候提供建议,走出超市时提醒他穿衣服。车上他跟我说他昨天郁闷的事,帮他梳理与分析,告诉他这是人之常情,不必苛责自己。和谐的一天。哈,发现那封信后(里面说了对他的肯定,告诉他,他是一个让人安心的男人,表达了自己对他的欣赏),他在面对我的时候,轻松了好多。还会时不时地哼歌,会告诉我昨天做了什么,跟谁在一起。

2014-01-09 09:32

靖:对于你说的不敏感这一点,我想问下,是否有可以用来实施的具体的方式。我一直是一个敏感的人,好友以前也常常提到过,这些年少多了。但还是会时不时冒出来,刚好趁这个机会,一起纠正过来。

2014-01-09 09:48

李:1. 他的心理状态类似于《咱们的牛百岁》里的天胜,可以从电影中找找灵感与方法。

2. 没什么具体方式,其实说白了,核心是艺高人胆大,再加上债多了不愁,虱子多了不痒。本质是思维的转变,但是思维的转变必须经过实践,形成本事,最后才能促成人的转变。

靖：你文章里说的那个新兵剃光头的事,出出丑,发现别人其实没那么在意,久而久之,就好了。是不是这个机制？早上过来,同事拿昨天的事调侃,个个都笑得好玩,我也没觉得有什么。思维,是的,思维的转变哈。

2014-01-09　09:58

李：类似,只是不需要那么极端,正常稳步推进就行。另外,一定要放一部分精力在琢磨如何把工作干好上,最好再有个什么工作上的追求,这样人就"正"了,会有一种精神上的感召和支撑。

靖：工作上,我一直是很负责任的类型,跟我共事的人,对我的工作能力跟责任心、协作性评价都很高。但在提拔上,因为是小部门,又是关系户集中的小部门,几乎成了不可能的事,单位的人事非常僵化。倒是可以通过参加公开选拔,2012年参加过一次,成绩很好,2013年没有举行,这个事也不急。这两年都参加了高级会计师考试。目前想来,只能是多钻研业务,把业务练得精熟。

李：业务是基础,还要有"追求",这个追求还不只是提拔,而是事业上的追求。这个慢慢来,你先琢磨琢磨。

2014-01-09　10:57

靖："类似于《咱们的牛百岁》里的天胜",我记得你说过田福是一个心理素质很好的人,心理素质好与"不敏感"是否正相关？天胜的"不敏感"是否有些"破罐子破摔"的感觉？反正觉得就这样了,无所谓了的感觉。但他还是会为了村长对待他的不公平而负气闹别扭,还是在牛百岁说了那么需要他的话后就义无反顾地回来帮他,在觉得自己伤到了菊花后能承认自己不好的地方,并积极地进行修复。

2014-01-09　12:02

李：今天看到一条微博："我们以为贫穷就是饥饿、衣不蔽体和没有房屋。然而最大的贫穷却是不被需要、没有爱和不被关心。——特蕾莎修女",所以提供"被需要、爱、关心"就能促使"不被需要、没有爱和不被关心"的人做出不一般的举动。

靖：我相信这点，自从你告诉我说，爱就是付出之后，我试着付出。这些日子以来，他那颗被生活磨得硬硬的心渐渐柔软了起来。现在整个人都柔和起来。说话的口气，表达的方式，包括整个人的状态，都有了不一样。好像是紧绷之后，放松下来的那个状态。

李：哈，继续，"五一"！

2014-01-10　17:00

靖：一个朋友跟我说，他跟好友说年底要带我回家见家长，打算正月结婚。天，这太快了。我都没底气带他回家，父母肯定不肯。按我爸那脾气，我估计得先去扯完结婚证，然后直接放他面前，跟他说，饭都熟了，他才能接受。不然他会折腾死我，然后继续折腾我老妈，这个年别想过了。

2014-01-10　21:03

李：你爸能到这一步，很大一部分原因是你们"配合"得好，配合就是支持与纵容。你不配合了，也就弱化了。

靖：刚才跟我妈交了底，出乎我的预料，她没反对，说人品好她就放心，我爸那边她去说。这样我就放心多了。看下一步的感情热度吧，我发现很多事情没我想象的那么糟糕，也大可不必用偏激的手段哈。前景是美好的，感情也是美好的。享受之。

李：糟糕不是你想象出来的。<u>通常解决糟糕要用更糟糕的手段</u>。

靖：反正准备几套方案，刚才说服我妈，我也是抓住她疼我的心，从我因为这件事担心了很久，从经常失眠入手，说自己怎么为难，喜欢他又怕家里反对。还说弟弟也支持。说了很多他的优点。几管齐下。到时实在糟糕，我就先斩后奏。决定权在我手里，我要一步一步走下去。

李：通常人不愿意用更糟糕的手段，而导致了更糟糕的后果，而被迫用更更糟糕的手段。但是如果一开始出手就是更更糟糕的架势，则可以防止更糟糕的结果出现，甚至连糟糕的问题都解决了。不是说要你做什么，而是提供一个思路。

- 2014-01-10 22:26

蜻：嗯，我知道。等我先搞定感情的事，再来应对我爸。我弟对他太乐观。我又琢磨了一下，家里沟通到此为止。我跟我妈说先不要说。我爸那脾气，即使晚上给你说服了，睡一觉起来，他又变了。反反复复，被别人一说，他就心理脆弱，折腾人又有精力。等我把感情的事经营好，到时看情况。我早先想过的先斩后奏估计是最好的办法。安安静静地，逼他接受事实，他就没有反复的余地。这是最省事的，也是最可行的。不然这个年别想过了。我每次都会对我爸心存幻想，但最终，他都会粉碎我的期望。这回我还是小心为上。再说，也可以先扯证，打消我的恐惧心。

李：哈，想到这一步就差不多了。

- 2014-01-11 16:33

蜻：看完《拉斯维加斯，钱来了》。说真的，如果不是带着老师你的推荐来看，估计这部小说，我不会把它当作爱情小说来看，会觉得这是一个挺好玩的侦探小故事。爱情的感觉好淡哦，甚至我都不会去注意措辞间的情意表达。但是结合你的评点看了，感觉就完全不一样。甚至在某些段落处，觉得有现实中我与他交往的影子，淡淡的，却充满了交流和互动。那种有些克制的情感表露，呵呵，值得细品哦。老师真的有一双慧眼呐！

- 2014-01-12 14:59

蜻：我会陷入逻辑混乱。他跟朋友把我们的关系说得那么笃定。可是我却常常有虚幻之感。我们关系真有那么深吗？上周只见一次面，礼拜三一起吃饭，礼拜四短信联系，到今天又三天无音讯。早上问他今天有没有什么事，他说有件事约好要去办，我说那下午……我说我都几天没见你了，他说下午再说。这会儿没联系，又放鸽子了。他好像没有谈恋爱的自觉呀。这么长时间过去了，依旧未牵手状态。有点搞不明白他的想法，我自己都乱了。是否把心思抽回一点？

- 2014-01-13 16:35

李：1. 说话受当时环境的影响很大，有时并不能准确反映思想。所以看人不能从话里去分析,而要整体分析。即既不能信朋友的话,也不能信他在你面前的话,而是要分析是个什么人,他的表达习惯是什么,思维习惯是什么,对一个信息会怎么处理和理解。

2. 人在决定一个大事的时候,都会有个反复权衡的过程,这时会刻意保持一定距离,给自己一个思考与判断的空间。

3. 这时不能等,也不需等。但是不能"逼",越逼越会让对方收缩,反而更慢。方法是"拉",即表现出你的软弱、无助,激发对方男性的品质,使他"高大"起来,这样就会在心理上"小看"困难与风险,而加快进程。

4. 情书的作用既唤起了甜蜜,也激发了潜意识的痛苦的回忆与对"重蹈覆辙"的恐慌,因此甜就差不多了,可以苦一些了,这样感觉更真实、牢靠。

2014-01-13 17:14

蜻：昨天下午,后来没联系,我发信息跟他说,如果没空,起码应该跟我讲一下,没回。直到晚上十点,才回一条信息,说他下午挺多事的,刚到家。我回他："没事,早点休息。"今天,一直到现在都没有再联系。

蜻：我今天也在苦恼,他到底是个什么态度。早上听朋友八卦(她妹妹是他同学,两家住得很近。她在银行上班,早上过来做业务,我在她车上坐了一会儿)。说当初他跟他前妻,是爱得昏天黑地,他们是自己恋上的,那时简直是蜜里裹油,时间不长就结婚了。可一结婚,就开始吵,脾气不对盘,按他自己的话说是受尽欺凌。这点跟你的第四点分析非常契合。

蜻：他估计是觉得我人品不错,把我当作是一个结婚的对象,甚至也很喜欢跟我在一起时候的放松状态,但一直不敢投入感情,甚至想直接越过感情这一块,直接进入婚姻。而对我来说,我需要有感情,水到渠成地进入婚姻。但这一方面我缺少手段,我的反复纠结其实也是自己没办法的一种表现。我更多的是在等,等他的表示。

蜻：今天也有在琢磨,但就我的智慧,哈,我都没想到要用苦的手段,我甚至一味纠缠在对方对我的不经心上,而思想上想岔了。幸亏有老师这个提醒。这个分寸,要怎么把握,是否制造一些个体的事情来进行引导？就是说,我的手段非常之有限,听从你的建议用苦法,但这个苦,要怎么展示出来？是否告诉他,他现在也是我生活的很重要的一部分,他的有时疏远,让我感觉很难受？

| 2014 - 01 - 13　18:31

李：你的家事,你以前为家里受的苦,不是天然的好素材吗？既营造了苦,又衬托了你的形象。要给对方使他成为"英雄"的机会,但要注意要循序渐进地投放。这样他情绪就平稳了。

蜻：晚上好像搞糟了(这个我有跟他提过一点,他说每个人都有每个人的苦。然后也有说起他的苦事)。晚上一起吃饭,我理解错了你说的苦,然后吃饭的时候,一副忧愁的感觉。有时看看他,有时低下头吃饭,几乎都不说话。不过他点羊腿我吃不了,就切了两块给他,他都吃了。在车上,我妈打电话,问我前两天腰扭了,好点了没。然后接完电话,我幽幽地说,我今天一直在想一个问题：在意一个人,是不是就会心神不宁？那种感觉很不舒服。他没说话,但我听他舒了一口很长的气。然后就送我回来了。我问他：你怎么了。他不看我,说想早点回家去洗衣服。我说是不是我说什么得罪你了,他说没有。我说不差几分钟吧,他说不差。然后我一直看着他,有一分钟吧,我说,算了,我下车吧。然后他就把车开走了,然后我现在还傻着。

李：这多大个事,以后还要吵架、闹矛盾、起冲突呢。缓一缓也好。

蜻：我倒没觉得什么,回来拖地板。因为晚上一直带着"苦"的感觉,哈,一直在酝酿情绪,哈。初次客串演员,倒是看他一整晚不自在,哈,一会儿看天花板,一会儿看手机。嘻嘻,我说了那句话后,他舒气的感觉哈。我觉得自己在演戏,哈,好玩,下车的时候,我差点笑了,很轻松。看他不自在,好玩,起码我的行为和言语可以影响他了。只是没心理准备,没想到他反应那么大。倒是不清楚是对我沉默的反弹,还是对我那句"在意一个人,是不是就会心神不宁？那种感觉很不舒服"的反应。不管怎么说,晚上我是贯彻了自己的想法,至于结果,没关系,还有机会,可以再调整。我可不能太被他影响情绪了。

| 2014 - 01 - 13　21:25

李：很好。

靖：晚上跟他的好朋友聊天。他朋友说他是一个浪漫的人，以前跟女友相处，都追求一个感觉。他喜欢那种闹一点的女生，觉得我太聪明，说的话他听不懂，学究味太浓。跟我在一起，他都不知道说什么，一直觉得没话说，提不起劲。他朋友说，他是一个很生活化的人，个性爱憎分明。跟他们在一起的时候，会一直说个不停，像小孩子一样，刹不住，手舞足蹈。他觉得我们好多谈不到一起去，但为了生活，他在克制他自己。据说尽力在我身上找闪光点。你看，跟我印象中的那个人完全不一样。他朋友说，我们约会的事，他都会跟他们说，会说我陪他去买他的衣服，陪他去逛街，去看电影，连跟我吵架都会跟他们说。说他佩服我吵架的时候，能刹得住车。说我很睿智，说我是学霸。说他最开心的就是由他发挥话题，那他会讲得非常带劲。我可能没把握好跟他的相处模式，他说他每次故意不讲话，就看我说，看我说什么。他朋友说他现在很谨慎，说是经不起折腾了。

2014-01-15 15:54

李：哈，我说卡在哪里了呢。不过也不宜迎合，还是要通过多接触、多发生并解决矛盾来建立一个共同点。因为<u>两个人走到一起是不可能"和平"发展的，必须有一个双方冲突、改变、融合的过程</u>。现在的优势是双方基本都认可了，这说明发生或制造矛盾与问题就有了一个较大的空间，即可以较大程度地折腾而不会散伙。所以按矛盾—调和—甜蜜—持续提升感情热度—再矛盾—再调和—再甜蜜—再持续提升感情热度的流程发展，再有这么两三轮就差不多了。之前说的<u>"苦"这个点对树立信心、唤醒关心意识、促进主动性</u>，是很好用的。

靖：可是我的感觉不是这么回事呀，为什么我感觉没你那么有信心，我都感觉要散伙了都，好像对感情没什么信心，这是我的问题。中午给他发信息，说买给他的马甲下午可能会到，他信息没回。晚上再看下情况。我也琢磨着，得开始展示自己的脆弱了。

靖：我在慢慢坚定信心，呵呵。

李：这不是信心的问题，而是正常情况。每个恋爱过程都是这样的。你现在的优势是你的脆弱是展示出来的，而他的是真的。

2014-01-15　17:25

蜻：明白,我坚定执行。哈,他朋友说他在我面前找不到存在感,觉得没有发挥的机会。

蜻：哈,其实我的脆弱也是真实存在的,要说我的优势,是因为有老师的指导和理性的分析,还有对生活逐渐产生的热爱。

2014-01-16　23:23

李：每个人都有脆弱。正常人的脆弱与不正常人的脆弱的区别是：正常人的脆弱不是拿来说的或表现的,更不是用来吸引他人注意的,而是脆弱就脆弱了,就是脆弱本身,不会利用脆弱。甚至可以说,不正常的人是没有脆弱的,因为其对外部环境、对生活的感知系统与正常人是不同的、紊乱的,因此只能表现出脆弱,而不能真脆弱,而表现为人的心理、情感、思维的整体、系统性的弱。

2014-01-17　06:54

蜻：这样我就知道了我爸一直以来的一些举动之所以反常、与众不同的原因了。以前那些看似失去理性的跟人吵架的行为,一点小事就纠缠不休,一个别人的眼神就让他想七想八的行为,以及现在看见我,就故作一些姿态的行为,就全部有了解释。

蜻：他这些日子以来的疏远,也是他在我面前觉得心理脆弱的一种吧,不过昨天告诉他给他买了马甲,前晚说先去打球,让我自己吃饭。我直接就告诉他,我晚上跟别人有约。昨天下午就发短信,问我是不是回家过尾牙(我们这边还是古代的古老习俗,每月初二、十六做牙,祭祀神,保佑家宅平安,生意兴隆。十二月十六是一年的最后一个牙,俗称尾牙,家家户户会家人聚在一起,公司也会聚餐,很隆重)。看来冷了几天,估计他也开始想我了,呵呵。

蜻：下周开始,来点苦料。

2014-01-17　15:04

蜻：中午吃完饭,在操场散步,他发短信说晚上一起吃饭。看着信息,一股电流突然间,就流过身体。最近想到他时,常常会有这种现象。一种酥麻的感觉,就一瞬间,人有一种荡漾的感觉。这也是爱情的反应吗?

李:能有这样的反应,才说明具备了恋爱的基础,能付出及享乐情感了。

2014-01-18 17:13

靖:昨晚吃饭,碰上他表姐了,哈。在停车场碰到,他也没介绍。他姐正好在打电话联系同事,不过眼睛一直看着我,微笑。我也没说话,他帮他姐停车,我就一直站在旁边微笑。他姐跟同事约去看电影,后来就告别了。呵呵,是那种个个都意会而不言语的感觉。他有点惊讶,但也有点儿不好意思,呵。给他买的马甲,他试了一下,正合适。我们的互动,好像都是针对具体的事。他现在的感觉很柔和,讲话也越来越多。我跟他说,朋友说我没有女人味,不会撒娇,不会任性。我听了很郁闷,跑去问同事怎么办。同事说她也不知道,她自己也是女汉子。哈,他听了一直在笑,那种感觉,我讲不出来,觉得看着很舒服。呵呵呵……

2014-01-20 09:30

靖:你的微信平台上的教学内容会不会跟微博同步?我在考虑要不要也开通下微信,呵呵,现在连QQ都比较少用了。

李:早期为了推广肯定不会同步。用微信倒不光是为了看这个,而是丰富与同事、朋友交流的渠道。也挺有意思的。

靖:嗯,我去开通哈。

2014-01-21 23:00

靖:昨天去看电影,他去洗手间,我就没等他,往前走了十米。看见他走了出来,四处找我,可能没看到人,走得很慢。我只好往回走。他看见我,那种神态马上就轻快起来。呵,昨天倒了一些苦料。他朋友做烟被逮住了,我正好接这个话题,说起我弟做烟,亏钱后家里才知道,被我甩了一巴掌。说起让弟弟去念自考,被他气得大动肝火,觉得很累。他没说什么,但讲话很轻柔。昨天在一起待了四个小时。彼此感觉越来越自在。

| 2014 - 01 - 22　10:38

李：之前也有几个人和我联系过，但是交流了几次后就退却了。你可以坚持下来，会不会和地域文化有关系？你们那里虽然传统，但却是传统中国文化的"外围"，受传统文化的束缚更小，自己折腾自己的习惯比较弱，所以心性更"猛"一些。

蜻：我觉得应该是一种信念吧，相信老师的一种信念，还有就是老师的情怀吧。前几天，我把私信的内容再复习了一遍。其实最初向你求助的时候，心里也是七上八下的，不知道会不会得到确切的帮助。但是你给予了很明确的指导，一步一步走过来，不单单是自己的心性猛的原因，还有老师的无私帮助。过程当中会遇到很多的困难，毕竟"江山易改，本性难移"，要改变自己的性格非常的难。但是一定要勇于寻求帮助，正是在一次次地剖析自己，向老师说出自己的困惑的过程中，不断地修正自己，不断地看轻困难，一步一步地走出，一步一步地巩固，柳暗花明，就会在眼前。

蜻：就像老师说的，明确了什么是真正要畏惧的，便无所畏惧了，因为已经从畏惧转移到应对了。年底本是我最难熬的日子，但今年，我过得非常开心。上周，跟朋友说走就走，去了一趟邻市的古镇，浏览美丽风景，有阳光，有风，心情非常轻松，享受生活，意气便自然在心中，觉得好像有一种源源不断的能量在产生，从来没有这般感觉生活的美好。近来在读辛弃疾的词，非常赞。

| 2014 - 01 - 26　10:03

蜻：老师也回西安过年吗？
李：对，已经在西安了。
蜻：哈，欢欢喜喜回家过大年。

| 2014 - 01 - 28　20:18

蜻：他爸爸住院，我想去看看，他说自己能搞掂，可我舍不得他一个人扛着，打算明早去看看。

李：好。最好再干点儿什么动手的活。

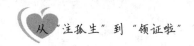
从"注孤生"到"领证啦"

▶ 2014 - 01 - 28 20：51

靖：好，明天过去看看需要帮些什么。他们估计得在医院过年了。

靖：提了一盒水果篮去看，他不让我去。说他自己能行，电话都挂掉了。后来发短信跟他说，在医院门口，叫他出来拿水果。看着他在阳光里走来，有笑意。我嗔了他一眼，又无奈又纵容。他说干吗买水果篮，他爸又不能吃。我说给你吃也一样。他说街上的装的都是烂水果。我说这个是我一个一个挑的。然后他就让我回去，说他一个人忙得跳脚，要上楼去了。呵呵，你说他这个脾气。

▶ 2014 - 01 - 29 11：41

靖：不过还好，这回没去市里的医院，他姐家就在附近，能照顾得上，他回家洗漱什么的也方便，我也就放心了。

李：哈，好。

▶ 2014 - 01 - 30 14：15

靖：祝李老师新年快乐，天天开心，桃李芬芳！

李：新年快乐。祝你马到成功！

▶ 2014 - 01 - 31 17：30

靖：今天有如下对话。

　　我：在医院吗？初一有医生查房吗？

　　他：医生查房过了，已经开始点滴。

　　我：眼睛肿有没有消？你今天是打算想事情还是发呆（他说在医院闲时做的两件事）。

　　他：红肿褪去很多。

　　我：我发现你对字词的运用都很精确，很少错别字。呵呵，怪不得人家会请你品文章。

　　他：过奖。

　　我：你就跟我端着吧。

　　我：有一天我跟小张（介绍我们认识的他的十几年的好友）聊天，说起你。

她认识的跟我知道的完全是两个人。她说你很爱说笑,我说那完全是一位酷哥;她说你心肠很软,我说切,说不理就不理人;她说你很爱嘚瑟;我说跟我那是非常客气。然后我们猜测原因,小张说估计是不熟,所以你端着呢。我恍然大悟,原来这就是传说中的高贵冷艳范儿。

他:还真不是端着的,更谈不上范儿,只是觉得好像不够投入还是什么原因。你先好好享受假期,我忙完这几天再细聊。

我:嗯。知道你有很多顾虑。我一直是一个非常敏感的人。你应该是觉着我太强势,太有自己的想法。你本性是喜欢那种温柔可人的人。可是正如许姐(我好友)说的,我从来没有温馨的环境让我去养成这种特质。男女不同,女的谁会想去承担那么多事?可那么多时候,事情摊到你面前,你能怎么办?我连哭都只能无声无息的,情绪用眼泪发泄出来后,擦干后,该干吗干吗。很多时候我只能慢慢消化情绪。

我:所以我会喜欢跟你待在一起,不用去想太多事,不用去拿主意,可以去表达一种快乐的情绪,说一些不着边际的话,犯一些很傻的错。就是那种安静陪着的感觉,简单安心。(然后我就潸然泪下,又发了一条)

我:给你发这两条信息,走在大街上,眼泪就那么流下来,止都止不住。真是的,大年初一就流泪,会不会不好呀。

他:无语中……

我:你以为我也像你那么强悍啊!除了眼睛有点红,其他也没什么,反正别人也不认识我。

靖:哎,是真的哭了,湿了两张纸。然后就去玩了。现在跟你汇报。

2014-01-31 18:00

靖:听完《平凡的世界》了,开始看《曾国藩》了。

2014-02-01 14:32

靖:他说最近很忙,忙完了再找我。我想是不是先不联系,等他忙过,再做打算。现在见不到人,很多交流都没办法进行。见面三分情,用短信交流太多,还不如见面说上几句话,也给他空间想想事。主意是这样拿的,可又不放心。这个假期,只好在家读书了,倒也是好兴致。就是心里七上八下的。

李：这样也好，多试试。哈。

2014-02-02　09:38

靖：昨天看了《天下第一楼》①《十二怒汉》。觉得对人物形象与人物性格很感兴趣。《十二怒汉》的那个俄罗斯版本的，情节更为复杂，但稍嫌繁杂。文化不同，影片所要传递的主旨也不同。我更喜欢美国版本的，有种人性和理性的关怀。情节平稳展开，会让你有空间去感觉人物，去捕捉他的表情，去感觉他的性格，去揣摩他做出改变的原因。应该多看几遍的。再看《曾国藩》，又是一番感觉。试着把文中诗词念出来。很享受。今天出门玩去啦。

2014-02-02　22:53

李：我找的这些电影，都要针对其中的手段与思路，自己演一遍，手眼身法步都要到位，很多细节就挖出来了。比如《天下第一楼》里有两次递手巾，就是智慧。

2014-02-03　08:33

靖：这个有注意到。还有玉雏儿的一些细节，刚被甩完巴掌，但卢孟实一气倒，她就心焦地去扶他。这种关爱，才是这个人尖儿最动人之处。还有常贵，为给小五找工作，在包间口唱喜歌那段，满满都是戏。我会多看几遍，熟了自然就会琢磨去演。上回看《咱们的牛百岁》，我看了几遍。昨天照相，有张眉眼灵动，场景合适，自然就入戏了。

2014-02-04　18:38

靖：几天来音讯全无。我不禁要怀疑，他对我毫无感情。再忙，也不会在这个佳节连一份问候都没有。还有经营的必要吗？今天好友一起去玩，她问

---

① 这里指北京人艺的著名话剧《天下第一楼》1988年版的演出现场录像。卢孟实由谭宗尧扮演，常贵由林连昆扮演。该剧堪称为人处世、事理人心、谋划算计的教科书。讲解视频请在微信公众号"两情相悦的艺术"中查找《天下第一楼》讲解。

我这句话,我也问自己。纠结呀。

靖: 据你说恋爱中都会这么纠结哈。今天立春,去看梅,去登山,与青山绿水作伴,呵,惬意呀。

李: 哈,"还有经营的必要吗",账不能这么算。<u>从这个事中你取得的正向的进步与突破,获得的正向的能力与认知,已经说明了这个"经营"的巨大价值</u>。艺不压身。把整个事再琢磨琢磨,多找几个角度突破突破。

靖: 这个春节去踏青,照了很多照片,笑意盎然。偶尔纠结也正常啦。要上班了,我再去了解些信息。我的好友太早结婚了,对于男女恋爱没什么经验,所以会给我提供矜持的建议。梳理一下,还是继续老师的原则。反正再有两天就上班了,恢复正常的生活。沉下心,还是要稳步推进。不能让心急扰乱了自己。

2014-02-05 10:07

靖: 温习《人情练达的学问》。看到学生有讲到老师上课说"花言巧语"的交流方式。据说是从上大的桂花树讲起①,哎呀,我没印象呢。是不是没看过这个视频呀,求视频。早上看《人情练达的学问》书稿里的文章,又有新收获。古人说,读书百遍,其义自现。看来还是要多看多读,多巩固,多修正。

2014-02-06 21:25

李: 好的。这个我找找。

靖: 今天跑去医院点疣,痛得现在都睡不着,倒可以用来想事。这几天一直在看跟老师的私信,也梳理自己的这段感情经历。我在自己的字里行间,看见自己的殷殷情意。这几天其实都有发信息给他。他发短信说他去外地,说是按惯例给同学的小孩压岁钱。是个关系不错的同学,以前听他说过常跟他们喝酒。就担心他,让他晚上回家后给我发条信息。

靖: 这个假期,他从来没主动发过一条信息,今天上班也没有。下午我从医院回来,因为最近纪委在各单位查账,晚上得加班,跟他说今天很忙。他很久才回"刚到家"。我又说今天把报表做好了。他没回。本来还想说点疣

---

① 请在微信公众号"两情相悦的艺术"中查找《桂花开了,她说,好香~~》。

的事,可感觉到他的冷淡,就没心情了。我就在想啊,也许他的感情都被别人耗尽了,剩下的,都给了家人,朋友,同学,高尔夫球。他一直用挑剔的眼光来观察我,少有温情。那天我跟他说,我在大街上哭了起来,他也只是说无语中,安慰都不愿意。

蜻:我看了几遍私信记录,不得不承认,他不愿意对我付出感情。这是这几天我琢磨出的结果。还是感谢他,让我有特定的人,去作为对象,感受爱情,我也学到了很多。但我要休息几天,然后再去寻找另一个人了。带着我的正向的能量,去寻找一个也能对我付出感情的人。

2014-02-08　00:51

蜻:我一直期待能跟他多接触,可是,近一个月多,我们止步不前。他按自己的步骤做事,我主动约他一回,总是失败。他一直坚持自我,不愿意做一下尝试。我挑了一个月才挑中的马甲,他甚至没说喜欢不喜欢;我托人买了好久的家养鸭子,他甚至没说味道好不好;我自己都舍不得买樱桃,可买来装了果篮去看他爸,我眼睛都不眨的。我自己是一个重感情的人,他哪怕对我好一些,关心一些,我都会非常高兴。但是我寒心了。我又想哭了,可脸上有伤,不能沾水,不然丑了就惨了。呵呵,一晚上憋得难受,胸口有各种感觉,酸酸的,很不好受。干脆把思维整理一下,给老师发条私信,就安心了。春天,又下雨,潮湿。还好,没哭。

李:艺不压身。

李:艺高人胆大。

2014-02-08　08:24

蜻:早上起来,脸上的伤口都结疤了。想想我也真是狠得下心来,一共点了四十多个疣跟痣,都在脸上,医生也没打麻药,痛死我了。可是有什么办法,得忍着。呵呵,痛得厉害的时候,我就掐自己的手指,两处痛就转移了注意力了,呵呵。疣不除掉,会蔓延,看起来像老人斑。

李:这个还是要到大医院去,听医生的。

蜻:是去的医院,我很小心的,拿了药吃,一直在抹酒精。不过现在医生也蛮不靠谱的,呵呵,还好,早上起来,皮肤没肿。

李：哈，好。

| 2014-02-08　11:31

靖：他的短信："近段时间确实事情挺多的，本来想找个合适的时候和你聊聊，真不知道要怎么说出口。一句话，你是好女孩，学霸，勤快，孝顺等等，只是我们思想交流确实有一定距离，这正是我最看重的，这段时间你付出很多我都假装熟视无睹，就是怕你投入太多感情，真对不住。"

靖：我的回复："其实不是有差距的问题，是你不愿意试着投入。你难道没有发现，我们也有很多共同的理念。只是表达方式不同罢了，本质是一样的。只是你拒绝沟通。我对你有心，所以愿意直白地展示自己。人跟人都有个磨合期，多少朋友也是这样培养出来的。但是，你被自己的感觉束缚住了。我们其实在对待亲人，对待朋友，对待家庭上，很多想法都很一致。"

靖：我的回复："不要说对不住，我喜欢你，才愿意付出。我知道自己是一个冷情的人，但不虚伪。喜欢就付出，喜欢就用心，会挂念。我书卷味浓，讲话会老被朋友批。但跟你在一起这段时间，我调整了很多。你没发现，你很少对我展示自己。你把自己封闭起来。还有，我想告诉你，一个人不同阶段，他对感情的需求是不一样的。你有没想过，你在用你年轻时的感觉标准，来面对我，却不愿意放开自己，试着接纳我。你想想，近三个月里，你给了我多少时间？你又了解我多少？感觉是虚幻的，那些感觉良好的感情，又留下了什么？我不是在说教，我是在争取。这段时间，我脸不方便。你也再静静想些，找个时机，我们开诚布公谈谈。我一直在等你，跟我说说你心里想的，你哪点觉得不妥，我们一点一点来交流，我希望能照顾你，让你笑起来。你原本就该那么灿烂。"

靖：这像不像挑脓血？

| 2014-02-08　11:38

靖：有没有什么绝地返生的招儿？想想，我还是不甘心呐。哈哈，我还真有牛人的潜质。以前他掌握节奏，我患得患失，现在公开挑明了，反而不怕了，不过得老师指导一下哈。

2014-02-08 12:01

靖：我的："还有,你说思想交流,我们无法沟通。这点我不认同。你想想,近些年,你跟谁说过那么多家里的情况,自己以前上班的情况。讲你的妈妈,奶奶,讲你的伤。你是一个不愿意说太多自己情况的人,你想想,这段时间我们交流了多少。都是一些自己不愿意为外人说的东西。如果这都不算思想交流,那什么才是？只是我过于小心了,总把你当成受情伤很重的人,不敢轻易说一些话。呵,我觉得自己很懂你呢。"

2014-02-08 12:32

靖：昨天堵得厉害,反而现在,倒有了置于死地而后生的感觉。我打算先给他空间,不联系一段时间,这个脸,也没办法出去见人,到时看看情况再说。起码过了情人节再说。他指的思想交流,根本就不存在问题。可能消费理念不同吧,他花钱大手大脚的,我比较节俭。其他的,比如讲话方式,他比较直接,我比较委婉。这些都是细枝末节,瞧他上纲上线的。

2014-02-08 13:12

靖："我就在想啊,也许你的感情都被别人耗尽了,剩下的,都给了家人,朋友,同学,高尔夫球,就是没有我的一席。"这句我昨天也发给他了,是不是这句话逼出了他的短信？是否我的性急造成了这个结果？

2014-02-08 20:23

靖：去年12月26日送我一盒茶叶,年初五的时候,说有一件马甲要给我弟穿,今天这对不住,我真蒙了。不想了,看书去。

2014-02-08 20:41

李：哈,看你文字只是有些"心慌慌",却一点都没有"情伤"的感觉,很好。具体的招儿说不来,因为不了解情况,光听你说很容易失真。我的建议是不要私底下胡琢磨,走"意识流"。要"想怎么样就怎么样",真诚、通透、大胆、敢干,这样可以"探""打""试"出很多悟识、手段、感觉出来。另外找一找小剧场的相声,看能不能"没心没肺"地笑出来。

蜻：嘴上两个伤口笑得疼。好，等我脸好后，再跟他打交道。我没空儿伤心，得想法子。不甘心，不死心，这也是另外一种锻炼。再说了，折腾一下，也让自己不那么敏感。反正战书下在那边了，给他一些时间。这段时间我在练胆子，好派上用场。

2014-02-08　21:14

蜻：这还有些以前残留的处理感情的方式，有在慢慢改变。总之，近来不断在复习你的书稿，也变得敢说，不纠结。看了你的回复，我可以安心养伤了。没什么大不了的。

2014-02-09　11:21

蜻：打了电话，了解了一些情况。听他朋友说不来电。他把我们的交往跟同事也说了。他同事说，他看我都看腻了，说长得不漂亮，我姐妹问的他朋友。呵，看来还是得多方了解信息，也让我吃一堑。总结是为了更好地出发。只是担心名声大了，毕竟区里人很杂，听到的这些话真不舒服。不过也无所谓啦，不要轻易被别人的言语影响。

蜻：他同事跟他关系很好。对我的忠告是，别找他了。说凭对他的了解，是一个任性较真的人，一旦认定，很难改变。说上段婚姻，因为是入赘，双方有分歧。他脾气也很暴躁。据说具体原因是，觉得跟我很多理念不合，他喜欢会玩乐的人，懂得生活情趣，比如小资女人，不以金钱为念的，想花就花，觉得跟我有很大差距。据说前面也很努力在适应我。哈，估计我自己也没把握好。但对金钱的理念，我穷怕了，不可能跟他一样小资的，呵。总结这段感情，我觉得自己是个好学生。呵，但这样的对手，性情不相投，我也投入了，也收获了喜悦，并为此感激他。也有个真实的机会跟老师练习，觉得幸运不过。通过这次失败，也证明了老师的课的巨大价值，要学会了解人。将继续课程学习，艺多不压身。心里会有些不舒服，但学过老师的课，知道怎么面对失恋。给自己几天时间，可看书，恢恢复，养养脸。这事就不争取了。我的付出他都知道，有些性格使然，不会愿意给人机会，我就不做无用功了。像老师说的，评估觉得无法获得收益，就节省精力。下午看了私信记录，我对自己的积极和努力很满意。新春刚开头，哈,桃花还不到开的时候。对自己说,加油!

靖:就像老师说的,我跟谁在一起,都能有新气象。不过第一次恋爱,太过紧张,两个多月睡不好。下段恋情就不会这么敏感了。还有就是,不要去想太多要面对的,有些不一定会遇上,心里少担忧,人的状态就会好很多。还有,爱情不是只能对一个人产生,只要投入了,就会有种种感觉。最后一点,爱情真的很美。

2014-02-10 11:27

靖:年底二十的时候,我出去邻市旅游还好好的,他还给我发短信,还关心我玩得怎么样。回来的第二天,还一起坐他朋友的车去城里吃饭。路上他接到一个电话,是他一个做烟的朋友说烟被查了,亏了。后来回来的车上,我也说了弟弟做烟的事,说被没收了一大批。出了事我才知道,去处理的时候,甩了他一巴掌。估计是这个让情况发生转折,给了他彻底放弃的决心。据说昨天元宵节他请客,没有跟朋友提起我,不过言语间好像在重新寻找了。我干脆做个人物分析吧,下午交作业。

靖:后来还说了让我弟去报考自考本科的事,说托同事,人家愿意帮忙,准备工作做了好久。我弟却拖拖拉拉了好久,最后我火了,骂了一通,生了好大的气,他才去办好的。记得他那时说,我弟肯定是不乐意去做,才这样的。我说,是他自己主动提起要参加考试的。隔两天,约他吃饭,他就避而不见了,说要去做按摩。

靖:我理顺了大概的原因吧。刚接触的时候,他也真的是认真了,然后我们就开始磨合。我因为把他定位为脆弱的人的原因,要去干涉他,引起他的不舒服,两个人有了冲突。这段时间,他的朋友们有在撮合,他也耐住性子,在努力跟我交往。但是我跟他说起的那些我自认为很快乐的话题,在他理解为,我对过去的生活念念不忘,一直活在过去,并打心底觉得很可怕。那时,我正好初接触老师的课,精神过于亢奋,现在想来,确实是说得过多了。

靖:他是一个非常自我、物质化的人,跟我的精神化格格不入。他喜欢小资浪漫,包括吃饭,包括游玩、迷恋高尔夫运动。我呢,喜欢平价的小吃,自然山水。很多不相同的地方。本来这些都是可以调整的或者是可以改变的,但前期的我也很自我,又不好意思花他的钱,就起冲突了。不习惯总是到外面消费的人,总会有拘谨的感觉。反正是各种不对搭吧。但毕竟他的年纪也不小了,也很努力很理性地克制自己。

蜻:这里面有四个敏感点:一、我弟到底亏了多少?(他花钱如流水,但只限于他自己愿意的消费。不愿意的,我花十元钱打的,他也会认为很贵。他对人对自己的标准是不一样的。这个我也不好判断)二、那个巴掌让他想起他的前妻,引起了他的极度反感。三、我让弟弟去报考本科,他会认为我太强势,是强迫。四、他会觉得我对家里人太上心,而他对他爸爸都很冷淡。担心我会如他前妻一般对娘家太过依赖。

蜻:我自己这个苦料没添好,哈。

2014-02-10 12:07

蜻:做了一个他的分析,但最后一个逻辑机制,坐了一个下午都写不出来,逻辑完全混乱。我本来也不具备这个知识,再加上心慌、性急,乱了的感觉。早上让自己忙起来,看老师的讲课视频,就想着自己这几天的状态反反复复,一会儿要断,一会儿要挽回,改来改去的。这是陷入感情的表现啊。给自己的这一段冷静期,干脆做些事情,总比脑子空着要好,就做了这个分析。这两天跟朋友探讨意见,也是各有各的说法,各有各的处理方式。照我以前的方式,估计就哭一场,然后继续纠结,进入情伤。现在状态虽然混乱不稳定,但都是在总结及寻找原因,也在检讨自己的处事方式。起码是一种比较正向的应对方式。我这时感觉,幸亏学了情感课,不然碰到这种事,估计会临近崩溃吧。所以,更要不断学习。看书稿,《曾国藩》第二部,看讲课视频,乱得好像也记不住什么,不过总比闲着好吧。

李:1. 对人的分析很难"学会",是个长期不断习练与积累的过程。

2. 人是多样的与复杂的,情感虽然有规律性,但是婚恋的形式也是多样与复杂的。所以现在总结到这一步就行了,过多总结就是对将来的进步与发展的禁锢。

3. 放松,该难受就难受,该怎么样就怎么样,这样就是在消费这个事而不是被这个事消费了。下一阶段先从听相声开始。不是听电视上播的,而是小剧场版的。要把"那个"意思,"俗、色、坏"的意思听出来、乐起

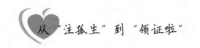

　　来、想开来。这也是下一阶段的重点之一。
李：上一阶段其实是收益巨大的,通过这个恋爱已经激发出了你的正常的"情愫",或者说打开了"情窦",可以了。下面我们进入下一个阶段的学习。

2014-02-10　21:18
蜻：好。明天开始。

第三篇
全方位塑造情感能力

到这个阶段,这位同学已经基本具备了恋爱的基础。但是要进行一场高质量的恋爱,进而有高质量的婚姻,还需要有较强的情感能力。因此接下来,就是运用各种手段,从各个方面进行全方位的情感能力塑造。这是一个艰苦的,难度很大的,但也是充满乐趣的过程。

2014-02-11 11:28

靖：早上看相声，突然想到，老师这是在教我应对呢。你看，相声是两人交锋，一人逗哏，一人捧哏。其实也是两人交流，有相同意见，也有不同意见。我把自己放在捧哏的位置上，揣摩、领悟他的反应。既机智接招，又不伤和气。剧场版的很好，笑料不断。这对组合的相声内容文化味非常浓，喜欢。我多看看。

2014-02-11 13:04

李：哈，不是。是要让你找到"俗"与"坏"的感觉，并琢磨怎么才能"会俗"与"会坏"。

2014-02-11 15:47

靖：相声是北方艺术，相声里的一些"俗"和"坏"是否适合所有环境？今天一直在看，笑得肚子都疼了。我只要集中注意力，就看得很有滋味。

李：这是人的本性、本质与本能，哪有地域、环境差异？我常说的不好找对象的原因是被剥夺了本能，就是指的这个。你能这样问，说明还真是差一点儿俗、色、坏。只是这个比较难恢复，所以要先有个经历才能有认知与需求，否则意识不到，还会反感。你先看，不要多想，就是没心没肺地乐，什么时候有那种"坏坏的笑"的感觉了，再说。

李：即便从相声里学方法，也不是什么配合，而是"抓观众"。说相声的那么多，但这方面厉害的，现在也就一家。抓观众是硬功夫真本事。放在情感里，就是会抓人，能吸引人。

靖：收到。

2014-02-11 18:06

靖：俗坏缺很多，色嘛，倒不反感。看过明朝很多香艳小说，只是一直比较恐慌，把本性里很多东西压抑住了。我说的地域性是指里面比较多用到方言，比较多古典文化。我的家乡是个很生活化的地方，几乎很少人关注这方面内容。笑了一下午，明天继续看。这两天正好请假在家。看这个又不会累。我真太缺少这方面的特质了。

李：还有"贼"。俗、坏、色、贼，是人的情感的本能的四种特质①。在牛百岁和菊花身上体现得很鲜明。至于高雅、善良、不色、厚道，是在本能基础上的在特定领域，对特定的人与事的升华，而不是对本能的替代，更不是剥夺。

李：还有一个细节，你说你都舍不得买樱桃，如果你舍得吃了，不再是这么苦哈哈的，会更有活力，更有智慧，更有吸引力。

靖：嗯，因为年底太贵了哈，现在可以去买来吃了嘿。我要像你说的学会享乐。

2014-02-11　22:04

靖：平心而论，我在吃上还真不舍得花钱，买樱桃也只是当成礼尚往来的人情花费。会把你今天这几段话再琢磨琢磨。思想认识够深，才能把观念植入，才会做出种种反应。

2014-02-12　06:19

靖：相声里，逗哏问林黛玉起床第一件事是什么，答：睁眼。这是贼。做诗时，让捧哏先做并想法让他复述一遍，照抄并振振有词说凭样做嘛，也是贼跟坏。一套四大名著愣是改编成《金瓶梅》也是俗。一个说最雅的四书五经，一个对最俗的男女情事，强烈反差就出来了。睡醒有所感。

靖：特别是小剧场版，评古典作诗和对联，捧哏诗中嵌岳云，逗哏就说自己是岳飞，占这种便宜是贼和俗。雅是针对特定人事的升华而不是生活工作所有方面的坚持。食、色都是本性。卫视版太过正经，随性发挥较差。毕竟电视面对观众较广，没有那么放得开。剧场版就俏皮多了。对照我本身的呆板无趣，我知道，自己是一碗白开水，虽说对人体有益，但毕竟不如可乐吸引人，人一直没有吸引力也正是这个地方。幸亏这几个月除了你的文章和你推荐的书，再也没有看那些禁锢人性的书。从小父母管束过严、过细，把本能压制住了，放不开，又灌输很多责任感之类的，人就显得无趣，而人性之间的相互吸引靠的正是人性本能里的贼、坏、俗、色。包括

---

① 最新研究，是把人的正常的特征归纳总结为八个点：雅、持、善、实、俗、色、坏、贼。

这段感情中,我所展示的关心等好品质最后只能让他承认是个好女孩。

2014-02-12 06:47

蜻:但由于他本身从小没受管束,本性感觉强烈,造成一直无法吸引他。即使后面用关心让他产生感动,但毕竟比不上人本性里面的快乐需求,他还是遵从感觉,所以问题出在这里。享乐,我这个本性从小就被磨去了,还有自私。

蜻:相声里逗哏错别字白字连篇后,被人家当场指出,他也会狡辩,称意思差不多,像没有被打断过一样继续表演。丑出大了,就来一个撒娇,腰身一扭,小眼神一飞,手那么一摊。哈哈,多洒脱,"笑果"立现。

蜻:那句"讨厌",多销魂。

2014-02-12 13:01

蜻:早上跟我弟说相声内容,笑得我……我妈赶紧说,别扯到伤口了。说了林黛玉梳妆那一段,宝玉叫她"娘们"那段。还有精卫填海、夸父追日的段子。心里想着不好意思,嘴里还是说出来了。就是一直笑场,气都呛到了。

蜻:我妈说养我这么大,都没看到我这么笑过。然后老太太也讲好笑的事,真没幽默细胞,一点都不好笑。不过我很给面子的。

蜻:笑够了,温习老师的书稿。很多内容有新的想法。奇怪,以前好像没这感觉。对了,那时是如饥似渴,现在是有些"坏"了。

2014-02-13 14:00

蜻:今天发现一个问题。老师的文章、讲课视频我很认真看,可每次再看,发现自己之前总忘记很多。有什么样较好的吸收方式?我在手机里加了书签,经常拿出来看,应该说很熟。是否看过太多书,对文字已经不敏感?还是思维僵化,吸收很慢?因为现在只能做笨鸟,一遍一遍地看,今天把看学生回复当成有乐子的事,快乐学习。哈,我可能太紧张了,太想让自己学习本事了,跟自己较上劲了。

李:认识有个过程,能理解多少要看实践经验,所以只能按"学习—实践—再学习—再实践"的路子一轮一轮来，都是这样的，没有捷径。

2014-02-13　16:42

靖：实践有，再学习也有，收获也有。这些天心情反反复复，但没折腾自己。脸皮厚了，一轮一轮来，提高自己的本事才是正道。看相声，回想起小时候的玩伴，总有几个这么淘气，贼贼的，打牌也作弊，玩游戏也作假。当时大人说那是坏小孩，叫我们不要学。原来这才是人性呀。成人之后，身边就不接触这种人了，这种人也嫌我老实无趣，气场完全不搭了。

靖：老师课上讲的那些恋爱知识是否对文化修养比较高的男生有效，而相对比较野性的男生，效果就没那么明显？

李：哈，这是一个误解，也是当前教育造成的一个误解。所谓"文化修养"，不是"去"野性，而是更会野、更能野、更敢野，野得更有智慧、更有内涵、更有效果，还可以更雅致。

靖：文质彬彬，然后野人，哈哈哈。三声才够，又学了一课。比如少平就比少安野。

2014-02-13　23:40

靖：打算去报一个拉丁舞学习班，野起来，也充实生活。

2014-02-14　08:26

靖：相爱是由两种本能欲望相碰撞而产生的，是指人性本能和情感本能吗？

李：倒未必学拉丁舞，因为通常男舞伴难找，再说中国的拉丁舞离"野"还太远。可以先从看电影与戏剧开始。这个本能就是找对象的本能，当然这只是基础，其上是文化，即爱情。

靖：我这两天再听听相声，找个时间再把那推荐的几部爱情片再看一遍。早上起来，就不自觉地在演菊花。把她奚落牛百岁的那些话，演了一遍。以前会去注意点火的动作。早上一醒来，满脑子都是这个。

靖：由裴艳玲①引申去看戏苑百家，看了史依弘的《锁麟囊》，又是一个全新的艺术感觉。京剧在我印象里从来没这么迷人。青衣的身段、表情、唱腔大赞啊。水袖宛转，眉目传情，妙在感觉。那种含羞带涩，啧啧。以前迷过一阵尹桂芳，但以唱腔为主。国剧真是高端大气呀。

| 2014-02-14 17:17

李：很好！《锁麟囊》再看看张火丁的。

靖：还是喜欢史依弘的，张的唱腔太过端着了。张是依循女学男唱腔的模式。舞台什么的更美，但那声音我听着总觉得不得劲，还是喜欢史的柔美和内敛。白燕升也有谈到这个点。

| 2014-02-14 20:59

靖：看完张火丁版全本，第一次享受京剧，美。投入进去，很多玩味。很精致，多少人情世故都在里面了。迎来与送往，各色人等性格，还有唱腔与唱词。我以前一直不明白为什么说戏剧是文化，今天一出戏，豁然开朗。以后会多看。

靖：早上听相声，开着iPad，一边做事，听《五行诗》，可能因为熟了，没看画面，也可以想象表情，听着也乐呵，一些本来含糊的台词也听懂了。觉得抓人处，最重是那些特地设置的包袱笑料，还有说相声人的咬字上特地突出的重音，有强调就会吸引注意力，还有一个发挥。元宵晚会上的《学富五车》，明显没有以往的水准。色、坏、贼、俗没剧场的料多。在《五行诗》里，贼贼地使坏，听得很可乐。下午看京剧《谢瑶环》，庭院里，谢瑶环恢复女装，与袁行健互诉情意，那些动作、表情，羞涩有之，欢喜有之，情意脉脉，却又欲拒还迎，动人！

| 2014-02-15 18:00

靖：未来的生活会好充实，把老师推荐的变机灵的电影和爱情电影看一遍，还

---

① 裴艳玲系著名的京剧表演艺术家。这里指她表演的《夜奔》一场戏。行话说"男怕夜奔女怕思凡"，而裴先生以70岁的年纪表演《夜奔》，唱念作打俱佳，艺术造诣极高，令人赞叹！相关详细内容请在微信公众号"两情相悦的艺术"中查找《真正的励志，不是鸡汤，而是给你力量与启迪》。

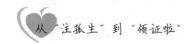

有戏剧和书,快乐出发啦!

李:随时都可以出发,而且是出去"打猎",哈。

2014-02-16 17:46

靖:京剧真是精致,一场场表演下来,磨成端方大雅。一本《范进中举》,世相百态,尽在眼前,真过瘾。里面的角色,真如谢家子弟,衣冠磊落。曲调又稳,也可磨磨我的急性子。看得很喜欢。

2014-02-17 10:22

靖:《鸳鸯楼》①《女大学生宿舍》②《邮缘》③,我都找不到,老师发我下。

李:你先想办法在网上找。文件大传上去太麻烦。实在不行再说。

靖:好,我先找。

2014-02-18 11:23

靖:了解到省城也有京剧院,2、3月份每个周末晚上都有演出,演员还曾经到上海天蟾逸夫大舞台去演出。会安排自己去看几次,像老师说的,培养自己的剧场感,练气场。小城市就是这点不方便,又是晚上演,得找酒店住下。虽然麻烦,不过为了锻炼自己,都是值得的。还有看电影,两条线走。

李:哈,专门去看戏,太奢侈了。另外可能没名角,去了会失望。先从电影开始。新的动静还没开始吗?

2014-02-19 16:28

靖:这几天,一天一部戏剧(看央视的空中戏院),一天一部电影(把老师提到的电影整理一个名单)。电影打印了人、事、法、意、演的填空表格④,重听老师的上课录音,重新再整理了一下思路。同事有介绍一个,我脸还在恢

---

① 指青年电影制片厂于1987年拍摄的电影《鸳鸯楼》,郑洞天执导,纪玲、田少军等主演。详述了六对新婚夫妻的故事。表演生动自然准确,对了解情感和认知婚姻极有好处。

② 指上海电影制片厂于1983年拍摄的电影《女大学生宿舍》,史蜀君执导,罗燕、徐娅等主演。对处理人际关系,了解人的性格心理状态很有启发。

③ 指上海电影制片厂于1984年拍摄的电影《邮缘》,桑弧执导,郭凯敏、陈燕华主演。堪称恋爱教科书。

④ 从电影中学本事的方法见《人情练达的学问》第36—69页。

复中,他也回家探亲,没回来。等待见面中。继续课程的学习。

| 2014 - 02 - 19 18:07

靖:电影今天看了《平原游击队》①,我把作业也做一遍,发给老师吧。就像老师说的,花了两个小时看电影,一定要学到本事,发挥电影的最大的作用。

| 2014 - 02 - 20 14:34

靖:继续情感课,看讲课视频中。另,做了一个人物分析,发你看看。我认为识人非常重要,是一辈子要学习的功课,按老师说的,这种能力只能通过练习才能学会,那么我就多做几个练习。早上花了一上午的时间做这个分析,还是非常痛苦,但比起上次做的,自己感觉轻松了一些。对逻辑关系之类,也有了更深的体会,会多多练习的。打算把书里的八部电影分析多看几遍,特别是《十二怒汉》,打算看熟之后,再看一次电影,对照一下。做到如数家珍,就可以对十二种类型的人,有比较深的了解,况且老师也总结了各种的应对方式。

李:研究电影的框架是给大学生用的,你有社会经验,不用这么麻烦,抓两点:一是里面好的地方怎么学到手(比如虚与委蛇应对鬼子,发现敌人破绽等等);二是不好的地方想办法怎么避免(比如对鬼子偷袭,怎么样才不会上当)。就行了。发现这两点的核心是自己演一遍,看完电影后没事时在脑子里自己演一遍,好多东西就变成你的了,也灵动多了。以后就总结这两点就行了。这样效果更明显。

李:人的分析框架还要有一个总体性描述与分析,否则就容易零散化。再琢磨三点:第一,她"隐藏"的风情在哪里?第二,夫妻矛盾是什么?第三,脆弱的地方是什么?

| 2014 - 02 - 21 22:08

靖:电影《邮缘》思考:1. 不学无术的丁大森为什么能吸引漂亮能干的周芹?

---

① 指长春电影制片厂于1955年拍摄的电影《平原游击队》,苏里、武兆堤执导,郭振清、方化等主演。对培养敢斗敢胜的精神与斗争的技巧非常有启发。相关内容请在微信公众号"两情相悦的艺术"中查找《如何摆弄强势对手》。

2. 周芹冷落丁大森后,丁做了什么?追求、表白,还是吸引?哪个效果更好? 3. 丁与周感情发展中的方法、模式、技巧、要素是什么? 4. 父母能挡得住子女的恋爱吗? 5. 极为简单的"拉胳膊"这样的接触,为什么能够表达极为复杂丰富的情感?

靖:看完电影,作如下回答:

1. 丁大森是一个简单而快乐的人,很有正义感。在追求周芹的过程中,喜欢上集邮,并通过了解邮票知识,在知识竞赛上,受到周芹和大家的认同,感受到了自己的价值,在周芹的鼓励下,能迷途知返,通过上夜校来补充自己的知识,他的执着和热情打动了周芹,知错能改、知不足能奋发,也打动了周芹。

靖:2. 周芹冷落了丁大森后,他一是不放弃追求,通过朋友的两封挂号信,继续创造跟周芹见面的机会。二是在周芹公事公办后,通过参加少年宫的集邮讲座,投入收集邮票,在邮局买邮票时碰上周芹,活学活用越剧里贾宝玉与林黛玉借《西厢记》来相互挑逗的手段,通过讲述第一张邮票的故事,打动了周芹。投其所好,努力提升自己,用这个来吸引周芹,让对方来关心自己,帮助自己,这个效果最好。

靖:3. 丁与周通过集邮这个平台,创造了一种共同的爱好。丁为了吸引周,学习集邮知识并开始投入这个爱好,周为了帮助丁,给丁寄书,并通过对知识竞赛上丁的表现引导丁意识到自身文化的贫乏,激发丁的学习热情,从而把丁引向了学习和提升自己的道路。周对自己事业的认真负责,帮助丁的姐姐搞清楚了信件的真正意思,也让丁对周的感情更上一层楼。

靖:方法是要创造一个共同的话题和平台,技巧是要有心,知道对方喜欢什么并投其所好,提升自己。模式是要激发双方的热情,在交往过程中通过集邮这个事来带动人的感情发展,让双方在对待集邮这件事中,展示自己的性格特质,相互关注、关心,形成强烈的相互吸引,爱情便产生了。要素是要有推动感情事件发展的人和物,集邮的事、姐姐的恋爱书信、知识竞赛、文化补习,一件一件不断递进,让两个人的感情不断地升温,并最终用文化升华了对未来生活的共同期待。

靖:4. 父母不能抵挡住恋爱,恋爱是人的本能需要,<u>能被父母拆散的爱情肯定不是真正的爱情</u>。

蜻：5. 周芹是在跟丁大森分析未来的生活时,越讲越关切,情不自禁就拉上丁大森的胳膊。这个动作的背后,其实是非常热切的关心,是对一个人前途和未来生活的担心。正是爱情中用关心所展示的热烈的感情,打动了丁大森,也打动了我们。

蜻：牛犇演的老师,是一个很有特色的人物。从影片一开始,他对丁大森的评价,在知识竞赛中的出场,及最后对丁大森的赞赏。他在这个过程中,从头到尾见证爱情对丁大森的影响。真正的爱情就是能够激发出人向上的一面,对美好生活的一种向往,并为之而努力。

2014-02-22 20:43

蜻：看完《女大学生宿舍》,做了下列作业：1. 她们之间关系很好,处理关系的做法是什么？她们会"忍让是王道"吗？2. 辛甘表白被拒后恢复得那么快,有什么启发？3. 匡亚兰的"不自信、要强、敏感"的性格特征与成长经历的关系。4. 80年代的大学生活有什么启发？5. 室长与其他四人有差异,未来会怎样？6. 对匡与妈妈关系的思考与解析。

蜻：1. 处理关系的原则是展现真实的自己,应该怎么样就怎么样。有矛盾就冲突起来,别人有困难会关心,但也会捉弄人,也会不理人,最终通过长时间的相处,彼此交流和了解,关系越来越融洽。

蜻：2. 辛甘是个热情活泼可爱、向往自由的人。表白被拒后,她真实地表达了自己伤心的情绪,其实有很大一部分是骄傲的人被拒绝后产生的很没面子的感觉。说明在这段感情里,她还停留在很浅的了解上。当了解到蓝伟和他相恋八年的女友的故事,及蓝伟为了女友做出的回到山里的决定,她就释然了。启发是,失恋后,只要不折腾自己,通过跟外部的交流多了解一些信息,多知道一些感情的故事,自己就很容易淡然了,没啥大事哈。

蜻：3. 匡亚兰的爸爸因为妻子的背叛,被判到石场劳动,他是一个自尊心极强的知识分子,内心受到非常大的伤害。而匡亚兰从小就在敏感的父亲身边长大,也养成敏感的性格。知道了父母的故事后,更加有了自己被母亲抛弃了的感觉。在父亲死后,孤身一人,为了生存下去,只能靠自己坚强。无收入来源、无亲人,很容易让人陷入不自信中。可以说,一个人的性格跟他的成长经历有非常大的关系。她在大学生活中,不断受到大家的关爱,渐渐地敞开心扉,人也开始变得活泼热情起来,恢复本性,还捉弄起了辛甘。

靖: 4. 那是一个百废待兴的时代,在国家社会经历了动荡不安、社会秩序混乱的十年后,社会开始进入一个思考总结过往,对未来充满希望的阶段。大学生作为年轻的骄子,更是充满了各种向上的能量。那场混排的戏剧,可以反映出这点,哈姆雷特、唐·吉诃德和阿 Q 出现在同一个剧中,可以想见这是一个多么敢于想象、敢于实践的年代,人性的很多能量都在喷薄的发展中,一切都是那么富有生机,富有理想。

靖: 5. 室长是一个有心计、会打小报告、嫉妒心强的人,这类人应该是从小就是个小大人,当惯班干部,非常听老师话,被选成管理学生的学生干部。善于说官面上的话,做表面工作。为人不真诚,天性中的真性格被剥夺了,没有自己的主见。会随大流,容易为外界所左右。不像其他的四个人,辛甘出生于优越的家庭,骄纵但天真热情,有侠肝义胆。匡亚兰坚强,夏雨单纯可爱,骆雪梅真诚而善良,都是很真性情的人。相比起来,室长就很假,有政客的特质,未来会成为一棵墙头草吧,表面风光,内心痛苦,很容易被人利用。

靖: 6. 匡虽然拒绝了她妈妈的钱财,那是因为她觉得对方在用钱来赎买自己的悔恨。但当她回到宿舍,看着辛甘时的那种表情,那是割不掉的血缘亲情。母女会和好,只是这需要时间。匡母做了错事,那缘于她自己的自私,这其实也是人性的自私,也源于那个特定的时代对人性中恶的一面的煽动。随着匡的不断成长,她会渐渐成熟,也会渐渐走出以前的阴影,换个角度来看待这段关系。何况还有那么一个可爱的妹妹,对母女关系也是一个润滑剂。

2014-02-23 17:54

靖: <u>今天买了樱桃吃!</u>

2014-02-23 18:10

靖: 今天跟同事一起去玩。中午要打牌,我技术不好,以前都不爱打,前面一直没人要打,我说我打,然后几个人说我技术不好。其中一个一直叫大家打的人,马上就让别人打。要是平时我就打退堂鼓了,但现在心气完全不一样,我就直接坐到位子上。不一会儿,另一个人坐过来了。开打。刚开始时,对家几次要拉别人来替我打。我火了,跟她说老是用老眼光看人,再说,我技术不好,更要常打才能进步。然后我就集中注意力,没打错。牌运不错,打赢了。刚开始有点不好意思,耳朵都烧起来,想起不能让人折腾。同事不打是她的事,技术不好是因为注意力不集中,不想自己以后,反应快了,牌技也好了。开心。

2014-02-24 11:19

靖:又找了一部抗战题材的电影看——《敌后武工队》。按照你说的思路做作业。应对哈巴狗:如果我是王霞,在手拿枪的情况下,我会警惕任何陌生人的靠近,让他转过身去,跟我保持距离。然后通过思考他的话,他说他是厨师,儿子是武工队的。首先,厨师可能穿白色的丝绸吗?有那么好的经济条件吗?厨师常年在厨房工作,长年烟熏火燎之后,不可能有那么细致的皮肤。宪兵队在县城,从宪兵队逃出来,是怎么到的这个地方?要让他回答,就可以发现更多的漏洞。儿子是武工队的,叫什么名字?多大年纪?即使自己本身不怎么了解武工队,但哈巴狗可不知道你了不了解,通过问些问题,对他形成外部压力,让他自乱阵脚。我的思路是,要先保护自己,然后再想办法找出更多的漏洞,更好地识别。而王霞显然没有这种意识,被哈巴狗靠近夺了枪。

靖:《三进山城》[①]好的地方,集中体现在连长的身上。

1. 大胆冷静沉着果断。一进山城,通过我方的联络员,假扮老乡进了城,并联系到了王锁林。卖柴给贪便宜的警备队黄队长的姑丈,进了警备队。在对方烧火被烟熏时,果断地开了窗,探明了军火库的情况,又没有引起对方的警惕。进了王翻译的家,绑了王翻译,顺手拿走了对方口袋里的敌方联络员名单,并将对方当作可以利用的人。小马碰见刁德胜,太过慌张引起特务注意。连长判断形势,决定杀了特务,引起敌人

---

① 指长春电影制片厂于1965年拍摄的电影《三进山城》,张凤翔执导,梁音、张继强等主演。对拓展思维、提升心理素质都有好处。

混乱,从而假冒日本人混出了城。小野得知八路军的据点,要派全部人马来扫荡,中途又改变计划,只叫刁德胜派三十几个人去探情况。连长按原计划埋伏,观察实际情况有变时,沉着冷静,探明敌人改变计划时,随机应变,也抽了我军的两个排,隐藏实力,给敌人造成了假象。

蜻:2. 依靠群众,集思广益。在片中,三进山城,之所以能那么顺利,我军有良好的群众基础是关键,能让连长掌握确切的情报,直达重点。炸军火库,依靠的是老乡的想法做了双底的桶,在里面装炸弹,并用蚊香控制爆炸的时间。倒水时,利用桶底的小孔造成漏水需要修桶的时机,接近军火库,并能全身而退。在小马拿情报暴露后,是大娘用她的儿子换下了小马,从而保证八路军得到确切的情报。

蜻:3. 善于利用敌人弱点。二进山城,连长去找王翻译,先是探知对方没有将联络员名单丢掉的事报告小野,利用这个点,逼对方提供日军的防备等各种真实情况,从而对齐阳城的情况有了了解。在将名单还给王翻译后,让对方将刚才说的情况写下来,王翻译借口不写,直截了当告诉他那份名单是抄的。如果把真的名单交给刁德胜,刁德胜会收拾他,进而逼迫对方将情况写下来;并通过做思想工作等方式,让王翻译继续为我方提供情报。因为王翻译的逃跑,连长决定三进山城,采用主动的战略,把武器和队伍带进齐阳城,在敌人的地盘上消灭敌人;并利用刁德胜走私军火的事,在八月十五那天假扮青岛侯队长的手下,成功引出刁德胜并制住对方。在对方身上绑了炸弹,让对方按自己说的去做。下了伪军的武器并将人关了起来。让刁德胜跑步几圈后,造成慌张的感觉,骗小野西门失守、齐阳失守,引出日军,并引起小野向日军主力请求支援,从而缓解了我军主力的抗击压力。

蜻:4. 善于学习,以及合理的战略布局指导。连长进入齐阳之前,团长就对他们做了动员及指导工作,将战略指导及作战方针,作了高瞻远瞩的布局。连长在驻点,在战士们休息时,还在看毛主席的《论持久战》,在军队作战上,不断吸收营养,并在听战士聊天时,活学活用,制定了主动出击,迷惑敌人进而消灭他们的作战计划。

蜻:5. 保我家园,为民谋利,消灭日寇。正是出于这种民族感情,八路军才在情感上赢得了那么多的群众的支持。片尾,大娘送子参加八路军,革命队伍不断壮大,这个才是我军能战胜敌人的根本之道。

靖： 片中小马有两个应对不好的地方。

1. 一进山城时，小马赶往会合地点，碰见特务时太过慌张，引起特务的追踪。连长决定杀了特务利用混乱出城。但还是被特务记住了连长的长相，从而造成了王翻译的暴露。其实小马作为一个卖柴火的进城农民，根本不会引起敌人的注意。只是他年纪小，太过紧张，从而自己暴露了。

2. 小马拿到香炉下的情报，因为王翻译的暴露引起敌人追踪。被大娘带到自己家，大娘让儿子换下小马的衣服，并把小马藏了起来。特务带走大娘的儿子，小马心中不安，自己跑出来，并喊叫。幸亏特务走远了，大娘捂住了小马的嘴，才没有造成无谓的牺牲。小马年纪小，容易被自己的情绪左右，太不冷静了。不过人都是在经历中不断成长的。小马经过战斗的历练后，在与日军交锋时，变得非常冷静。在敌人用机关枪不断扫射时，小马跑到他们身后，沉着地推开门，拉掉手榴弹的引信，冷静地一抛，人撤到安全的地方，把敌人炸得粉碎。整个动作冷静利索。片尾，杀小野时，小马也是用枪刺过去，一个冷静的八路军战士诞生了。

| 2014-02-26 18:38

她： 又做了一次分析的作业。发你了。还是感觉困难。

李：
1. "外表无活力，可以推导出行事风格单一，按部就班，无新意。"这是从外部表现推导出另一个外部表现，"无活力"与"行事风格单一"都是外部表现，因此这样的分析没有实质意义。不是从外表推导外表，而是要从外部表现反推内在的原因与机制。要想为什么"外表无活力"，为什么"行事风格单一，按部就班，无新意"，这样就有实际作用了。

2. "应该是从小被宠着长大的，但她身上没有娇气，也比较善解人意。"这种反差（通常宠则易娇，宠而不娇，就是反差），或者不正常的地方，正是要深挖的地方，往往可以揭示出深层次的原因。分析人往往是抓这些反常的点来分析，正常的点价值不大。

3. 一开始肯定是困难的，但是哪怕就养成了一个分析人的习惯，也是很大的成功了。

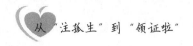

| 2014 - 02 - 26 19:38

李：分析电影写成公文了，不实用。要落到你身上，变成你自己能用得上的具体的方法。把电影中的思路、方法、路数、策略、智慧，变成自己的本事。哪怕看完电影形成了一招，也是收获。比如哈巴狗骗王霞是怎么得手的？表情与语言是怎么运用的？自己练一练，最起码表情就更活一些了。还有三进山城，与敌人虚与委蛇，但是形象、神情却是正的，这种"形象能力"在工作中，在与人交往中很管用，既不装，又自在，还不会受到其他人的排挤甚至容易被整个环境接纳。

| 2014 - 02 - 27 08:32

靖：上次看《咱们的牛百岁》的时候，我的分析电影好像也是落入这个状态，太过注重情节。而老师的分析重点是演员在表演时要表达的角色，要反映出来的各种状态，着重于从表情、眼神、动作、语言、形象、神情这些动作上挖掘可以学习的地方，摆脱一种逻辑的书面化的印象，而用更形象的人本身的表达来传递。可以说，人本身就是故事，他的各种表情动作就是细节，研究人就是研究这个。我再琢磨琢磨，多看一些电影。有量的累积之后，才能得心应手。人的分析框架好像也是这个感觉，我再多做做看看。好像觉得要把所有的空都填满，其实有些正常的点，如果没有特异性的话，那就不必要填了。我再做做看。现在好像有找到外表这个项与背景、思维、心理这三项的联系了。外表其实是一个人的综合指标，不是一个单一的数据，外表和行事风格其实是相互对应的，都是背景、思维、心理这三者在背后发挥作用。

| 2014 - 02 - 27 08:58

李：设计这个特异性，有两个用意：一是逼迫"无中生有"，这样一方面会大大强化对"异常的细节"的敏感度。大的异常人人都易发现，这个技术含量不大，而是要通过发现细节的异常来把握一个人，这种发现与把握才不显山露水，不易为人察觉，相应地你的操作空间就非常大。但这种细节不是要陷到细节里去，而是要注意异常的细节，对正常的细节不作反应。类似于鹰在高空找兔子，不是对所有的风吹草动敏感，而是对兔子引起的与风

吹的方向相反的异动敏感。另一方面会大大刺激推测能力。原来没想过的,原来想不到的,有这种办法都能刺激出来。

李：二是人是一个动态平衡的系统。常说某人长得顺眼,但如果分别看五官,可能并不那么顺眼,组合在一起,就顺眼了。这说明各部分组合、搭配起来再加上动的语言、眼神、表情、交流而成为一个动态的系统,就顺眼了。因此特异性训练的一个目的是解构人,越过其整体系统对你的影响而解构之。比如你说分析的第一个人,家庭和睦但性情不好,这就是受其外部表现与自我表述的影响,而以全概偏了,因为性情不好必然家庭不和睦。

蜻：还是要多练多琢磨。老师的这一段话,我要多琢磨琢磨。

蜻：有没有老师觉得做得比较好的人的分析,发一个,我看下感觉。

2014-02-27　17:11

李：每个人看人的标准与角度都不同,基本都是根据自己的利益与好恶来判断。因此同样的一个人,不同的人会有不同的看法。因此看别人的分析会有局限与禁锢,别人的你用不上,还可能被误导,必须练自己的。以后分析可以不用局限在这个框架上,可以随意写写看。写多了,再琢磨琢磨怎么摆脱个人的利益与好恶,而从社会的角度、普遍的角度分析一个人。

2014-02-27　18:44

蜻：电影《鸳鸯楼》：1."天上下雨地上流,小两口打架不用愁"。2. 事业变化对婚姻的影响;厂长和年轻女下属是什么关系？3. 婚姻外的"想法"甚至"试探";女性年龄增长对心理与婚姻的影响。4. 单纯是好事情吗？结婚过日子本就是个"俗事"。5. 家庭生活的实质与根本。6. 太理性、太机械、太刻意,就没情绪了。

蜻：看了《鸳鸯楼》：

1. 第一对的打情骂俏,"床头吵床尾和"真逗,结伴去买金鱼,路上拉闲话,时不时冲突两句,也是一种情趣。向往这种有生活热情的感情模式。

蜻：2. 宋春丽出轨未遂后,在公园的草地上看见丈夫。画家是一个艺术家,看见远处的风景,赞叹,脸上的表情,好专注。宋看了画,故意问：画的什么呀?画家一愣:你说什么?然后镜头切到画上,是宋的画像,宋一笑,甜蜜就出来了,画家看向她,好动人哈。

靖:3. 单纯的女子在新婚时对丈夫让她看成人小电影,各种反感。在热心的大姐开导下,有了启蒙。两个女子一笑,尴尬的话题就乐了。丈夫回家后,本来是很扫兴的,结果看见她从浴室里走出来,带着躲闪的害羞,哈,刚开始的不自在。炒菜做家务,是关心的一种。再加上风情,就更迷人。吃饭时,一直热情地看着她的丈夫,给他夹菜,问他下午怎么出去了那么久,哈,那眼神,真有味道,辣哈。把她的对手一下子放倒了,大感意外,碗都摔了哈。

靖:4. 厂长好装,架子摆得足。(觉得跟牛百岁里的小山一样)跟女下属应该是暧昧关系,年轻女下属仰慕他的厂长职位。

靖:5. 家庭就是过日子,一起生活,有物质的,也有精神的。根本是相互关心,有话题可以说,有事可以一起做,有一个平台可以发展感情。

靖:6. 植物学家是一个很有生活热情的人。他看见楼下小区有人在长凳上聊天,就想出去踏青。他老婆一味沉浸在书里,艺术品位高,人刻板,对生活不热情,吃饭、玩乐对她来说都是浪费时间跟精力的事。连她的话也少得可怜,倒是说到专业术语的时候,一套一套的,太过理性。植物学家说,去走走,可以发挥他的知识,他说快饿成照片了,在饭馆逗小孩玩,语言丰富,生活热情,但他恰恰被不食人间烟火的人所吸引。好在他老婆在片尾有点改正了,她说,下午我们一起去买菜吧,是好的开始呢。她也许就是老师说的,太过高雅的人了,而生活本来就是俗事,不能一直活在书里。

靖:7. 热情好客的夫妻俩,活得多累呀。不过他们家的经济条件好,估计也是因为丈夫在外面人际关系好,有门路。丈夫是一个很淡定的人,看见老外也不怵,客人来了,叫老婆随意就行。不过估计他也是知道老婆好面子的性格(从对老公同事讲家具的具体价格可以看出来,从冰箱里原先没有任何菜,但是一到超市采购就是一大笔钱也可以看出来)。看着人群散去,她收拾家务,又没有东西可以吃,就觉得这是一个典型的没有存在感的人,电话里还安排了下一个礼拜的活动,都替她累。非常好的电影,把人物性格刻画得非常好。

2014-02-28 08:44

靖：影片中两个女人交流，热心大姐问：你想怎么样？然后说去告啊什么的，看见对方的反应根本没有这方面的意向。眼睛紧盯着对方，开始吐露自己的秘密，说她也看过，是儿子买的。我学到了，说话的时候要时刻观察对方的反应，并不是所有的话都能说的，特别是关系到私密的事，会给自己招麻烦的。我喜欢野性的大姐，非常厉害的一个人，对待新婚夫妻，对女的是知心姐姐，对男的是严厉姐姐。女的坐在男的对面，头发撩到一边，问："欸，你说我把头发盘起来怎么样？"（想起上段交往，我也有类似动作，问他：你说我头发要不要拿去烫啊？不高明的是，不应该用选择题，而是直接说：你说我头发拿去烫怎么样？会更好）边说边用手在发后拢了下，眼睛还是热切地盯着对方，把对方也看傻眼了。

李：看出门道来了，很好。注意厂长与女下属的交往是正常的，甚至对婚姻来说是有益的。<u>外面的正常的异性交往，会大大缓解内部的压力，会让内部环境更宽松</u>。大姐应该忽略，因为太普通了，生活中很常见。如果你见到的少，要琢磨一下。还是要往自己身上靠，变成你自己的本事。"想起上段交往"，这样的联想非常好，思考也很好。"不应该用选择题，而是直接说"，这就是变成自己的本事了。

2014-03-01 11:46

靖：收到。

靖：我家的家庭教育存在非常大的问题。弟弟一直想要赚大钱，但是又不愿踏踏实实做生意。背着我们去借高利贷进货，结果被人把货款骗了，但是又一直不说，借的钱翻了两倍。之前放高利贷的来要账，还骗我们说是朋友，一点小钱，结果昨天放高利贷的打上门来了。一系列的过程，简直跟猪一样，一点敏感性也没有，现在又怕得要命。我昨天折腾了一天，找了很多朋友借钱。我现在非常担心，我还觉得他人格有问题。是什么心理，让他一直逃避不去解决问题，又一直撒谎拒绝跟人沟通。我压力很大，但很积极在解决问题。只是觉得刚看到曙光的家庭前景又败给了弟弟。他一直惹祸，性格又很怪。先解决问题吧。

2014 - 03 - 01   12:17

靖：我妈非常宠他。他小时有过口吃。一直不去幼儿园上课。我爸用绳子绑起来打，也不服输。脸上有一个胎记，到成年后才去做了手术。被人叫不好的外号。昨天一出事，他整个人都傻了，声音变得很低。我到处借钱。求人过程，要用各种讲话技巧、反应及胆子。折腾死我了。

2014 - 03 - 01   12:32

靖：我在想，事情已然这样，能否从这件非常糟糕的事里，提取出对他的发展有好处的东西，是否可以"利用"这件事，去逼出他性格中逃避的自我的负面因素，并引导他去正视与纠正，走回正常的路上来。怕他再被放高利贷的欺负，已经让他躲出去了。

2014 - 03 - 01   12:52

李：你们一直在干预他、禁锢他，他就一直没有存在感，更没有自己能做成什么的成就感。所以只要这个事是能够自主做的，就会带来极大的兴奋与成就感，甚至会不管这个事是个什么性质的事。<u>因此各负其责、各管各事，各过各的日子，恐怕是最好的方法，或者说不管可能是最好的管</u>，虽然现在看来有些惨，其实事情也不大。

靖：你这一解释，我明白了。昨天觉得事很大，因为各种信息，真假无法判断，靠电话联系，很多事情心里没谱。现在开始在厘清思路。等他回来后，也不用指责，甚至不去管他，该干吗干吗，让他自己去做主过自己的生活，淡化这件事。不去探讨，不去反省，不去过分关注，对吗？家里我没让父母知道。于事无补还添乱。我自己也把这件事看淡，省得我自己也在这里面找兴奋感。找完人，在电影院等着看《北京爱情故事》。

李：很好。人处于"没有人管你死活"的状态下，所有的精力与时间都要放到"外面"为生存（死活）努力，就没有心理问题了。

靖：本来借5万，月息1分，竟然拖了10个月，变成了要还15万，还被人上门打，我又要找很多关系借钱，他现在还躲在外面。我还是算不清这个账。后续还有一堆人情要还，搞得动静很大。明明只要还5万的，他为了折腾什么，拖、撒谎、隐瞒、吵架、耍赖、躲避、强词夺理，好像专门就是为了坑我来的。30岁的人了，比个婴儿还让人难理解。为什么会一直出这种极端的事，一件一件，下次他再出事，我一点也不奇怪。出的都是得让人不得不救的事。难道没心理缺陷吗？如此不顾后果，完全没责任心，任性没头脑。

2014-03-01　19:03

靖：说理打不动他，出的净是往大里整的事。但凡他面对，甚至向我求助，都是可以解决的事。介绍女友，也不联系。你不理他，可以睡个一天，说他，总有理由。依赖，无活力，骂他只会眼神定定地看着你。我到处在折腾找人、借钱，他躲在外面什么都不做。觉得真是荒唐，这都什么事呀。

2014-03-03　15:49

靖：放高利贷的是在我弟公司闹的，影响非常不好。对他要去用什么态度对待公司的同事，老师会提供怎样的一种面对态度？怎样自我定位？

李：我想这是他的事，应该他去想办法。

她：嗯。是的。我这两天也在琢磨这个。坚决贯彻你说的不管，该他去的，不去管。该我委屈的，也大可不必，该干吗干吗。

李：有个技巧，可能你还不会，但是可以琢磨琢磨，就是<u>让人温和地感觉到彻底的拒绝</u>。这比言辞犀利的拒绝还要彻底，还会让人感到绝望。意思是虽然你与我无关，但是我这个人比较和蔼，所以显得挺温和，而实质是你与我无关。

2014-03-03　17:37

靖：现在事已经基本摆平了。我这两天就琢磨了一下。因为这回家里都不知道，所以也不会有那些关切指责之类的。我有跟他说过，骗我是我绝不可原谅的事。正好借这个由头发挥一下。打算把借钱的借据给他，然后就不理他了。以前是怕他脆弱，总狠不下心来。这回，有了你的理论支持，知道这是真正为他好。不能再害他了。父母现在在家挺好，我也不用挂念家里。我可以真正做到冷淡。

李：你的"<u>绝不可原谅</u>"恰恰是最好的刺激心理兴奋的原材料，用亲情作原材料可能是最后的地步了,再往后可能就真的麻烦了,所以现在一定要打住,但绝不是"绝不可原谅",而是"与我无关"。反正你也不会要他出这个钱,最好就是什么话都没有,就像是什么都没有发生过,这样他为这事已经积累了长达10个月的心理兴奋的预期就实现不了,慢慢地就会弱化。

靖:对他的态度要跟以前一样吗?这个与我无关,是指这件事我当作没发生过,还是指我现在视他作路人,把他看作无关的人,摆出一副无关的表情。我觉得我对他的态度至关重要,我跟他探讨太多了,让他太过依赖了。包括他同事刚才说,最早出事的时候,他都不想让家人知道的。关于心理兴奋这点,我还真有感觉。比如我关注这件事,越想就会越委屈,越说就会越兴奋,各种情绪都出来了。反而不去想,该做什么做什么,就很淡。跟人说越多,恨不得做出过激的事。可一旦心思不想这个,就没事了。那种兴奋的感觉说不上,就是头都麻起来的感觉,还是淡淡的舒服。

李:路人。

李:有姐弟这种血缘关系的路人。

靖:嗯,指责不要,什么话都不说。嗯,我知道了。

2014-03-03　20:00

靖:这兴奋积累得估计不止10个月,应该是从打算借高利贷开始就有了。撒谎什么的,无所不用其极。我先来个避而不见吧,这也是路人的一种方式。正好我最近事也多哈……

李:"避而不见"不是在等待中更期待兴奋?再琢磨琢磨。一见就去忙你的事岂不更好。

2014-03-04　08:39

靖:我昨晚琢磨了一个晚上,想起了一件事。我爸以前一生气就喝酒,因为他身体不好,所以家人会担心,会劝,甚至会用激烈的手段。但几年下来,他根本改不了。年底的时候,又吵了一次,他故伎重演,但这回我没有理他,我妈也不理他,放他一个人在厨房,喝得七荤八素,做什么动作也没有人劝。后来一直喝到吐,我也没理他。第二天,照样没理他。估计他也是用自残来获得关注,得到自我的心理兴奋,等看到老婆孩子都不理他的时候,他没戏了,兴奋不起来。喝酒又实在身体难受,以后就不会用这种方式了。我弟的原理是一样的,只要我继续保持对他的关注度,不管是压力还是关心,对他来说都是一种兴奋,为了享受这个兴奋,就会一直走老路。现在要做的,就是把狠藏在客气里,对他温和客气,像外人一样。礼貌地客气,温和地疏离。也不骂,也不说,根本就是淡淡的,他的一举一动都不再去关心。也不要用惩罚或是别的什么方式,就是好像这个人跟我无关一样。没有情绪,像个路人一样,碰见了打个招呼,就像对不熟的人。

2014-03-04 11:17

靖: 听讲课录音,说对家庭情感缺失,小时候想反抗但无力反抗,现在用违反社会规则的方式,寻找抗争的快感。这个说的不正是我弟弟的状况吗?幸亏老师给我开了一个药方。以前试过苦口婆心,试过贬低他,试过很多种方式,许多话都说过,效果都不好。我再琢磨琢磨。

2014-03-05 15:25

靖: 去电影院看了《北京爱情故事》,因为有事,只看了一个小时,不过对刘嘉玲和梁家辉演的夫妻,及他们的互动印象深刻。在机场时,两人神秘兮兮地打电话,跟个特务接头一样,只觉得好笑。在酒店的时候,梁家辉迎接刘嘉玲,两人之间的那种吸引力,像迎接女皇一样,那种珍惜,那种重视。我就在想,什么样的情人才会有这种感情,什么的女性才值得这种男人这么热烈地爱着,他们认识多少年了,如果是夫妻该有多好!然后情节推进。因为整容的事情吵架,刘嘉玲的女王范儿十足,可能我对这个比较敏感吧,觉得这才是在感情中男女平等的一种体现。回到陈思成和佟丽娅,爱情真热烈,我就想象我是那主角,有爱,就足以睥睨物质。因为爱情带来的快乐是那么真实。有个人站在你身边,满脸深情地看着你,比画着摔下来肯定会死的高度,跟你说,你跳,我也跳。我喜欢女主角的笑容,那是爱情的力量,眼睛都放出光来,有天使的光芒。而陈思成吞下纸条的那一刻,打动芳心。早上听老师的课,说到《拉斯维加斯,钱来了》,说到男人的担当,是不吃亏。哈,影片也证明了老师的观点,担当能加快感情的进程。这一吞,一份情缘就成了一大半了。

李：两个小孩子的没看到吗？太可惜了，这是电影里最动人的一段情。

靖：没关系，我再去看一遍哈。

2014－03－05　17：05

靖：继续听老师讲评《拉斯维加斯，钱来了》，还有很多爱的观念，很震撼，很有益。各听了两遍，还是意犹未尽。情感，我才知道了什么是真正的情感。妄言，我组织不来语言了。听君一席话，人生的调子，从此不一样了。

2014－03－06　10：45

靖：坐公车上，想起情感课上老师说的亲情压迫，我家的情况也是类似。小时候，妈妈一直向我们灌输爸爸多么不易，妈妈对我们多么好的思想，就是老师说的感动。我们一直觉得很累，怕这个怕那个，怕父母伤心。蹑手蹑脚地，思想包袱很重，整个人都放不开。以为这才是乖孩子，却不想，自己的人生就沉重起来。老师这回的方案，"与我无关"地对待，就是对感动之类的亲情压迫的淡化。套用一句庄子的话，就是相濡以沫，不如相忘于江湖。

2014－03－06　11：30

李：我正在做个微信公众号①，你加一下，有什么问题提出来。另外再琢磨琢磨怎么优化改进。

靖：加了，嗯。好的。

2014－03－07　11：49

靖：情感课，是一种活生生的交流，震撼特别强。一层层递进，很多观点跟世俗完全不一样，但却是引导人走向快乐的不二法宝。理性的思维，看淡世事的疏朗，撇开多余的不需要的悲情甚至感动委屈等情绪，把精力用在执行力上，搜集各种信息，还有跟各方的应对，语言表述等。我在自己的身上验证了上课的效果。现在我觉得自己连走路都有了弹性，很少会有累

---

① 公众号的名字是"两情相悦的艺术"。

的感觉。我想说,这真是奇迹。继续课程。补心计,还有在找坏坏地笑的感觉。

李:哈。

2014-03-08　07:33

靖:昨天听课,老师说到优质女生跟漂亮没关系,女生敢于漂亮远比漂亮重要。我想补充一个证据。俞飞鸿最近因演《大丈夫》又回到全民视线,被赞为女神。我关注了一下,43岁未婚。看了她在《非常静距离》节目的访谈,早上醒来突然觉得对老师的讲课有所得。

靖:1.漂亮并不重要。全民女神那么漂亮,还说愁嫁。2.日常反应慢半拍,其实所谓单纯的实质是对外部不敏感,天性中的机灵劲被抹去了。3.对朋友有严格的筛选,即使是很熟的朋友圈,有个新加入的人,也会产生不自在。朋友组织的饭局,会先问谁参加,有生人就不去。典型的弱势思维,不安全感强烈。4.喜欢宅着,对保姆依赖性强。不辨方向,总是迷路,打朋友电话问路。说明父母从小没有培养其独立生活的能力。5.喜欢组织朋友去家里玩,拿好吃的招待朋友,说明没有存在感,依赖别人而存在。6.看她的片子,有一种不协调感,我现在知道是什么了,没活力,不机灵,"坏俗贼色"完全没了。7.据说她出生教授家庭,呵,这可是典型的不接地气地培养出来的不食人间烟火的仙子。听课有感。

2014-03-09　07:30

靖:女生的三大法宝:撒娇、耍赖,还有一个什么?优质女生三个特点:大胆、大度,还有一个什么?

李:哈。这样分析很好。不是法宝是"伎俩"。女生三大"伎俩":撒娇、耍赖、不理你。男生三大伎俩:逗乐、使坏、就是你。优质女生的三大特点:大胆、大度、大方。

2014-03-10　16:02

靖:有眼色:早上,局长到我们办公室,几个同事跟他一起说话,我去办事回来,也坐了过去。说起家庭经,局长说,女人一定要学大气,才能处理好婆家娘家及夫妻之间的关系。我脑子一闪,知道他肯定要提去年工资调整的事。(去年我为了自己的事,跑去找局长,当时比较弱势,没掌握好说话的语气,造成领导感觉我在找麻烦,虽然后来事是办了,但从此留下会"争"的感觉。用现在的眼光去看,争是一定要的,但可以注意方式哈。后来说了我好几次)果然,他话锋一转,说如果太计较,就会失人,那人家就不会帮你。如果去争,人家就会觉得这人怎么这样,就会对你有看法,争了的效果反而不好。这时,我想起老师的话,调整坐姿(本来有点习惯的叠腿,马上放了下来,用一种很诚恳的态度跟他交谈),我说,对的,有个我尊敬的人,也跟我说,女人一定要大度。然后他微笑,继续说下去。我回应说,大度在男人身上比较多见,特别是局长你们身上,这是一种非常好的品质,我一定要向你们多学习。旁边的一个女同事听不懂,插话说,江山易改本性难移,又扯到她的家事上去了。而我,继续用一种欣赏的眼神,听局长跟她的聊天。他要离开的时候,我站起来,跟股长送他到门口,中间还听他跟股长交流了一些业务。在跟他整个的交流过程中,不再有以前的不舒服、紧张。脑子也转得很快,整个人很稳定。他批评的内容,我有在理性地想。他说我不该争,要相信组织是公平的。这话,我过耳就忘,但不会跟他去争执,反正我做我的,但一定要多琢磨方法。批评内容对我有益的,我也不去在乎他批评的方式跟语气,更好地修炼自己,不是更好吗?

李:心思放在事上了,没有分析局长这个人。谁都是可以干预的,只是方法不同。争不争不重要,对女生来说,重要的是,是在"可爱"地争,还是"不可爱"地争。

2014-03-10　20:03

靖:做了一个局长的分析,这样全面分析下来,觉得好像更理解局长了,局长也可爱了,哈。以后应该更好交往了。

李:很好。这样的分析会把"局长"还原为"人",这是认识上的一个突破。全面认识才会理解,理解了才能更好交往。随着你分析能力的提高,可爱的人会越来越多。

▎2014 - 03 - 11 08:57

靖： 再看了微信公众号,感觉内容实用,说的都是一些在社会上会遇到的问题,对待人处世有很大用处。可能是受众面比较广的原因吧,感觉内容没有一个系统的构架,零散。对于我,因为看过你的很多理论,所以会觉得是锦上添花的事,接受起来很容易。但如果对你的理论不熟,会觉得东一搭西一搭的,不成体系。

李： 好的。以后会按一个体系去写文章。还可以把《人情练达的学问》作为基础。

▎2014 - 03 - 11 16:16

靖： 听课疑问：说到男生要做小伙子,足够精神、足够机灵、足够喜欢女生。女生要做小姑娘,足够羞涩、足够活泼、足够喜欢男生。我想问下,这里的女生的特质,老师特别说是大学时女生应有的感觉,是否适合所有年龄段的女生？我的年纪比她们大了一轮呢。

李： 看西班牙皇后与 C 罗的照片①。皇后已经 70 多岁了,还这样。

▎2014 - 03 - 11 19:40

靖： 讲课录音听了两遍了,内容现在觉得贯通起来了。一边听一边做笔记,打算把所有录音再听一遍,非常期待其他课的录音。生活越来越有意思。这几天本地春雨缠绵,潮湿,情绪没受影响。看《拉斯维加斯,钱来了》,这一遍刚开头,觉得看出很多门道,人物渐渐鲜活。

▎2014 - 03 - 13 09:35

靖： 讲课中提到了一个思维训练,说有女生问"生命的起源是什么",然后男生应该怎么回答才是有技术含量的。想知道答案,了解一下老师的有逻辑变化的回答是什么。

李： 这个回复要有三句话：
是在找志愿者吗？

---

① 在公众号"两情相悦的艺术"后台回复"401",可以收到图片。

抱歉我没时间呀……

你们问问×××吧,他挺合适的。

蜻:哈哈哈。

2014-03-19 10:45

蜻:情感课中,有说到四大特征的女生不能找,一个就是单纯的,什么都不知道,什么都没经历,什么都不明白,什么都没做过的女生。另外三种是什么?

蜻:《拉斯维加斯,钱来了》中,海伦高声慢吞吞地对路易说:"你本来是厨师,现在升格成训练师了。早餐由我负责。"我想象海伦讲这话时,脸上是戏谑的表情,跟路易开玩笑的感觉,对吗?

2014-03-19 11:01

蜻:海伦为什么跑掉了?我觉得跟《风流寡妇》中,拉迪克在跟丹尼洛互诉衷肠后跑掉,是同一个道理。给对方营造一个失去的空间,让他去感受。而把双方再次见面的机会,掌握在自己手里。因为她有唐诺的名片,知道在哪里可以找到唐诺,知道唐诺常去哪家饭店,让对方在等待中不断地积储感情的能量。在见面的那一刻,就会变成催化动情的因子。

李:上课讲的内容有时是临时起意,有时是为调节气氛,有时是为干预心理,有时是为辅助理解,并不是每个单个拿出来都可以成立的。所以要有个甄别,通常反复提及的都是考虑仔细的。四种不易找是贪占便宜、不明事理、故事太多、过于单纯。

李:海伦跑是因为从小没有"幸福"过,只逃离过。因此一是这种幸福引起的心理兴奋没有"逃离"的刺激强烈。二是对幸福、快乐的情感缺乏经历,所以理解力、执行力都弱而无法展开与持续。缺乏把这种感情持续、健康发展下去的方法与经验。三是缺乏安全感,就像常说的在情感中害怕付出与受到伤害。在这里是感受到一些幸福就怕被伤害而赶紧撤。

李:海伦对路易说这些话,不是"戏谑",主要是撒娇,是在难得的安全环境里的一种放松与顽皮。其次是展示自己"爱劳动"的优点,也是展示自己的可爱。是说给赖唐诺听的,但这样撒娇式的说话方式又不会引起路易的不安。因为路易认为做饭是自己的事，不愿意让别人代劳。

李：这几天把上学期学生的学习体会看完了，课讲了三学期，有五百人了。情感正常化有三个关键词：一是"判逆"，批判父母、学校的不当教育并"逆行"。二是正常交往，认知、方法、本事都是通过正常交往提升的。三是"会坏"，"坏"是人快乐的基础、智慧的基础、创造性的基础。

靖：这一遍听课，几乎是在整理笔记，把老师上课说的用文字写下来，手跟心思一起动，以前听不明白的一些，经过这一遍细致地记录，加深印象。《拉斯维加斯，钱来了》完整地第四遍看下来了，再结合你课上讲的，整个故事都印在脑海里了。那些技巧，那些情怀，那些担当，一一对应起来了。整个故事在脑海里，有场景，有人物，声与色都有了。柯白莎跟唐诺的对应，拿出去跟朋友用了，效果不错。活泼了很多哈。

2014-03-19 13:08

靖："会坏"这点，我还是欠缺，不过现在开始会耍小脾气了。会跟朋友撒娇，会捉弄同事。感觉还是缺少一个"歪"劲，太过于正了。这点再琢磨琢磨。就是那种本能，感觉什么动作出来，还是会有一个思考与顾虑的过程，而无法体会到那种"得意而忘形"的随意的自然的本能的举动。还是会有些刻意的察言与观色。

靖：课程中的"判逆"非常好，是一个完整的系统。我意识到家庭对人性格的影响，其实是在几年前。也有在纠正，但自我纠正跟有个完整的系统支撑，是完全不同的两种效果。自我纠正很容易走入误区，走入对父母的批判，有伤亲情不说，很容易陷入抱怨及对自己的人生责任逃避中去。听课的时候不觉得，把听的内容记下来，才发现"判逆"这课，是个系统的构架，缜密而实用。这个课，越咀嚼，有越多内容。自己越熟，发现的内容越多。每一遍都有新的感受。以前课程中没在意，重新记录下来，另有深意。

2014-03-20 09:05

靖："这几天把上学期学生的学习体会看完了，课讲了三学期，有五百人了。情感正常化有三个关键词。"我的解读：

靖：1. "判逆"：上周一个表叔家乔迁。我近距离地观察了自己的父母。爸爸依旧为一点小人际纠纷而上纲上线,闹别扭不去。不去就不去呗,我就让我妈去了。我下班后也过去了,看老太太一个人在那个场合,守护着一个包(包着外面穿的衣服,据说是前年的新年衣服,说怕帮忙的时候弄脏了),神情惊慌孤单,佝偻着身子,明显比年轻时小了一号。我感觉说不上来,不过心思很快就不在这上面了,过去帮忙放桌子什么的。在有亲戚的场合里,还是会不习惯,但调整一下,紧张渐渐消失,融入进去了,自在了。表哥送我们回家,一路上聊着家庭的琐事,发现很多以前介意的事都无关紧要了,交流一些彼此关心的事。这是二十几年来,第一次心平气和地面对自家的亲戚。回家后,老爸还是老脾气,但我觉得没啥好安慰的,也没啥好评论的,就该干吗干吗。昨天跟好友说起这事,很玩笑的感觉。说到爸妈,没有了愤愤不平,只是觉得他们也不容易。很多的缺失,但因为自己知识水准的不够,及环境的欠缺,到老年还是陷在情绪里。我已经能让自己站在远处观,但能做的不多。只能让他们看到我的成长,只能告诉他们,要学会快乐地生活,要有自己的生活。然后,做我自己该做的。不会再想让自己卷到他们的情绪里。不再用关注及亲情的感动安慰什么的,去刺激他们了,相安无事就好。让我们彼此都有自己的生活,坚强淡定。

蜻: 2. 正常交往。正常交往,总觉得应该是一个系统,自己跟别人的沟通,自己跟自己的沟通。多与人沟通,会明白人跟人之间有差别很正常。跟自己沟通,明白即使刚才应对得不当,也没什么,下回注意不犯同样错误就好了。你就会明白,无法怎么样的,都正常。笑一笑,就过去了,不纠结,没必要纠结,不失落,何必失落。

蜻: 3. 我爸是道德感极强的人,我们被拘在封闭的圈子里长大,只能依靠父母,一直以来,我对生活都有一种无力感、茫然感。现在我脑子里的情感系统已经完全跟他的不同了,在向"正常"靠近。其实仔细琢磨老师定义的"正常",本来就是很高的要求,那是集本能、阅历、社会与文化各项指标综合在一起的一种生存状态,快乐满满,心智理性,情感充沛,心性硬挺,灵活有度,神情疏朗,还要有那种瞎起哄和折腾人的心气劲,会从心里生出眉眼飞动,有一副对世事不以为意地提得起、放得下的担当感。"正常"很稀缺,当渐渐明白人性后,看人的切入点都跟以往不同了,而"坏"也成了向往的很乐呵的事儿了。

| 2014-03-20　09:29

蜻： 听你解读黄绮珊唱的《离不开你》有感。手写笔记之余，想起一个现实版，跟老师的分析完全对应。一个表叔，1956年出生，家庭贫苦。娶了表婶，婚后生了一女，表叔传统思想，想要一个男孩，结果第二胎还是女孩。因为双方都在政府部门，就把二女儿托到乡下姐姐家。据说夫妻俩有过一段恩爱的生活。表婶是一个没文化的、粗俗的人。婚后，表叔发展不错。据表婶说是狐狸精勾引，两人越走越开，渐渐分居。表婶表现得就跟怨妇一样，到处说丈夫的不是。跟女儿说，跟上门的亲戚说，跟同事说，一副谴责当代陈世美的正义感，三句话之后，声调直线上扬，成了声讨。这样的婚姻根本过不下去了。本来表叔还因为官场前途的顾虑，保持名义上的婚姻。表嫂嫌这样闹不够，就去纪委举报生二孩的事，表叔被撤了职，干脆去外地讨生活去了。而表婶本来还一直幻想，表叔没了风光，会回到自己身边，过以前贫贱但恩爱的日子。两人办了离婚手续之后，表婶还是一如既往地陷在"太不公平"里，继续自己的悲愤诉说。搞得我都不敢踏入她家，那种感觉太恐怖了。后来，外人渐渐不听了，可是大女儿还在身边，发展到极致的时候，吃一顿饭数落一次她的"死鬼"老爸，说他忘恩负义，什么什么之类的。

蜻： 女儿受她影响，对男人完全排斥，整天就玩游戏，睡觉。后来考到事业单位，拒绝谈恋爱，拒绝相亲。她跟我关系很好，说她对婚姻很恐惧。她说她妈妈是个老实人，结果碰上她爸爸，那么惨。她说如果她也一样碰上这种人，那还不如不要结婚。二女儿后来高中回到表婶身边，也接受荼毒。虽然已经结了婚，但处理家庭关系，简直是一塌糊涂，夫妻常常吵闹，都是各种指责与争吵。表叔再婚后，日子过得不错，他是个能人。但大女儿让他寒透了心。那是一种折磨式的报复，用一种仇恨跟他的新家作对的感觉。就是一句话，无论如何，决不原谅。可怜他的新妻子，二女儿结婚的时候，当场就被前妻和大女儿折腾得哭了。明白了整个心理机制后，表婶的各种行为，就如影一样，跟老师的分析完全对路。只是可惜她两个女儿，缩在自己的世界里，无法消除父母带来的阴影，哎。

2014 - 03 - 20   12:26

靖：跟坏有关的小故事：中午吃饭，强势的同事在聊天，调侃一个温顺同事说的话，大致是说她傻，还训了句："别说了。"温顺同事低头吃饭，回了句："嗯。"我接茬儿跟温顺同事说："妹你真乖，说'嗯'。"大家都笑了。里面有个逻辑在，一般说人乖，根据的都是对方在老师或是长辈面前的表现。我其实是在指强势的同事，调侃她好为人师，装大家长。嘻嘻，以前只会放在心里，现在开始管起闲事来了。

2014 - 03 - 20   16:26

靖：老师在上课分析人的时候，说过有张有9个头像的照片，这张照片发我。我的家庭教育，对外部的感知系统是紊乱的，因为父母对外界的恐慌，无力感转成怨恨感，因为某人的某句话而排斥，进而转成对外部的人的排斥感。明明生活在人的世界里，却总是感觉很孤单。连亲戚都在可信任的范围之外，可以知道，我的童年及少年时代，对人是多么害怕。究其根本，还是识人不清，因为对人性的不了解，造成恐慌。还得从练本事下手，一旦本事高了，整个应对自然就从容了。

靖：这两天对家庭教育有很多的感想，但又觉得没有必要再去回望了。我现在站在这个点上，一身轻松，将继续往前走，有那么多快乐能享受。

2014 - 03 - 20   18:27

李：照片已发你邮箱，你看看。

2014 - 03 - 20   19:22

靖：刚一看，傻眼了，完全没概念。慢慢地，猜测如下：1. 弱势文青生，清秀文雅，眉眼向下，善于小自嘲，性情温顺。2. 邻家小哥哥，稳重，眼神清明。但容易陷入感情，易左右摇摆。3. 邻家小弟弟，有点小任性，小淘气，机灵活泼，会使点小坏。4. 偏执，眼神很怪，就是老师说的安嘉和①的眼神。嘴角往一边扬，冷酷。5. 嘴角的表情是装出来的，跟眼神里的阴沉对应不

---

① 系中国第一部直观反映家庭暴力的电视剧《不要和陌生人说话》中的男主角，由冯远征扮演。

起来,没有喜悦的感觉。虚伪。6. 单思维男生,做事有决断力,性格干脆,敢想敢做。很精神的小伙子。7. 机灵的小伙子,思维少限制,比较灵活,但少文化感。8. 任性的男生,装成熟,一脸的不服气与不甩你,不是好相处的个性男。9. 实在型的选手,眼神坚定,很有主见及行动力。

2014-03-20　19:53

李:先要从分析他们的父母的情况入手。

李:你这还不是分析,是在猜。分析是有依据的,即根据什么得出这些结论。不过有了这个感觉,再见人就是沉稳而灵动的,会吸引上层次的选手。

2014-03-21　08:38

靖:琢磨了一个晚上,还是两眼黑。这个我先放一放,人物架构的分析量做得不多,训练缺失就出来了。还有以前完全是凭感觉在做事,跟人打交道,没有理性,更谈不上分析。在脑子里过一遍,这种眼神跟我认识的哪种人像,可即使像,自己也说不来他的家庭,可见以前完全没有这种意识。从现在开始,要把这种意识植入脑海。早上对镜,观察五官,觉得眉眼跟总体的神情最能反映一个人的状态。其实这个可以多看看纪录片或新闻报道,甚至电影,里面的人物都比较鲜明,有意识地去看,就能看出门道来了。打算这周把《十二怒汉》再看下,下周再来做这9个人的人物分析。

2014-03-21　09:34

李:不要光看这些资料了,下一步行动怎么样了?理论要与实践相结合才进步快。

靖:刚PASS了一个,再寻找目标。哈,不能怪我矬,这个吗,虽然我不找理由,但现实中,可选择的比较少。下周开始,多出去转转。上次同事介绍的人,两个都没见到。下周问问。(朋友刚打电话说要介绍一个160斤的180厘米的胖子哈)

2014-03-21　15:49

靖:同事要介绍的两个:一个据说年底有人介绍了,已经在交往,不好再接触。

嘻嘻,我同事说再跟踪。哈,简直是在祈祷人家散了。一个据说胆子太小,不敢联系女生。这段时间一是脸在恢复,一是正好利用这个机会,集中学习。春天还真是温情绵绵啊。

李:想办法自己去找。当然别人介绍也是一个重要途径,但自己找的显然更好。"不怕贼偷,就怕贼惦记",是找的最重要的路数!

2014 - 03 - 23　12:45

靖:"不怕贼偷,就怕贼惦记。"我应该怎么理解?

李:就是特别想找,总是在琢磨怎么"找",而且还乐此不疲。是个"寻寻觅觅,开开心心,玩玩闹闹笑笑"的状态。但这是正常状态,是一种本能的体现,就像吃饭、睡觉一样,因此不会消耗过多精力。

靖:这也是我理解的一种状态,就是不会当作一件刻意的事。就像老师说的手段,是主动的一种执行力,而不是想起来,就逼自己绷得紧紧的,然后无论结果怎样,会感觉累,需要休养生息的感觉。嗯,好的。

2014 - 03 - 24　17:59

靖:初定4月11日去上海,到时老师会在上海吗?哈,到时可以去参观莫奈的画展。说真的,我对艺术还真是看不懂,不过看了老师的这篇评论,去补了一些知识。还真就是喜欢那么种明亮和积极的色彩。光和色,有那么多的可以想象的呀。

李:在的。欢迎!

2014 - 03 - 28　07:08

靖:我这个星期以来,感觉自己待着不动,心底就有躁动不安,在办公室听同事家长里短,就待不住,就想自己动起来,就是出去走走也好。以前可以忍受的,现在好像没办法了。是本能的力量?

靖:遇到个事自己又羡慕嫉妒恨了,用老师教的,服药病退了。

李:这不成折腾自己了?羡慕嫉妒恨也是正常情绪反应,过会儿就恢复了。

2014 - 03 - 29　07:18

蜻：服的就是顺其自然的药。

李：不是顺其自然，这就是自然。

2014 - 03 - 29　08:56

蜻：这周的"不怕贼偷，就怕贼惦记"，做了两个准备工作：一是去拜访了以前乡镇的老领导，本地作家，他说会推荐一些喜欢文学的人，想能打开交往平台。这个继续跟进。二是本地一个交友活动，报名去当志愿者，多去观察观察。三是我开始当贼，惦记上了找对象的事。四是把老师的理论用出去，让自己接地气。虽然过程会不适应，但起码这个思维开始有了。实用，拿来主义，不折腾自己。

2014 - 03 - 30　09:50

李："找"是一个很重要的过程，或者说是情感这个系统的很重要的一个部分，就像打猎，最后的打到猎物仅仅是整个打猎活动能够产生的全部快乐的一小部分，而发现、追踪、排除困难、社交、最后的庆祝，甚至包括失手与一无所获，都是狩猎活动的全部快乐的重要部分。<u>这是一种系统性的快乐，远远大于那种介绍或相亲的单一性快乐。</u>

2014 - 03 - 30　18:40

蜻：人可能情绪都有个低潮期。这周从周一开始，整个人就变得很急。但不管怎么难受，都没再出现不活了的念头。直到早上，去做交友聚会的志愿者。今天是长这么大以来，跟男生互动最好的一次。

蜻：1. 准时到达后，就跟一个90后的弟弟，去订餐，去超市采购。哈，一百四我花得只剩一毛，主办方只笑我真是职业病。那小弟弟感冒，其间给他递了纸。很酷的一个人，要是以往我会敬而远之，但今天互动很好。也发现他是个很负责任的男生，他会跟我说曾经醉驾的事。

蜻：2. 志愿者里有四个男生。其中，一个很会聊，一个很纠结，一个装深沉。发现每个人其实都有脆弱的一面。只要你笑容可掬，总能回应他们。而我也不再如以往，常让他们多说，效果很好。一个说要给我介绍适龄的同事,一个一定要加我微信,说要我好好开导他,说我这个年纪居然有这种状态。

蜻：3. 活动需要人人自我介绍。我本来因为年纪大很不好意思,但也去面对了。很好地表达了自己,落落大方。

蜻：4. 跟坐在附近的男生都有互动。发现各人都有各人的特点。有酷弟,有萌弟,有唱歌弟,有文艺弟。呵呵,还有个看起来很清高的弟弟要给我介绍他朋友的化妆品。发现人都是可接触的,而我,跟他们接触得不错。我的特质是温暖,而我今天的关注点是各种男生,旁观之后,没发现讨厌的人。

蜻：5. 整个过程,我没用拒绝的二郎腿,全程参与。也没玩手机,一直跟人在互动。

蜻：6. 当看到参与的男生年纪都小,我告诉自己做一个观察者,整个过程我很快乐。

蜻：7. 无论什么时候,我都记住老师的那句话,<u>找对象,什么时候都要有,什么时候都会有,什么时候都能有</u>。

蜻：8. 观察到很多人,很好玩。<u>心放在别人身上,自己压根儿就没空患得患失,顾影自怜</u>。

蜻：9. 自己没车,搭朋友的便车,有些不好意思。跟朋友说到这个话题。朋友说,开车是因为要去郊区上班,实在没办法。开车又费钱,跟养个孩子差不多,特别是在市区,到处找停车位,你不知多麻烦。跟人多交流,才发现,都有心烦处。

2014-03-30　19:10

李：第9点发现不准确,很可能对方是关心你或体谅你或顾忌你没车才说的这些话,否则不会说这么多。

蜻：人还是要发展,争取自己也买车。然后我也跟别人说这种体谅话去。

2014-03-31　09:32

李：那时可能会有开宝马的对你说,"什么车都一样,不过就是个代步工具"这样的体谅话了。你又要开始"争取自己也买宝马了"。<u>要允许别人体谅自</u>

己,到了这一步,就不会再听到这种体谅话了。很可能有人对你说,快来看看,刚买了辆宝马,试试怎么样。那时不管你开什么车,从人的角度讲,就是境界了,就能拿人了。

蜻:嗯,自我发展,允许别人体谅自己,一个是自己对自己的态度,一个是自己对别人的态度。自己对别人,去体谅他人,也允许他人来体谅自己,人就自在了,分享别人的喜悦,嗯。

2014-03-31 13:48

蜻:做了一个人物分析,发你了。

2014-04-02 08:31

李:现在较忙,大段的文字看不过来了。你就用一段话把人分析出来,这样我能更好地看出你的思维与路数。

2014-04-02 10:53

蜻:好的。这样,我自己做两份,一份按部就班地练习,一份用一段话来交给老师当作业。觉得做些人物分析,就会逼自己去挖掘人的特色,做的时候痛苦,但过后回望,很有收获。面对人的时候,从容多了。

2014-04-03 06:34

蜻:昨天去几个部门办事,应对自如,气场全开。身段柔软,言语拿人,胆大善沟通。去找一个副局长,告别时,说局长谢谢了。旁边有他朋友说,叫错了,是副局长。我回说,没叫错,早晚是局长。大家都笑了。看向那个副局长,他笑意盈盈,这句话效果很好。

2014-04-04 05:41

蜻:这两天出门办事,接触的人很多,有些感想。

1. 父母弱势,往往自己人际困难,会渲染恐惧,把小孩带离人群。告诉她,人很坏。然后描述一个好人的世界,告诉孩子要找好人。这样孩子长大后,对人群是害怕的。她总是紧张,怕这怕那。总向往想象中的世靖：界。当我要去接触一个人时，一开始恐惧就来了，但现在，我知道，人没好没坏，只是需要你应对。打交道的过程当中，要随时根据对方的态度语言调整自己，自然而然就自如了。

靖：2. 解决问题要务实，对过往轻轻带过，即使是别人的责任，也不能深究。你要时刻记得你要到达的目的地，别让那个人成为你的绊脚石，给你阻力，要尽量为你所用。

靖：3. 不要太在意场面的热闹，还是要看什么场合，看应对的是什么人。

靖：4. 不同的人，要有不同的方式。你首先要明确你的要求，其次要听懂对方的要求，判断两者的实质差异，跟他沟通可能的别的做法，最终摸索出一条可能的路，再迈向下一步。

靖：5. 一开始要想事，但别想太多。因为情况随时在变，灵活性要够。现实的实际的收益才靠谱。即使很少，也比掉在对过去的可惜里强。

靖：6. 做事做人，不是为了显示你多聪明，多优秀。这种在云端的感觉，会让人敬而远之。要真实，要务实，快乐，让人乐于跟你相处。

靖：7. 学习并熟悉一种观念，可能没办法马上用上。但你去办事时，用老观念没办法走得通时，那个新观念就会自然在脑中，换条路，思维就通了，就会做出另一种举动。

靖：8. 别人的做法可参考，情况往往不一样。就事论事，解决问题。

靖：9. 有事时，睡眠自然不好，这是正常情况，不必太上心。

靖：10. 礼貌微笑，多感谢别人，会有更多的人帮你。不断应对人就会长本事，别把精力浪费在纠结上。

靖：11. 从自己出发，不能把自己放得很低。不必讨好人。你越落落大方，越理性，越务实，对方就会打起精神，不敢随意打发你。这种基础上，才可能实际解决问题。

靖：12. 不能被道听途说"治住"，简单笼统看问题。世界一直在变，老经验不能解决所有的问题，还是得去面对实际的情况，多了解，多分析，多学本事。

2014－04－04　14：15

李：5. 说得不严谨，做事前是要尽量思谋周全的，不影响随机应变，多想几种可能，多想几种意外，应变才会更好。

|2014-04-05 07:40

靖：1. 对,5. 是的。昨天找表哥谈事,之前我请教了同事,了解了情况,做了几个预案。谈事的时候,就直接进入细节。发现,以前我真糊涂,身边这么一个细致严谨,可以学习很多的人,居然都没处得热络点。

靖：2. 去同事家,顺手准备了茶点;好久没去市局,去糕点店拎了两盒小饼干;去本家叔叔家了解一些情况,拎了家里的两瓶葡萄酒。这些事情,现在做得很自然。

靖：3. 在表哥办公室说事,跟市局同事聊天,顺手帮他们泡茶。虽然有些细节没做好,起码已经有自己人的这个意识了。

靖：4. 跟表哥、远房叔叔、伯父,同一件事,用不同的话、不同的角度、不同的切入点去说事,获得不同的信息,无恶意的撒谎也说得自然真实。说之前都会琢磨一下,获得我所需要的,不该知道的也不让他们知道。

靖：5. 历练之中,发现自己很多不足的地方,调整让自己去培养新的习惯。不要去批判问题,柔软热情,让语言生活化。现在看人的眼光还一直变来变去。一会儿觉得她这个特点很好,一会儿觉得不好。还是会老习惯,脸谱化看人,但已经有意识地去还原他的特点。比如,这个事的应对,他好的做法是什么,聪明点在哪里,他人的特点是什么,然后会试着去分析他。而对评价人,渐渐觉得没啥意义。虽然刚开始,但很多跟老师学到的意识都出来了。现在还用得不熟练。继续。

靖：6. 渐觉昨日之非。可想想,也正是走过昨日,才有现在的我。

靖：7. 换了新手机。是这样的,弟弟公司配了一部手机给他,他要给我用。有小米8、苹果4C和华为的一款。去年10月,就有小米的。我看到同事拿了,配上一个黑皮套,很笨重,就选择苹果。苹果缺货,等了快半年,我一直拒绝用小米。昨天自己手机坏了,只好叫弟弟拿了小米的。拿到手一看,很漂亮,很喜欢。呵,意外的惊奇喔。这回用务实的态度去处理这事,比空空地等待好多了。人生很多事都是如此吧。

|2014-04-06 08:15

靖：我不是90后,可我家培养出来的,也是单一保守僵化①。单一很可怕,这

---

① 请在微信公众号"两情相悦的艺术"中查找文章《为什么说90后是保守单一僵化的》。

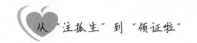

是其他两者的来源。方法多了，人自然就大胆活泼起来。

| 2014-04-09 16:59

李：到上海行程是怎么计划的？

| 2014-04-09 20:39

靖：后天下午到。老师什么时候有空？行程一是见老师，二是见识下上海的市井风情，三是看画展。其他的没计划得很细，随走随看。老师有什么建议吗？

| 2014-04-11 08:36

靖：老师一有空就跟我联系哈。枇杷上市的季节，给老师带了两盒①。

| 2014-04-15 16:40

靖：回来了。那天晚上跟朋友去听了一场音乐会，周一去逛了田子坊，顺便经过了绍兴路。《白鹿原》开始看了。

李：上次说到你缺少女孩子气质。我找到了一张图片②，可以参考一下。眼神很灵动，有娇羞感。更重要的是，首相在前面，但是这个女孩子看的却并不是首相，应该是某个小伙子。这就很可爱了。这种感觉非常重要，会很吸引人。

靖：明白。现在已经有些感觉了。

李：网上找一找采访陈忠实的视频，对理解《白鹿原》很有启发。

| 2014-04-21 21:52

靖：看完《白鹿原》，五味杂陈。

---

① 在上海一共见了两次。第一次是去取枇杷，很大的两箱。交谈中感觉人礼待道很好。而很多不好找对象的女生，这方面比较欠缺。见面有个很重要的发现是"女孩子"的感觉不强。第二次是先和我的学生们一起去天蟾逸夫舞台看京剧，然后再说话。这次特意带了一位"女孩子"感觉强的女生一起。谈话内容除了广泛讨论之前的交流内容外，还以那位学生为例，重点讲了"女孩子"的问题，并制定了对策。

② 在微信公众号"两情相悦的艺术"后台回复"401"，可以收到这张图。

李：把下一本书看完，再看一遍《白鹿原》，尽量把里面的思维学到手，然后就不受影响了。

靖：好的。

靖：开始看《九尾龟》①，第十八回，突然有悟，这本书中，粉墨登场各色男女，都在热切地交往。各种性情，各种手段。有惹人怜爱的，有令人厌恶的。估计是史上最全的男女交往启示录。那里的倌人，交际应酬是她们的吃饭本领，一眼一瞥，就能抓人，让人心甘情愿花钱坠温柔乡。

2014 - 04 - 23   21：20

靖：那些倌人都很大胆，看中了哪个，就眉来眼去，把钟情的信号发送出去。

李：不着急，下半部更精彩。

2014 - 04 - 29   06：35

靖：《九尾龟》开始看下部了。在报纸上发表了一篇文章。

李：找到这篇文章了。文字很有情感。很喜欢这种自然、有情感、有力量的文字。而且好在能够给读者思维的空间。好像国画里的留白。

2014 - 04 - 30   14：55

靖：看了微信公众号里《拖延症与自制力》②的文章。里面提到一个"幻念"的概念，我深以为然。谈谈自己的一些感受。这回去办家里拆迁的事，跟方方面面的人和事打交道，真是大大地提升了自己。昨天有个思想过程，一直停留在猜测阶段，特别是我爸更明显。一直拒绝去做具体的事，讲去找这个人，他会找一大堆理由，其中有对别人的毫无根据的揣摩，种种想法，就是为了一个目的，给自己找一个不去做的理由。这个我觉得也可以归结为"幻念"。我更加发现，以前我爸对外界的应对，都是以此为基础的，果然之后，世界几乎没有一个好人了，都是一些不会去帮他的人，他就更加对抗起来了。而我现在的处事，换了一种思路，比如早上去找几个长辈

---

① 推荐荆楚书社 1989 年出版的《九尾龟》，作者漱六山房（清）。因书中有些苏州方言对白，这一版有注释。该书庞杂纷乱，但是对事理人心刻画极为准确，启发极大。

② 请在微信公众号"两情相悦的艺术"中查找文章《拖延症与自制力》。

说事,发现大多数人是以和为贵的,会尽量帮你。不由得会对自己原先的胡思乱想、偏激的想法很不好意思。我越来越认同你的真抓实干的说法,与其花一整天时间去想,不如花一分钟去做。自己想什么都没有用,你要去外界寻找帮助,这样一来,思路就宽了,自己的底气就足了,手段也就自然而然来了。以前觉得尴尬的、难堪的事,随着自己一步步应对,也就自然了。同享心得。

2014-04-30 18:03

靖:昨天去市里找朋友,遇到一个以前乡镇的美女局长。去她办公室坐了一会儿,今天突然就想,怎么和她套近乎?(如果是以前,我会敬而远之)因为以前只是认识,并没有深入接触,而她有非常好的生活状态。巴结吗,她见多了,想了一些应对,都不合适。早上办事空歇,就动手想写一篇她的文章。那时她当镇长,是她最风华正茂的时候,美人总怕迟暮。而我用笔,去记录当初她留给我们的印象,既真实又能说些溢美之词,岂不是一份特别的礼物?立马动手,下午就成稿了。这半年跟你学习以来,今天是第一次写两千字的文章,半天搞定,还写得行云流水的,哈,水平不错吧。我打算把这个当作礼物给她,也是我的一个小心思,估计她从来没有收到过的。这个应对方式不错吧,得意下哈。

2014-05-01 07:52

李:哈,她会很兴奋的。你的一大优势就是不会给人巴结的感觉,因为即便是真巴结,也和惯常的不在一个频道上。哈。

靖:哈,谢谢老师的这个评价,就像李白捧韩朝宗,"生不愿封万户侯,但愿一识韩荆州"。便抵过千金。这是从老师的评《三十九级台阶》里想到的。老师说,女主角听过太多的恭维,见过太多的场面。你要拿出特别的、有趣的、让她感兴趣的。而我,有心,又见识过她的当初。一笔下来,足以印象深刻。哈哈。

2014-05-02 06:56

靖:昨天逛一家店,是个台湾男孩开的卖陶瓷的店。他说他爸开了个陶瓷工场,产品都是原创。他很快乐地介绍,说这个产品是他爸爸亲手做的,很礼貌得体地推介。他长得很秀气,高高瘦瘦的,戴一副眼镜。语调是小丸子的可爱,轻快。我同他讲话,总生怕他会翘起兰花指,讲出撒娇的话来。那样我可抵挡不住可爱的攻势,几乎会买下那个茶洗来。哎呀,那可太贵了。我谢了他的介绍,急忙离开。哈,这个男孩太中性化了,铁定是爱打扮,爱逛街的。注定是女生的闺蜜。

蜻:今天在同事家认识了一个男生,本地人,南京医学院一毕业就留在南京搞医学培训。估计是从小很有责任感的男生。母亲非常老实,据说脾气非常好,连吵架都不会大声。家境不好,男生很励志。大学的学费,还是一个热心的表姐出的。他长相不错,气质也儒雅,但给自己的压力太大。想事业成就了再找女朋友,想买了房子再找女朋友,想装修了再找女朋友,结果 37 岁了还没找。父母一直要他找个本地的,他又不愿意回来。你说这叫什么事呀?典型的家庭情感问题。真不知他怎么想,在南京就找当地的,回本地就找本地的,很简单的事。他非要找本地的,又不愿意回来。我直接跟他说,我对异地恋,两地分居不感兴趣。不过倒也认识一个可以做情感缺失的分析样本。

2014-05-03　16:44

李:哈,要抓紧呀,分析人的阶段过去了,现在是找人阶段。

蜻:这个倒是不错,让他回来得花手段。让他狠狠心,回来也可以照顾他父母,哈哈。

蜻:给老师看看他的照片。老师观摩下他。

2014-05-04　12:40

李:看了,你什么态度?

蜻:他如果有回来本地可以考虑。两地的,不现实。早上联络,他态度不积极。

李:这是个脾气很不好的。照片不能放大,看得不是很清楚,感觉有暴戾之气,性情有些古怪的地方。或者最起码地说,外表与内在比较脱节。

蜻:性情古怪我也有觉得,但是被书卷味遮掩了一些。加上昨天好几个是他的亲人,表现得反而比照片上柔和。

李:这个不说了。一是把书看完,二是琢磨琢磨姐弟恋,这个也是个重要方向。

靖:嗯,好的。《九尾龟》今天就可看完。

2014-05-04 22:55

靖:《九尾龟》看完了。风月场合中,人性之各种情态最是逼真,看里面的各色倌人,各种应对,无非是眉眼风情,体态风流,言语应对。把话说得跟蜜一样,跟客人要钱的时候,各种骗术层出。翻脸的时候,也是快如风,一出出世态人情,煞是好玩。倒最佩服的是章秋谷,把人性看得非常透,各种应对手段,实在丰富。有情有义,自己又有才气,所以各种难堪的境地,他处理起来,总能对付。他的很多手段,真应了那句霹雳手段,菩萨心肠。老师说,其中有一个角色,很坏,但刚出场,都是端着一副正人君子的架势,我找了老半天,没找到。后来想想,是不是就是那个卜侍郎,通过赛金花的门路,提了官,后来却翻脸不认人的那个?

靖:紧接着再看一遍《白鹿原》。

李:我不记得说过正人君子的架势了,回头想起来再说。从你写的话看,还没有找到感觉。没事多琢磨琢磨,在现实中找书里的事,看能不能有新感觉。

她:吊膀子的技巧,眼风飞来飞去,女子对男子有意,一个照面的工夫,便能把这个中意传达出去,欢情蜜意是最自然的事。里面最冰清玉洁的一个女子,秋谷起先勾引她不来,就说,他不相信这是最有意思的事,对方不动心。后来猜测,是因为家教严,不懂男女情事。她好像是全篇最无法享受男欢女爱的人。里面的女子,一则是为钱,当了倌人;二则也是为了享受不被限制的感情生活。不刻意去写水性杨花,也不作道德批评。流连风月,见识各种美妙女子,是一乐事。秋谷对女子的评价,说最重要是架势,特别是南与北的倌人的对比。说明相貌重要,但不是最重要。那眉眼体态之中流露出来的风流,才最荡人心魄。老师是要我从中学习这个,对吗?从花丛高手对女子的评价中,去学习韵味。

李:不是。是你说这些话的时候毫无感觉,没有"于我心有戚戚焉"。你的"眼风"没有"飞来飞去"。没有激发出来你的本性或本能的东西。看完这个书,你看到心动的男生,"眼风飞来飞去"了,就妥了。

蜻:我再琢磨琢磨。书看完了,有些场景,我再回味一下。

| 2014-05-04　23:21

李:不是,书看完了,你得"那样儿"了,才有效果。

蜻:倌人的眼风娇态,眉目传情,还有吴语中的那种女人你侬我侬的感觉。就像书上封面那个女子的画像,眼波流动,让人荡漾,有风情感。

蜻:各式女子见了秋谷和春树,都会去勾引他们,希一夜之欢。情欲太重要了!她们对一位丰神秀美的男子,会产生本能的情欲。如果没有克制,就会自然而然地想有枕席之欢。

蜻:见到一个心仪的人,心就会一动,或眉目传情,或密切交谈,做各种姿态。

| 2014-05-04　23:35

李:哈,不着急。回头再看一遍。

蜻:青春年少,宝马香车,凤蝶飞舞,及时行乐。春光易逝,追花逐月,享受光阴。

| 2014-05-05　08:16

蜻:山盟海誓,浓情蜜意,就是表达你对我的特别,我对你的爱意,就是表达我对你的关心,我对你的维护。我站在你的立场想问题,为你省钱,我跟你是自家。不同脾气的客人有不同的应对。会应酬,其实指的是姿态柔软,懂人心。要再看一遍。

李:这是方法,不是感觉。你在写"青春年少,宝马香车,凤蝶飞舞,及时行乐。春光易逝,追花逐月,享受光阴"的时候,就是没感觉的状态。如果写这段话是想着你在其中,那就有感觉了。

蜻:张爱玲有篇散文,回忆往事,说读《九尾龟》,看到秋谷有个好友(春树)约了相好私奔。相好的闺房临河,夜半时,女子腰间扎了衣带,从窗口跳到接应的船上。爱玲看到此处,那几日一直在担心,如果也有花样男子约她私奔,她家没有临河怎么办?还有一个鹅棚,夜里有人过来,惊动了鹅,鹅肯定叫起来,该怎么办?这个就是感觉吧。把自己代入,产生联想,甚至再加上自己特有的实际情况，去体味那种感觉。有首唐诗："闺中少妇不知愁，春日凝妆上翠楼。忽见陌头杨柳色，悔教夫婿觅封侯。"感觉是体验，老师不是要我去概括，去上升到理性的高度？我若是喜欢其中一个人物，记住其中一个场景，对其中一句话印象深刻，也就是有所感觉了。去学她，去代入自己。

李：这个感觉很好。

2014－05－05　13：57

蜻：那么多各色的女子，爱上其中一个的风采，看她的故事，听她的话语，让自己成了角色，也像张爱玲一样，忽喜忽悲，做个旖旎的梦，也是被她打动了。哪个少女不思春，让书中的春情去带动自己的春情。我上回看电影，也是犯的同一个毛病，没投入感觉，一直局外旁观，像带着任务。其实看故事，体会书中人物的感情，本身就是目的。老师，这个思路对吗？

李：这部书描述很细腻、生动、丰满，易于产生感觉。你上面说的都是前半部的，重点在后半部。

蜻：我再看下。

2014－05－05　20：13

蜻：看了。田小娥嫁了一个老头，被当作性奴隶，被迫做工具，大太太连他们的性爱都要控制。碰到黑娃，不论是出于报复，还是出于青春年少自然而然对青年男子的渴求，都不可回头地跟了他。她被称作坏女人，可设身处地地想，她只是想要享受一个正常女人的情感生活。乃至后来跟了鹿子霖，是被形势所逼，跟白孝文是为了报复，可也是女人的本能。畸形的年代，时代的限制啊。

蜻：《九尾龟》里，沈二宝因为亏空，起了钓潘姓富豪的念头。她知道他最喜欢骑自行车的女人。常恨中国女人没有这个姿态。沈二宝特地去买了辆自行车，去潘公馆门口守株待兔，终于钓到了对方。然后知道自己喜欢姘戏子的历史瞒不过潘，就实话实说，说落魄至此，是因为被戏子背叛，说自己认识到错误，决定痛改前非。真真假假地应对，抓住了潘的心思和脾气。又跟姨娘联手，骗对方心甘情愿，主动为她花了一大笔钱。这是全书最主动的一个女人了,设计巧妙,深谙人心。

2014-05-06　11:18

蜻:秋谷去京城,特定去找饭馆里的私娼。然后见到了三个女子,据说嫁得不错。但还是暗地来做这种事,也是本能使然吧。

2014-05-06　20:50

蜻:看到钱小姐因愤愤不平,捐躯报仇。想自己常常也有这般激烈的想法,可事后想想又何必,人情还是要学会柔软地应对。妓女的这种姿态,最是世故。范彩霞对陈海秋,委屈时,眼泪浸在眼眶里,盈盈欲泣,我见犹怜。月芳人到中年,依旧在欢场中。碰到秋谷,就存了心思,让秋谷物色可嫁的人。一直叮嘱,对方果真放在心上,成就一段缘分。这也是她的聪明之处。

2014-05-06　21:59

蜻:秋谷是花丛中的高手,害了相思,生了病。这个女子是最让秋谷动情的一个人了。为偷香窃玉,动了无数的心思。看伍小姐是何等人物?是养在深闺的本分人。上海风气真是开放,姆妈说,他想着我们的小姐,就有了一系列的设计。偷香成功。

2014-05-07　07:33

蜻:陈海秋被范彩霞牵着鼻子走,用钱去讨好她,花了一年心思连个住夜的机会都没有,这个瘟生看得人好笑。范彩霞又令人气,可我不知怎么治她。看了秋谷的计策,上海滩的女人没有不爱钱的,让陈老一节下来,又借又欠,六百多不还,还很义正地指出范彩霞的敷衍,化被动为主动,让对方去求她,整个形势就转变过来了。好手段,整个时间好长,他们真有耐心。

2014-05-07　18:02

蜻:写美女局长的文章,早上让同事看下。她说如果要让小心思发挥礼物的作用,最好弄得精致一点,可以长久保存。然后就想办法,打算弄成宣纸

的长卷,叫写得一手好字的同事用钢笔字写,慎重地送给她。同事说,复印纸打出来,看了就扔了,得用点心思,有个纪念的意义,深以为然。下午着手办了。纸选好了,写的人也说好了。

2014-05-08　20:43

李:这篇文章,如果搞得太夸张,会让人生疑,可能效果反而不好。随意才是真情。

2014-05-09　06:55

靖:好,事情看来还是要多商量。不同的人有不同的想法,对比下,还是老师更了解人性。轻重之间,更显真情。

李:对。你的心意全在文字上,把形式搞太好就喧宾夺主了。另外局长是有水平的,肯定更看重文字而不是装裱。

2014-05-09　07:24

靖:重读《九尾龟》下部,看到秋谷设计追求伍小姐这一段,真是坏极了。从张园初见动心,打听她的来历,到她家附近转悠不遇,相思成病,文仙设计卖花阿七当信使,与阿七成好事,用钱和礼物笼络阿七,阿七找到王姆妈,用礼物和美男子让舅太太加入设计。与舅太太成好事,继续设计伍小姐,先是语言打动不了,干脆就骗,把个花容惊得失色。他的那一番说辞,真是花言巧语,坏极了,呵呵。人如果有这个心思,何愁办不成事,典型的不怕贼偷就怕贼惦记。好。

2014-05-09　09:05

靖:诗经有云:窈窕淑女,君子好逑。古人追求女子,真是用心良苦。看越剧《盘妻索妻》也是,梁玉书路遇佳人,为之惊艳,一路追逐,发现原来是同窗的义妹。相思三月,几乎成灾。可见情之一字,是人的本能。

2014-05-09　12:50

靖:早上拿给美女局长了,直接打印出来。她有客人,也是以前乡镇的老领导。她拿到时粗略看下,说你把我写得那么好?她说写得那么流畅,肯定是真情流露,她说她要认真看下,看看自己最好的年纪在其他人的眼里是什么样的。她留了邮箱给我,叫我再发电子文档给她,还说我搞错了她的一个职位。然后就是听他们聊天。后来要走了,她揽住我的肩膀,问我是不是有事找她,我说没有,就是给你拿文章来。她说谢谢。

李:近期尽量避免见她,效果就更好了。

蜻:哈,我真的就是觉得她漂亮,想写写她,没有什么事要办。不过这样更要避嫌,近期就不去找她了。

李:人是要有这个心思:真心地去感叹、夸赞一些好人好事。这既是人类社会发展的本质要求,因为这会让社会更和谐,也是人的一种精神上的快乐。

蜻:朋友介绍了一个文坛前辈,是资深编辑。他鼓励我多写,以后投省报。最近又在市里的报纸上发表两篇文章,用我的名字就可查到。

| 2014-05-11 20:38

蜻:今天母亲节,没矫情对妈妈说什么,做什么动作。只是去办自己该办的事。我已独立,能独当一面。家里事,各自分工。就是这样。不过经过茶馆时,买了盒她喜欢吃的茶点。现在越来越像你了。

李:哈,是长得像。

蜻:相由心生,我的理念跟你越像,长得当然也越像了。三十以后,就是自己塑造自己的相貌了。

蜻:昨天把老屋拆迁的事,跟能给予实质性帮助的人汇报了。哈,发现我现在能于无形中,抓住人的敏感点。昨天坐他弟弟的车,他一直在指导怎么开。我就用"做哥哥的就是不一样"开头。长女跟长兄都有家庭责任,自然就会有共鸣。然后语气很轻松地讲,去村书记家跑动的事。很随意地根据谈话氛围,随时调整自己。探讨了一下现实的事,体谅了他的忙。后来他开车先走,一处很不容易掉头的地方,他稳稳地操作成功。我在车旁伸出大拇指,满脸笑意,重重点了一下。我知道,我现在对人心的把握,已经有了一些自觉的动作。再内敛的男人,得到肯定,也会高兴。好些应对,觉得像神来之笔,自然而然就出来了。哈哈。

李:他弟弟可能会反感,因此说话时要顾及方方面面。

2014-05-12 10:05

靖：他弟弟离开了，不在车上了。

靖：是的，刚才看到你的这句，我吓到了。后来回忆下，好像是他弟弟下车后说的。说话要照顾方方面面，我谨记。不周全宁可不说。

李：好。

2014-05-16 08:19

靖：重看《九尾龟》下部，这周在准备驾考科目一，昨天看到康家结束。究书名，应该是以这部分为重的。认真看下，有如下心得。据说女人多的地方，总容易演出"宫心计"，康家几个姨太太，还真是热闹。五姨太太晋升大姨太太，还真有手腕。会闹腾，抓住康老爷的短处，来个书房抓奸，闹个不休，就把老爷HOLD住了。明明是她起意去抓二姨太太的奸，她偏不露痕迹，末了，还来个开恩，叫底下人不要去传这件事，搞定了对手，还收了对方的感恩。特别是跟康二公子那一段，戒指的事，看得人拍案叫绝。被康老爷发现送五姨太的戒指，怎么跟二公子手上的一样时，要发难。好个五姨太，马上把戒指换到自己手上，到老爷跟前去晃晃。末了，又借口肚子痛，回房间又把戒指换给二公子了。怪不得书里说她，一直在窑子混，精明有余。看她治康老爷的手段，治康府的手段，真是坏极了。再说两个姑太太，在家也是很有两把刷子，看她处理二奶奶的事，当个主事人，也很有手段。总结，男女的坏，一要脸皮厚，二要性子活，三要冷静，四要先下手为强。道德感千万不能太重哈。

靖：闲时，把康家的段子，在脑子里过一遍，像电影一样，演个过场哈。

2014-05-17 09:45

靖：是不是又没看到位？《九尾龟》，我该拿你怎么办？

李：不着急。给你介绍的那个人怎么样？

2014-05-17 21:05

靖：有在联系中。是个企业的技术人员，外地人，常常跑来跑去的，可考虑，但要观察。下午跟朋友去看《归来》，节目一开始，就一直流泪。真不得不说老谋子的功力,把人性放在那样的时代背景下,经历左右为难。简单的场面,动人的感情,看得人鼻酸,然后泪无论如何止不住,我一包纸巾全用完了。一场电影看得很专注。日场也有好处,人少。可惜《蜂鸟特攻》下线了。

李:看照片,这个人眉眼紧蹙,有些心胸小,但眼光柔和,问题不大。水平不高,有些自以为是,但比较顾家,比较单纯,工作比较踏实,问题也不大。

李:看来看这类电影比《九尾龟》效果好,可能像你说的,和先看《拉斯维加斯,钱来了》的逻辑一样。

蜻:跟我的判断差不多。但要 HOLD 得住他,不然他是属于那种占完便宜就跑的类型。他基本上喜欢强势的人,但又因为受到比较高的教育,容易自以为是。心胸是挺小的,属于小男人,理工男,哈,前段跑外地去了,跟我说不找了。看完电影,觉得很充实。我特别喜欢文艺感和细腻感,又有人性的表达。几个演员也好,闫妮演的街道主任,是个小人物,满嘴的政治语言,却也善良。每个人都是时代的小人物,要有坚强柔韧的心。另一个照片里的知识分子就顶不住,自杀了。无论多少困难,都要有一颗生活的心,才能走到希望出现的地方。

2014-05-17 22:11

蜻:陆教授在大西北写的那些信,充满了对生活的希望。他的希望是爱情,是亲情。他对爱人讲述每天发生的事情,从那里去体会美好。他在刚出生的小马驹身上看到春天。也正是这份热情支撑他,走过二十年的死亡之旅。唉。

蜻:×××出事了,其实最早看他演的《×××××××》,就不喜欢他。觉得太做作了。语言动作,都很刻意。男人要坏,但要坏得有水准。

李:这还不是做作,是胆怯之后的一种不自然。应该小时候受到过父母家庭问题的刺激,而形成了心理阴影。

蜻:这个有什么解决策略,纠正这种不自然?

李:我见过的是离婚。离婚前的折腾中把这种胆怯激化到极限,然后就释放了,再找就好了。其他的干预方法,我还没有想过。这种"情结"很难解决。

靖：估计得有一个场景，逼他豁出去，把以往那些束缚挣脱了。然后发现，其实没那么可怕，渐渐就放开了。就像你说的，负能量折腾完了，就好了。

李：极度的羞辱，反而可以突破底线，解决这种情结。

靖：嗯，像白孝文和韩信。菩萨心肠，霹雳手段。可能只有这种方式了。

2014-05-20 20:55

靖：这两天在看严歌苓的原著《陆犯焉识》，看到一个单纯的、不懂人情世故的人，在几种体制下碰得头破血流，半生都在监狱里度过，国民党关他，共产党也关他，最后儿女也容不得他。才更体会张艺谋，拍《归来》的用意。老师说平静中的惊觉，那是因为张导省过了陆的前半生遭遇。唉，一个惊世才气的、天真的、恃才傲物的人，耐不住心软，不停地在朋友手里，让自己一步一步，走向灭顶之灾，终究还是他的性格，他的不谙世事害了他。

2014-05-21 09:01

李：哈，正常人，获得正常的收益，就不会怀才不遇与恃才傲物。而有才气又天真，即所谓的才气是脱离实际的，或不符合社会需求的，就会恃才傲物。实则是无奈之下的一种自己被迫建立的心理平衡。

靖：哈，对。继续修炼。

靖：当婉瑜认不出焉识，焉识很苦恼，想了各种办法，找旧照片，修钢琴，念信，还是不能唤回她。甚至那么多的信念下来，焉识的身份成了念信的人。焉识不去念信了，女儿说婉瑜在找他。女儿对他说，你千辛万苦想要回来，不就是为了陪在她身边吗？这个陪字，就是老师说的普通人的心态。陪她去做她期盼的事，即使两个人，只是无言地伴着。陪伴，挺好的。日子嘛，就是陪伴。

李：现在的文字明显柔软了，哈。

靖：昨天看《陆犯焉识》，还是满腹郁闷，今天看到你的评论，就觉得往事如烟。那么苦的青海湖，大荒漠，在原著里，成了陆焉识最后的归宿。在作者极力渲染的苦难的地方，也比没有婉瑜的家更温暖。所以说，一颗心最重要，一颗生活的心，会发现美好。小说里陆焉识在逃回家时，在路上流浪，很苦，但那时他想，如果能跟婉瑜在一起，就是流浪，他也能过得很快乐。

你的评点,很有帮助。

2014－05－21　09:17

靖:明显的两种心态放在一起对比,那种差别就出来了。看多了,你就会知道重点在哪里。我是属于使命感太强的人,多点柔软,多美妙哈。

李:其实我不爱看《陆犯焉识》这类小说,我喜欢看张艺谋处理过的。多看看张艺谋的访谈。

靖:章诒和、野夫,他们的作品都属于这一类的。我不敢看,总觉得怨气太重,对人不是一件好事。无论多么不平,生活还是要在当下。网上找了采访张艺谋的视频看了,刚才还看了陈道明解读陆焉识。觉得这些才是大气量。我也喜欢张艺谋处理过的,那种看淡苦难,回归人性的大气。

靖:有时,历练比才气更接近文化。像张艺谋的处理,就比严歌苓要大气得多,更接近我心目中的学者形象。陆焉识脱胎于严歌苓笔下,张艺谋让他更有魅力。我书看到陆焉识平反这一段,就不看了。

2014－05－21　10:29

靖:看了张艺谋的访谈,下周还有一期。想到一句话:繁华绚烂之后,回归平淡。他已是顶级高手,在电影上,在人生感悟上,真实地生活着,没有煽情,完全的实力,凝聚成的生活态度。值得看。

2014－05－21　23:21

靖:为啥,我从老谋子的访谈里读出了一些傲慢,类似于,我已经知道自己要的是什么,外界的批评我听,但我只选择有实际意义的,能让我更好的建设性意见。至于其他的,你爱怎么说就怎么说。嘴长你那里,至于我改不改,得看我有没有实际用处。他一直在笑,已经不在乎了,他有更重要的事。你找我,我忙完正事再说;你让我交罚款,就交呗,只要你别烦我;你说我错了,好,我诚恳地道歉。你看中的,他无所谓的,他可以妥协,用柔软的方式,只请你别叨扰他的生活。哈,这是一种智慧。看似柔软、和气,其实说白了,就是我没精力理你。潜台词就是,我有一大堆事,懒得理你,这才是实力派。

李：哈。

2014 - 05 - 25　07：27

靖：前几天跟人起冲突，还有点不习惯。看了微信，才知道这也是看《人情练达的学问》的收效。昨天学车，好多男生，发现每人都有特色。人多，就会有意识去分析性格。累，一群人在打牌。我居然不管三七二十一，坐在椅子上就睡着了。同车的学员大中午在练，我才不干呢！直接跟教练说会中暑。发现自己现在敢讲话了，不再顾虑那么多了，也不再患得患失了。

李：原来经常听到一句话"不打不相识"。所谓打，也是一种性格、思维、情感与行为的充分展示，便于双方相互了解对方的脾气、秉性、能力、喜好，也包括各自的底线，所以打完后，双方就可以在有深度的了解的基础上交往了。如果有进一步的需求，还可以有广泛的合作。另外打也是个压力的深度释放，这样双方心理轻松，都已经打过了还能怎样，也更利于结识。

2014 - 05 - 25　22：18

靖："两情相悦的艺术"微信公众号里对普京照片①的解读，"闲情逸志"应为"闲情逸致"。

李：哈，好。现在经常有错别字。要注意了。做事不如以前认真了。

李：可能当老师也有七年之痒，现在上课不如以前兴奋了，需要新的增长点。

靖：对学生来说，可能刚接触的时候，老师的状态对学生的学习效果有很大的影响，但一旦熟悉了，就会对内容感兴趣了。有些用文字表现出来的，一样也可以起到效果。可能也是因为一直上课也会变得不会那么敏感。对老师的观点熟悉了之后，可能就是你的一个词的观点，也可以起到点拨的作用。比如"不打不相识"，就把不忍气吞声的处理人际关系的方式的作用表现了出来。

2014 - 05 - 27　08：29

靖：早起，看你微信朋友圈。从最早看起。看老师各种生活情趣。去贵州，去

---

① 在微信公众号"两情相悦的艺术"后台回复"401"，可以收到这张图片与解读。

汕头，去汉中。怎么吃肉夹馍，怎么出馊主意减肥。一步一步沿着你的轨迹，听你说，这个想法还没成熟。以前看国学，学到一定程度的时候，都要回到源头，那时圣人还只是人。看几页之后感觉，老师那时更多的是展示自己的生活状态，身教多些。从中我知道了生活情趣是什么，怎样从平凡的日子里找乐子。看《论语》，孔子最出彩的言论，是对当时人物的品评，这样有了参照，学生就好理解老师跟别人的不同在哪里。书上的内容，老师已经完成角色转换了，已经适应老师的这个身份，更多的是言传了。我觉得我现在的阅读顺序非常好，从微博、博客、讲课录音，过渡到《人情练达的学问》书稿，全面了解了你理论的构架。

靖：再通过微信，从最初的状态看起，再去了解老师这个人。像韩愈所说，被作品吸引，去了解作品，但最终会去了解作者本身的性情，然后才能实现真正的融会贯通。哈，发现一个事情，老师当初的文字多好，适合在清晨读，心旷神怡，有意气风发，有情怀，有闲情逸致，字里行间，悠游自在。现在的文字，味道就差了些，冗长，学者式的表述，已经有了暮气。哈，那时是名士，真有谢安东山的味道。现在呢，已经入朝为官了。瞧我这比喻。继续看。哈哈。我这个假期也要去厦门，租辆自行车，环岛游。

靖：下午去听讲座，碰上几个人，居然不自觉地分析他们了。发现其中一个女作家很有生活心，眉眼笑笑，感觉是个很有趣的人。喜欢你写的初中学校旁边那座庵，有尼姑、金鱼、乌龟和小孩，意趣天成，堪称绝妙。讲个好玩的事。听讲座的进修走错了教室。正在发言的院长问：是校报记者吗？我说不是。他说那坐吧，然后我还真就坐在第一排，很淡定地听院长介绍完。原来是江西财大的一位博士生导师的课。然后院长也坐第一排。听了一会儿课，看时间差不多就走了人。观察院长一直在看我，很好玩。

靖：然后听讲座也坐第二排，主持人让我坐第一排，我就坐了。哈，胆子大了很多，对吧！

2014 - 05 - 28 07:04

靖：单位里组织给患病同事捐款。其实跟他认识很久了，但关系不是很热络。单位组织是一人一百元起。起先单位没推这个活动，自己想去看他。按普遍做法，会包个五百去看他。后来选择去看他，送他一程。捐款的时候，大家轮流走过捐款箱，我没投钱，倒是很淡定。第二天约了另一个同事去看，说说话，挺好的。一种真心实意的感觉。我相信这种思维对自己有好处。

李：“狩猎"有什么新动静没有？

蜻：昨天请假参加文学座谈会也是冲着这个去了，没想到本地的世俗生活太强大，只来了两个女的文学青年。不过也没失望，正好利用这个机会津津有味地观察了几个人，听了一场高质量的讲课。现在有个初中同学正若有若无联系着。他是中专毕业，分配在乡镇。前几年他都订婚了，结果他们单位出了事，他作为经办人受到牵连，后来审查完后，他并没有问题，恢复工作。但婚事因此吹了。表嫂介绍的时候，他说我年纪比他大，存在拒绝的心思。后来我也没上心。结果一段时间后，他加了我QQ。我倒是比较主动，有时找他聊天，他不是没空，就是洗澡或是要出门，不太热络的感觉。看他空间，有很多忆往昔的情绪。我觉得是惊弓之鸟。最近一段时间他去山里的乡镇做项目。打算找个机会下乡，联系下。上回的选手出差了就没动静了，两段接触处于静观其变阶段。

李：哈，好。

2014-05-28　11:50

蜻：早上纪委的两个人来办事，因为区里带队来的那个人我认识，就忙着泡茶给他们喝。顺便试下自己最近所学，跟两个完全不认识的男生聊天。他们在这种单位混得都不错。然后，我发现，我华丽丽地跟他们打成一片了，估计话语眼神神情，都有动人处。然后他们离开的时候，很自己人地打了招呼。其中一个我目送他离开，他有种被人注视的感觉。看着他感觉我在注视他又故作姿态的样子，哈哈，过瘾。现在待人处世，自在多了，很真实的感觉哈。起码这次，让异性对我有了不小的好感。这种姿态走出来，会有勾人的感觉啦。早上定了一张钢琴的表演票，过程各种灵活。哈，这种投资，对自己的外在表情最有好处了。

2014-05-28　13:00

蜻：一定要看你的微信朋友圈。你会发现，老师在这里讲述一些东西，都是很基础性的内容。比如,享受生活是什么,你给出了核心,给出了具体的内容。比如对同学提出的具体的问题,你给了具体的指导,非常的直观。有时很抽象的概念,在这里都落到了实处。你有评点的,都会看下,是怎么回事,你是怎么想的。就像你前几天推荐的对张艺谋的电影不要去评价,而是用张艺谋的思维去想事,我现在也是一样的做法,收获更多,因为我对老师的理论很熟了。从最初的开始看起,觉得对自己实用的,会抄在笔记本上,加深印象。在这里,有教你怎么欣赏画,有教你怎么从另一个思维去想事,有教你怎么去应对碰到的具体问题,有教你跳开问题本身,从更开阔处去看自己。有老师自己的生活体验,有感受,并有为何会这样感受的机制揭示。点点滴滴,记录着一门课程成熟过程的很多东西。踏着这个历程,我一路追踪,很有所得。我觉得自己现在渐渐稳定了,那种精神状态,开始出现一种淡然和 HOLD 住的感觉。套用一句话:多大个事儿呀!

2014-05-29 08:39

靖: 微信公众号里的《表白被拒怎么办?》①这篇文章好,既分析了想要表白的心理机制,揭示了原理,又提供了具体的手段来处理这件事情。非常棒。这两天在看公众号,发现里面有非常多的手段,老师跟学生之间的问与答,互动,包括了很多的手段在里面。当然了,老师说,人要先上情感课,把缺失的情感恢复正常后,再用这些手段,就会觉得很好,能有这个心理能量,才能把这些手段用出去,深以为然。之前的学习是理性阶段,现在到感性阶段了。看师生的互动,就会去琢磨。因为有形象摆在那里,更直观。哈,我现在恨不得一天可以看 24 小时,真是如饥似渴哈。再汇报。

靖:《非诚勿扰》之哈佛男孩分析:看了一篇资料,他小时候父母离异,9 岁跟随父亲从上海回了成都。转学,听不懂成都话,从这里能看出这件事对他的影响非常大。被小孩嘲笑,他说对他没影响,可以想见,他是在潜意识里,把这方面淡化了(他一直介绍自己小时候成绩不好,说明他其他的情况更不好。但学习成绩后来又提升了,扬眉吐气后,以前的成绩不好就可以拿出来讲了。但被整个环境隔离,对他来说是噩梦,选择淡化不涉及)。同时,他喜欢上了运动,用运动和隔离自己的世界并学会抗拒。父亲应该

---

① 请在微信公众号"两情相悦的艺术"中查找《表白被拒怎么办?》。

从"注孤生"到"领证啦"

是爱幻想的人,母亲严厉。这些影响,让他的性格自闭,后来通过出国留学,他有了比较好的发展,但 16 岁就出国,独居、理性、克制,出人头地的强烈欲望让他更加没有机会与人沟通,缺少人情味,情感能力弱。同时,国外的寂寞加重了他的幻想。他幻想的女友应该是温柔可人,乖乖的,有种楚楚可怜的气质(他的童年太忧伤)。所以他一开始就被 12 号打动,选了他做优质女生。后来 12 号留了下来,他又拒绝了。我觉得 VCR 里,12 号穿着工装裤,走在汽修教室的画面,让他的幻想破灭了。年纪只是一个借口罢了,他后来的一些理由都是临时想出来的,所以不严谨。而且他跟前女友的分手也不是因为对方比他大,正是因为前女友比他大,说明他是可以接受对方比他大的。

靖:还有一个年纪的可能,他转学时是 9 岁,念了三年级。可能在当地有大他的女孩子欺负他,留下心理阴影。他找日本女友,偏向于这种温和有礼的女孩子,也是童年受伤害的情感在起作用。又想要接近,又有阴影,好纠结的男生。

2014 - 05 - 30 22: 19

靖:昨晚在朋友那里喝茶,她还有一个朋友在。聊天说到茶,岩茶,我顺口说到大红袍以前做成"龙凤团",然后那人大惊失色,他说你居然知道龙凤团,他说没几个人知道这个。然后又问,你在政府部门上班,居然知道龙凤团。朋友介绍说我喜欢看书。感觉一下把他 HOLD 住了。看你朋友圈里说的读书的好处有感。

2014 - 06 - 04 07: 37

靖:老师,这是我弟的照片,觉得我弟有大问题吗?

李:有些呆笨。是由于小时候关心与局限过度,男孩子的各种品质与能力无法发展,长大了意识到家庭条件不好的男孩子应该担起责任但能力又达不到,这种矛盾与压力就造成了性格的异化。给他空间,先让他自在起来,家里少一些悲情与感动,能缓解一些。你自己先乐起来。如果由于你快乐了占用了大量的精力而顾不上他,效果最好。要不然一进家门就进入了诉苦大会的现场,就很难摆脱了。

靖：好。上回你提醒后，我现在很少管他了，在家里也是各做各的。我自己心态也有问题，老想管他。厘清原理，少折腾他。

李：对。

2014 - 06 - 05 11:50

靖：老师，我又闲下来了。有什么能帮忙的吗？哈哈。

李：你要没事的话，就帮我琢磨琢磨，情感的书怎么写。

靖：我觉得以前看过一本哲学书，叫《苏菲的世界》，是把哲学道理，通过讲故事或是对话的方式，用很轻松俏皮的方式讲出来。你可以虚构一对师生，学生有情感困惑，去请教老师。然后在很多的探讨中，把你的观点表述出来。很多的现实事例可以通过学生的道听途说，你来分析，解释，再延伸。这样就比较好发挥。

靖：可以把这个学生定义成很内向、很纠结的一个人，几乎在抑郁的边缘。然后通过一步一步介绍你的理念，获得快乐和力量。这个过程，老师的角色也去搜集很多材料，研究很多问题。你也可以把你的心路历程放在里面。最后，学生重获一种心态，而老师，也从现实中总结出一套情感的体系。

李：哈，高！又生动又深刻。

2014 - 06 - 08 11:36

靖：这段时间在看加德纳的小说①，赖唐诺系列的，看了二十本了，对这个小个子有了更全面的认识。里面对人的判断很有学习性，对与柯白莎和善楼警官的关系处理非常大度。感觉里面的人物所处的社会环境跟我们现在很像，都是从传统的熟人社会过渡到规则社会。赖唐诺这个人很有得品。作者很厉害，人物性格的塑造始终如一。要把这个系列看完。

2014 - 06 - 09 09:04

靖：给你说件事，好玩。昨天晚上有个钢琴音乐会，我跟朋友和她的女儿一起去看。钢琴是八点开始的，然后这位老师就开始在台上讲，讲的时候，站

---

① 指美国著名侦探小说作家厄尔·斯坦利·加德纳创作的《妙探奇案系列》小说。

姿不稳，有很多小动作，小腿不直，抖动。江浙口音又非常重，说什么都让人听不懂，只隐约听到他说贝多芬学鸟叫。讲到八点半，弹了两曲。到九点的时候，他又开始讲肖邦了，讲到九点半，朋友去外面接完一个电话，看他还没要开始，就招呼我一起走了。说真的，一百八的票，有点心疼，但觉得我们这个小地方来一个大师级的演奏家，不容易。朋友说，小朋友明天要上课，估计他再演下，十点结束，开车要半个小时，回去晚了，影响小孩。我就一起走了。我以为路上我会有点郁闷，结果我们几个开始讨论这场给人反面教材的音乐会，收获非常多。

靖： 之前朋友跟她学古筝的女儿，也在这里听过一场音乐会。那天晚上她回到家就激动地打电话给我，跟我形容，全场是鸦雀无声，非常好的享受。据说这个老师七点半弹奏之前，跟全场的观众（大部分是家长带学古筝的小孩）说，我需要你们安静，这是我唯一要求你们做的，我要求的安静，是连一根针掉到地上，我都听得见。然后音乐会开始，朋友说，她从来想不到，本地的观众居然能有这种状态。那个晚上，她形容是极致的享受。后来甚至加演，朋友的女儿也补充描述那场音乐会给她的感觉。

靖： 然后，我们就开始批判今晚的这场。老师出场的时候，朋友说晚了五分钟。发型没打理，灰白的头发很乱，音乐会太晚开始，一开始废话太多，口音太重，讲得太久。这个开场糟透了。然后整场气氛就不对了，一到九点，小孩子就开始讲话，大人很多也开始玩手机。他居然还不懂得调整，又开始讲肖邦。我朋友是一个素质不错的人，在银行当高管，应该说，如果不是实在受不了，她不会提前离场，而对我来说，我可听可不听，反正我就是去感受剧场气氛的。后来我们一直说，如果音乐早些开始，如果开场老师不讲那么多让人听不懂的话，用音乐说话，这场演奏会精彩得多。平心而论，这个老师水平很高，但他把学院派的教学搬到主要针对小孩子的演奏现场了。我们都说，像这种演奏应该请专业的经纪公司策划。我就奇怪，这么高水平的老师，怎么会不懂得市场规律呢？他这次是巡演，应该每场都是这种状态，他怎么就不会去反思一下，做些调整呢？我们这些门外汉都看出这么多的问题，相信很多人跟我们是一样的感觉。哈，还是一个思维问题吧，专家的架子，觉得自己水平高，可以忽视其他的。但我分明看见一场本应该是高水准的演奏会成了这个样子。朋友很干脆地说，她先走，也是不想浪费时间，她觉得不值得。这些谈论，我甚至觉得比一场音乐会带给我的东西更多。然后我们觉得针对小孩,根本不需要演奏贝多芬的《英雄》这类的曲子,小朋友说她觉得奏《致爱丽丝》才适合这个场合,然后就开始讲爱丽丝的来源,朋友大为惊讶,说小孩怎么懂这么多,哈。我跟朋友觉得弹肖邦的、莫扎特的也好,这种场合不需要炫技,要演出那种氛围来,让人觉得音乐是那么美,听音乐是那么享受的事,足矣。哈哈,以上是为总结。

靖:对了,朋友还说了一句话,她说音乐跟语言是相通的。好的音乐家,应该努力让自己的普通话字正腔圆,这样更有利于沟通。哈,好的老师也是哦,就像老师的普通话。

2014-06-09 18:46

靖:瞄上了这个,帮我看看照片。离过,无孩,有点小纠结,小资型的。瞧瞧,怎么样?据说有再婚恐惧症,中文系男生,嘿,这个专业我也熟。

李:有点小装,不过总体看挺好,也挺适合。

靖:中文系的男生,装是正常的啦。有黑框,好在不搞怪,有点小脆弱,哈。看我的,先拿下人,再拿下眼镜,估计就不装了。

李:好,加油!

靖:这是我们昨天的聊天记录。今天在想,这人挺文青的,还是得多总结下,才好应对。现在这种选手很少见,得慎重一点。刚才整理了昨天的聊天记录,发给老师,提点提点我下,哈。知己知彼,才好有备无患。

2014-06-10 12:27

李:照片和聊天记录都看了。感觉思维还不"深","深"就是《胡雪岩》里说尤五,矮小而沉静的"沉静"。对话中你的反应有些"直接"了,"兵来将挡"的感觉,没有琢磨在里面。要有"拐个弯"的感觉就好了。

靖:拐个弯,做何理解?感觉最近状态比较稳定,想逃离的感觉、抗拒的感觉渐渐没了,自在多了。

李:这个"弯",比如见人先分析判断,对方介意什么、喜欢什么,再琢磨结交应对的方法,而不是直接反应,就有了"弯"。遇事先分析利弊,再思考"策略",再想怎么动手,然后在做事中"随机应变",而不是一遇事就上手干,也就有了"弯"。另外在对话中,对方发来一句话,先琢磨他此时的心理状态,说这句话是随口说的还是有意的,有什么意图,再有针对性地进行回复,就有"弯"了。比如话剧舞台上的演员很"自然",但这个"自然"显然是演出来的。要有这个意识。

蜻:我琢磨琢磨,最近有开始动小心思。我先把感情事调好,为人处世不急,多学多看,多琢磨,跟着老师多探讨,来日方长。

李:好的。

2014-06-10　16:04

蜻:他的空间签名:"生活常和我们开着玩笑,你期待什么,什么就会离你越远;你执着于其中,就会被其伤害得愈深。做事不必太期待,坚持不必太执着;学会放下,放下不切实际的期待,放下没有结果的执着。"竟然是网上抄来的,自己写一段不好吗?

2014-06-11　21:30

李:照片没看出什么问题来。最多是被他妈妈惯的原因,对女生不够敏感,所谓离婚的伤应该没多大。见面时要少说话,可以多做服务性工作,倒水什么的。不要轻易发表自己观点,尤其是对社会问题的认识,以免吓到对方。最好静静地听就行了,也不要试图引对方多说话。你最好有个织毛衣什么的事做,或者手工什么的,这样你可以不说话,对方也自然而且可以引起好奇。你琢磨琢磨。

2014-06-11　22:47

蜻:中文系男生,昨天没见成,被他放鸽子了,今天我没空。

蜻:现在打毛衣不成,弄个十字绣好了。

李:也不要刻意,越自然越好。

蜻:嗯,少说话哈。

李:也不要让对方觉得被冷落。

蜻:不会,我会用眼神告诉他,我对他感觉不错。

李:也不要太过于技巧,最后起决定作用的还是双方的综合的匹配,技巧只是辅助。

李：也不要让对方觉得你喜欢他，这样他就会轻视你。但这只适用于他。

李：<u>先从正常交往开始，正常交往要从找到乐趣开始。</u>

蜻：嗯。我把你这话琢磨琢磨。

李：好。

| 2014-06-12　16:35

蜻：又分析了几个人。老师看看。

李：看了，分析过程有自在的感觉，很好。再可以深挖一下，琢磨一下何以至此，他们为什么会这样，就是他们怎么到的这一步。因为正常人通常不会这样"别扭"地生存。

| 2014-06-13　16:38

蜻：我又写了一个。

李：如果是真的"太过精明，看透很多"，还会"无处去找乐趣"吗？应该是能找乐趣的地方更多了，找到乐趣的能力更强了，获得的乐趣更多了。这就是矛盾点，要抓住深挖。

蜻：哈，晚上陪朋友去喝茶，遇到一个画家。画家很能说，我就逗他说话，也说了很多自己对画的理解，他不时给我指点，更兴奋。朋友插不上话。后来批我卖弄，说表现得太活跃。这个朋友我挺喜欢，就诚恳地当学生，捧捧她。她让我内敛，我就内敛，喝茶不讲话，看她发挥。当个倾听者也不错，反正怎么样我都行。都挺开心。

蜻：我想我让她感到压力了。她一直以懂艺术自居，但我喜欢这个朋友，那就收敛自己呗。对不同的人要用不同的方式，调整自己的方法。她讲佛道，我不感兴趣。但她人脉广，多去她那边玩，可以认识各种人，也不错。

蜻：朋友说，你很优秀，但那种强势的气场会让人不喜欢跟你在一起。即使你没说什么，整个人往那边一坐，就让人轻松不起来。她建议我学画画，把心降下来。我还是愿意用老师的享乐的方式，多玩，多消费。把身上的强的气场中和掉，回归女孩子的活泼与傻气。

蜻：她说男人会觉得你那么强，可以把日子过得那么独立，干吗还需要男人？

她也是个善于观察的人,她说你这样,会让男人欣赏你,但不会想爱你,不会想跟你生活在一起。他们会觉得你不是过日子的人。她说看见我就像看见年轻的她,所以说些经历,供我参考。她说让我学会小脾气,学会需要别人的照顾,变得像女人一些,并说了自己的改变过程。

靖: 上回文联主席的一个朋友来开讲座,我听完课写了一篇她朋友的这个活动的文章。没想到他朋友非常喜欢这篇文章,居然拿到报上登了。文联主席很高兴,给我打了电话,叫我多写,还教我很多写作的技巧哈。

李: "活泼与傻气",这个认知大赞!学"坏"是核心,一坏就灵动了,就会和环境很好地融合,就不会显出什么强的气场了。从你的描述看,她的"精明"其实是一种自我保护,再加上一种自私,而不是精明去做事。根源是小时候家长没有教给、没有做出样本来体现那种从外面获得好处以及相应的快乐。

李: 喜欢写东西,也是大赞!人的认知是个系统,写作能够让思维更深、更广。当然其他的爱好也是很有益的。这些爱好、特长与情感是个相辅相成的关系。

2014 - 06 - 13   16:38

靖: 有没有什么电影角色,是符合"坏"的,我琢磨琢磨。

李: 搜"反特"的老电影,比如《平原游击队》《铁道游击队》《三进山城》《野火春风斗古城》《英雄虎胆》《古刹钟声》《寂静的山林》《斩断魔爪》《羊城暗哨》《虎穴追踪》《地下尖兵》《黑三角》这些反特侦破题材的,这些不管是打入敌人内部乔装改扮的,还是缜密布置罗网密布的,都可以学习。

靖: 好的。

2014 - 06 - 14   22:04

靖: 老师一直说我缺少"坏",我一直没办法去定义这个"坏"。今天看了这些电影才知道,指的是找漏洞,去干预对方。

李: 这只是一个方面,再看再悟。比如会"坏",往往可以办"大好事",而不会"坏",往往难办什么"大好事"。

| 2014 - 06 - 15 22:04

蜻：见过面了。

李：怎么样？

蜻：我朋友同一个村的,据说花钱如流水。我在朋友这边聊天,问问情况。

李：已经见了怎么说这些？

蜻：据朋友说,这个人在感情方面一本糊涂账。

蜻：我跟这个男的晚上见了面知道他是我朋友的同一个村的,就来朋友这边了解情况。朋友说,至少有两次以上婚姻。人长得帅,女人缘倒是很好。

李：你的直观感受呢？

蜻：感觉人很拽,不谙世事的轻狂。

李：再接触看看。

蜻：应该是属于小时候很乖,长大后没管好自己的类型。不过人倒是很直爽,有点小装。

李：<u>至少接触三次再下判断,不着急。对绝大多数需要靠相亲找到对象的人来说,"至少接触三次"是个非常重要的"定律"。因为已经要靠相亲来找对象了,说明情感能力是不行的,也就是说根本没有只见一次就能判断出来与自己合适不合适的能力,所以至少接触三次才比较靠谱。</u>

蜻：嗯。

| 2014 - 06 - 16 18:19

蜻：朋友说,离婚还有一个原因可能是不育。几段感情都没孩子。

蜻：昨天我的表现完全按你的思路走。他值班,见面后要去公园走走,在车上他接到电话,电话是转移到手机的。领导通知明天的会议,他来不及记内容,我帮他记。聊了一会儿天,我没怎么讲话。他问我工作单位,什么时候毕业,这些的。后来才知道到他是以前我待过的乡镇底下一个村的。这人很逗,他们村里有个大老板,他自我介绍是大老板的自家人。

蜻：他是师大毕业,当了教师,后来借调到区电视台,又被推荐到区委办。问我本地男人那么没用,你一个都看不中？调侃我耗到现在,着实不易哪。走了一会儿,他就回去值班了,留了我的电话。应该说初次见面完全贯彻了老师的思路。我也执行得不错,沉得住气。

靖：后来时间还早，我就打电话给哥们，他正好在厂里。我就过去喝茶。说起这个人，倒是情场高手。听说结过两次婚，都是很不错的女人，第二任还是宝马女。好像还是招赘上门，后来不知道怎样了。朋友说很会花钱，爱玩。然后他打了两个电话：一个是这个男的堂哥，说离婚的原因是不育。另一个对他的评价也不怎么样，好像是说他交往过很多人，常换女朋友。说他没什么经济来源，好像有点靠女人，吃软饭。哈，不过他这个架势，有人倒贴倒也不奇怪。

李：好，再接触。

靖：对了，有个细节，我坐车上时，摸了下手臂，他就问，是不是空调开太低了。

李：每次就这样记下来，三次以后再说。

靖：好。

2014 - 06 - 18 20：11

靖：这两天脖子上的疣到处蔓延，只得去美容院点掉，到同事介绍她的一个熟人店里做的。老板做这个已经十几年了，设备又先进，就是为人太狠，宰了我一刀。后来知道她宰得太厉害了，我使个坏，同事打电话过去。我编排了一些故事，真真假假，让老板这个老江湖撑不住了，觉得她自己太过分了，主动退还了钱。这个过程，很多事情拿捏得很不错。同事有了面子，觉得有点对我不好意思。我虽然还是被小宰了一下，但至少退回一些钱。老板小赚了一把，但落了个狠的名头。这个过程也让我反思自己做事，以后一定要一开始就多了解情况，不能太相信一方的信息，宁愿前面多花些功夫。觉得有点小坏，把以前一些懦弱的原则去掉了些。

李：所以识人是前提。一见人，能判断出来个大概底细，而不被"热情""朋友介绍""豪爽"所惑，应对起来就容易了。以后形成了路数，一看人，自然就知道底细，应对手段也自然就上去了。处世会从容很多，也会受益很多。

2014 - 06 - 18 20：46

靖：看《赤橙黄绿青蓝紫》①，里面的人际相处，方舒演得很好，那种感情让人动

---

① 指长春电影制片厂于 1982 年拍摄的电影《赤橙黄绿青蓝紫》，姜树森执导，张甲田、方舒等主演。可以提高对异性交往的认知，拓展思维，增加社会经验。

容。小谢坚毅,整治何顺、刘思佳很有手段。这些人物都有自己的个性,坏得可爱。还有叶芳,丝毫不让人感觉讨厌。虽然我喜欢小谢和刘思佳在一起,有点小遗憾。不过叶芳跟思佳,也不错。在车上,小谢和思佳聊天那一段,彻底碰触到思佳的敏感点,一下就入心了。

李:要思考,小谢和刘思佳在一起真的就好吗?从过日子的角度想,叶芳和刘思佳在一起,可能是最好的搭配。如果小谢和刘思佳在一起,刘思佳的压力会很大,而小谢则会很无奈,最终的结果只能是凑合着过了。而叶芳对刘思佳比较"崇拜",这样刘思佳会有很强的心理优势,还能够指导叶芳(而和小谢在一起只能被指导),这样的搭配更和谐、稳定。

2014-06-19 20:16

靖:为什么吃素的人,眼神都成直的了,无论男女。下午跟朋友去寺庙,她带一群朋友去请法师指点迷津。晕,我现在上街都会瞄着人看,个个都弱。她的两对夫妻朋友,简直是一脸苦闷。呵,我去观光,现在寺院的会客室也装空调呀。以前去,都进不去禅室。古香古色的,玻璃窗外的后山,一片葱绿。朋友说有松鼠在跳来跳去。大殿台阶下放两个缸,种了荷花,含苞待放。第一次知道荷花的杆上有刺,朋友说是荷花的自卫武器,防止鱼咬。哈!自然界真有意思。臭美照了张相,得意~~

靖:吃素食自助餐,二十元很多菜,撑到了。咂巴两下,都说食量大如牛!打算把看书的积淀化成洒脱的举止,谦和的态度,爽朗的笑声,及灵动的眼神。琢磨之,这简直是明灯啊!

李:你只是见到了特定的人,就推导出吃素食的人如何,以偏概全了。要多看人、多接触人,判断才会越来越准确。

2014-06-23 10:05

靖:早上根据情感课的笔记,弄了个目录。一级目录十二个,二级目录四个。你先看下。我的想法是这本书,要推向社会,所以校园里一些东西,就不作为重点了。在字里行间偶尔涉及,就可以带过了。

靖：情感书的框架①：

第一章 情感是什么

1. 积极的充沛的情感与消极的保守的情感，感受截然不同
2. 不同的人，情感体验差别怎么会这么的大？
3. 我是怎样一个老师，为什么会对情感有独特的观察体验？
4. 我眼里90后的情感状态

第二章 为什么会感觉如此无力

1. 父母家庭的因素
2. 社会及教育的因素
3. 我们能做什么？
4. 人生有什么目的？

第三章 搬开快乐的挡路石：第一步，亲情归位

1. 从叛逆开始，拥有自己独立的思维
2. 父母真的是为你好吗？
3. "只要你好"造成了情感压力
4. 如何重新看待自己的家庭

第四章 社会跟道德，就全对吗？

1. 独生子女是社会现象
2. 传统文化里的两种道德观
3. 社会转型里，如何自处？
4. 真实、快乐、力量地活着

第五章 文化与情感

1. 《拉斯维加斯，钱来了》的魅力
2. 《三十九级台阶》的爱情
3. 《咱们的牛百岁》的风情
4. 《风流寡妇》的情感享乐

第六章 "大光明"与"黑框"背后

1. 不仅仅是刘海与眼镜

---

① 这一部分内容原来是Word文档用附件传的。感觉很有价值。现在全文列出，帮助大家系统地理解情感。

2. 为什么如此容易感动

3. "刻骨铭心"折腾的到底是谁?

4. "中国式相亲"

第七章　情感高手的感情观

1. "六个搞明白"

2. "五个一",让他怦然心动

3. 练出你的情感能力来

4. 异性之美

第八章　恋爱怎么谈

1. 认知性感

2. 性别的特质

3. 理智让感情升华

4. 在一起让我们如此快乐

第九章　那些技巧让爱闪出火花

1. 甜言蜜语说什么

2. 调情的奥妙

3. 爱的小伎俩

4. 碰触的升华

第十章　那些似是而非的爱情观

1. 纯爱的悲情

2. 遇见爱,还是寻找爱

3. 那些过往重要吗?

4. 分手也是爱情的一部分

第十一章　快乐在哪里

1. 快乐是真实的

2. 我的小快乐

3. 文化与快乐

4. 情感与快乐

第十二章　心理测试之我的状态

李:非常好。我还没有这样系统地想过。以后就按你这个目录打底去写。你记笔记时整理过没有?学生整理的录音,我发现好多话用不上,太口语

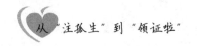

了。如果你整理过,那就可以直接用了。

靖：我没整理过。这样,你把学生整理的发给我,我过一遍,把口语转化一下。本来打算把笔记用电脑录入。一来是要花很多时间,二来是你上回说有学生在弄,重复就浪费了。目录你可以再加,把要的内容加进去。我这个是初定,还要把讲课内容添进去,能对应得上才能保留下来,还要一路修改。

2014-06-23 23:41

靖：早上改了一小节。你这个课堂笔记毕竟是口语表达,我只能根据笔记,稍微修改一下,你看下这个风格行吗？内容里面也有些杂。像这个小段的,讲朗诵的故事,跟前面的就不搭。你还是得先从目录下手。比如这个朗诵的,可以归到力量这一个小节,可以取名为"另辟蹊径,发展优势"。先存起来。

李：很好。

2014-06-24 20:05

靖：最近跟作家走得近。昨天晚上一个聚会,本地的几个文学界名人到了,特别是认识了市报的编辑,哈,去揣测他的性格。对着一桌人,一个个探过去。有个诗人说我在观察,哈。淡定地旁观,得体地倾听。我表现不错。

李：俨然也是作家了。哈。

2014-06-26 14:02

靖：开始看《胡雪岩》,文笔极好,简短利落,很过瘾。

李：我把讲课的录音发你。

靖：我先看书,里面门道好多。老师对文章的评点很到位。

李：你先看一遍再听录音也好。

她：好。我写了一篇散文,老师看一看。

李：你写得太实了,情感禁锢在文字里,没有出来,没有感染力。要从实中悟出虚来,从无情的山水中看出有情的人来。

2014 - 06 - 27 09：54

蜻：老师的眼力真的非常厉害。昨天那篇文章拿给文联主席看,他的意见跟你差不多。所以我就改了下,你看是否有改进。

李：挺好！我不说意见了,再改就乱了。发出来看看读者反应吧。

2014 - 06 - 28 19：54

蜻：所以散文是人心的表露,也是作家修养的呈现,最扎实见功夫的一个文体。

蜻："你有才情,但还少真情,那种隐含的、深潜的、柔美的感情,一个女作者一定要有深情,否则不可能写好散文！当然还要有一副好笔墨,一下笔,如有神！祝福你！"

蜻：这是文联主席对我的评价。晚饭时突然想到,我好像是少真情,这个可要怎么办？

李：你不缺真情,甚至是有很深厚的真情。缺的是如何表达、如何释放真情,还有更重要的找到表达、释放真情的对象。好比武功,功力有,但套路招式不行。另外练习就好比演习,带着"敌情"练,就容易提高。不管写什么,脑子里都要有读者。

蜻：善,这个是老成之言。《胡雪岩》简直是本教科书！我先看完再说~~

2014 - 06 - 30 17：04

蜻：中午跟两个副局长同桌吃饭。一个副局长又炫耀又抱怨地说,局长把什么都交给他,累死了,吃力不讨好,还调侃另一个副局长不为他分担一些。以前的话,我会顺着他的话,吹捧他。今天我就只是笑。不想得罪另外一个。事情多,利益也多。顺着他的话就是在奚落另一个,人家已经很郁闷了。哈,现在话说出之前,会有所计较了,这是红果果的进步呀。继续《胡雪岩》~~

李：哈,好。

蜻：《胡雪岩》的故事情节性很强,作者在描述中,把心理活动,人情作为,察言观色,用笔端细腻展现。还有一个,里面有各色女子,各有特色,待人处世,家务琐碎,言语应答,很有借鉴作用。比之《九尾龟》,更显真心实意。

特别是阿珠和阿巧姐,在情感中的状态,风情别样!很多情节,好像解不开,经胡雪岩一筹划,换一种思维,就不一样了。特别是人跟人之间的关系,怎么抓住对方的特点,交上朋友,把各自的利益捆绑在一起,让他人为你所用。从这点上说,这本书绝了。还是江浙的商业文化发达,加上人文发达,才孕育出了这种精明的文学作品。赞叹不已,值得一读再读!《胡雪岩》录音传我吧!我现在学着把这些用出去。

| 2014 - 07 - 01   18:27

靖: 中午,有朋友来访,聊了有两个小时,她跟我聊她的婚姻情感,写出来,供老师看看。她老公在一个局下属单位上班,她老公初中毕业念了职业学校,没毕业就去部队当兵,后来复员回来进了事业单位。他父亲从体育局退休,他母亲是个护士,有个强势的姐姐,当了空姐,嫁了外地的姐夫。她跟老公是别人介绍认识的,不到两个月敲定关系后结婚。她老公很自我,不会关心人。对事,要凭心情决定,心情好,都好说,心情不好,连母亲也不理。为人基本上没有上进心,但好在心态平和,对生活也自得其乐。喜欢打网球,很多精力花在这里。她以前在一个行政单位当临时工,后回家生了女儿,辞职出去做事。她说跟老公商量的时候,老公说你的事,问我干什么,自己决定。她说,他基本上是很冷漠的一个人,家里的事都不理。她公公跟婆婆一人一个房间,公婆老公三人自己的衣服各自洗,卫生自己搞。家里的气氛很冷淡。老公不爱跟她一起出去,婆婆人很好,会跟她一起照看小孩及分担家务。但婆婆有个底线,家里和为贵,不能有一丝争吵。为了不吵,她愿意多做事。现在她在外面做事,上班时婆婆帮她带小孩,一回家,孩子都是她自己带。她说,从小她就不爱理事,想找一个能担当的男人。但事与愿违,觉得自己的老公,简直好命得逍遥,家事不管,事业也没有想法,也不会关心他人,钱也不会拿给她,家里开支父母都负担了。有时谈起家事,别人会为她抱不平,但她自己觉得也挺知足。她觉得反正跟谁她都过得下去,也没有什么特别的感觉。她说,她不想给对方压力,也不想改变他,何必呢。这样平平淡淡过一生,也挺好。她说她老公,至少老实,不会出轨,不用人操心。她说她想买车,但她老公即使有钱也只愿意拿去投资店面,不会给她一分钱。要实现自己的想法,那就自己努

力。在夫妻关系中，她的想法就是，不依靠对方，想要什么，自己去得到，包括乐子也是。她从小家境优越，父母都是开医院的，家庭氛围宽松，所以好像很看得开的感觉。她说跟他结婚，只是因为当时想结婚，正好他出现了，就这样而已。我设身处地去想想她的日子，觉得无趣极了，不过看当事人的状态，也还不错。突然有个感想，有时，日子的感觉也由心态决定。

靖：她姐姐说她，你们家的生活简直是七八十年代的生活，沉寂得像一潭死水，冷清、安静。他们家，小事都是大事。婆婆有洁癖和强迫症。家里是城市原来的居民，很有优越感。不过相处久了，也很温馨。她说，刚开始也不习惯，后来相处久了，就想开了，也就融入了。她说，她现在要过好每一天，带好小孩，等孩子长大了，就带孩子出去玩，想想都觉得开心。

| 2014-07-02   16:11

李：这是一面之词，琢磨琢磨，根据她说的，以及她的思维特征与表达习惯，还原一个真相出来。正常的夫妻之间，是会有"夫妻感"的，就是那种"共同感""融合感""进入感"非常强烈！

| 2014-07-02   16:24

靖：他们之间没有这种感觉。她自己本来是临时工，在本地，女的要有稳定的工作，这点比较重要。一个月1 500元的工资，她做了近十年，就是想借用这个平台，找一个不错的老公。所以，她才会一生孩子就辞职。她老公一家子都是有稳定工作的，所以她是很满意的。但又要找出一些对方的缺点，来维持自己的心理优势。在我面前，说这些话，会显得她比较低调哈。她也一直比较小资，以自己的不受世俗拖累为得意处，一来也是有所炫耀，二来可能也顾及我的感受，讲得比较平淡一些。我的对话，以倾听为主，偶尔夸夸她。

| 2014-07-03   22:37

靖：老师讲过，弗洛伊德的精神分析的书有特殊的读法，这指的是什么？

李：西方心理学产生的社会历史环境与产生机制与我们当前的社会现实环

境差别非常大。因此要有非常丰富的社会阅历与人际交往经验，才能读懂这个书。方法是拿着书"随便"翻，找一个结论性的观点，比如对内向的定义，然后合上书，就在周围现实环境中去找内向的人，去验证这个定义。找到了、验证了，再"随便"翻书找另一个结论性的观点，再在周围现实环境中去找、去验证。这样反复做10次，再开始全盘看这个书，才好理解。

靖：好！先从内向开始。

2014－07－05　21：27

靖：听到《胡雪岩》第五次课，说到太极拳，朋友公司请人来教，我说我也想学，她说帮我去跟领导讲下。我也想让眼神明亮起来。

2014－07－07　10：20

靖：我要去学太极拳了。朋友刚才跟我回话，她们老大批准了！我这个夏天好丰富！

李：太极很好，可以让身心协调。先看看陈思坦的视频。原先学太极时看了很多视频，就这个最好。最能体现行云流水、连绵不绝。感受到的是一个整体系统在运动，在酝酿积蓄，在释放能量，在吐故纳新。

靖：地点在朋友上班的公司，一周两次。

李：哈，你朋友是真多！

靖：这个是闺蜜，好几个十几年的朋友，一起成长。哈，想想，还挺多，好些关系还比较铁，是那种把子女交给你都放心的类型。这些年，一直是她们帮忙。

2014－07－07　19：08

靖：今天见到一个沉静的人。她是我同学，开了好几家店。我跟她有联系，但交往不深。下午相处之后，令我刮目相看。她初中毕业，在事业单位编外干过几年，后来自己创业。老公没什么能力，这些年她凭一己之力，挣下一份不薄的家当。她新接手一家店，让我帮她做账。我下午过去看下情况，结果账一塌糊涂。前任老板很笨，估计找了个不懂行的人，税估计也没交足。因为前任会计没在,我没地方问情况,不过交得太少,打电话跟朋友合计一下,情况不乐观。事反必妖。算了下,要补十几万的税。我都离开了,了解情况后又折回来,把我猜测的情况跟同学讲。没想到她有后手。她说对前老板她不放心,起草转让合同,她是请律师去弄的,不但责任分得清楚了,扣了对方二十万元作押金,等一切都上路后,没出问题再还给他。她说话的时候,很淡定,她说这些年,什么事情没经历过,急不起来了。很多事情,会相信专业人士。聊了一会儿,她说管人,她有办法。保证管得服服帖帖。说她喜欢把事情理顺后,交给手下去做,她只主管大的方面,能做到什么情况都了解,又让自己很清闲。她说她的三家店她离开一月,都能够运转得顺利。看她整个状态,很精明,笑容可掬,讲话又娓娓动听,真的很不错,她这些年越来越有味道了。不过我下午反应也够快,留了很多分寸,可进可退。实在情况复杂,工资又低,我就不做了。

2014 - 07 - 07 19:27

蜻: 还有前任老板,一看就是一个焦头烂额的人。对账务一窍不通,为人不精明,完全不是做生意的料。同学说他,做了十几年很好赚钱的业务,居然会亏,没赚到钱。她说她刚接手一个月,比他一个季度的成绩都好。她说对方的管理简直是一塌糊涂。看他的办公室,简直乱七八糟。哈,这人跟人,简直云泥之别。真好玩!

李: "老公没能力",可以琢磨琢磨,可以发现一种"结合"的机制。另外老公没能力,"她这些年越来越有味道了",是个矛盾点,可以思考一下。

蜻: 晚上去看朋友,她说她在电视台录制节目,然后我就跑过去玩了,是一档少儿节目,她当大众评委,结果有个评委没过来,电视台的跟她熟,就让我当了。哈,坐在第二排观看节目,真棒。还上台给选手投球选出当晚最棒的。哈,好玩! 真是到处都有乐子! 发现一台节目也很不容易,一出差错,就得重来,一直到弄好为止。每一行都不容易! 小朋友好可爱,个个跳起舞来好有范儿! 一个小朋友跳得帽子都掉了,也丝毫不影响她的动作,可爱到爆! 人生处处有惊奇。我两边都坐着不认识的男生,一个晚上下来,都有交流。他们也会压低声音在我耳边说话,一起交流,很自然的感觉!

从"注孤生"到"领证啦"

▎2014-07-07　23:42

靖：太极拳可以学了，我这个夏天好丰富！
靖：陈思坦的太极太美了！

▎2014-07-12　14:18

靖：我发现，以前的一些不好的思维习惯，还是会反复。不过持续时间没那么长，情绪过后，也能较快地理性分析。哈，也是进步！
李：怎么又想到这里了？
靖：昨天有情绪问题哈，干脆就去做事。
李：哈。

▎2014-07-13　15:19

靖：写文章，好像常常没办法控制好力道，有时过浓，有时过淡，伤脑筋。
李：不是这么简单的浓淡。浓淡有表现方式与表达的东西，方式淡而表达的东西要浓。就像《胡雪岩》里庞二戴戒指，戒面向里，不经意间光芒四射。方式淡不会引人反感、起疑，这样里面的东西浓就能让人接受。
靖：我意识到了，会改的。
李：原来我刚工作的时候，领导教我们在机关工作，话要说软事要做硬，也是这个路数。
靖：要沉下来，过滤一下，再表达。
李：好多东西都是相同的。
靖：嗯。我以前太刚了。
李：哈，抓住"实惠"，什么都协调了。就像外交，唯一抓住的是国家利益，其他什么都是可以改变的，也是乐于改变的。
靖：是啊！
李：找对象也是这样，哈！
靖：想清了好多问题。嗯。以前介意太多，无端浪费了很多精力。
李：最近有没有什么新情况？想办法自己去找。
靖：这方面还真没途径。
李：想办法，多琢磨。活人不能让尿憋死，哈。

靖：嗯。不过现在人状态还好，不再像以前一样陷入情绪封闭了。

李：那是自我保护，没有到向外攫取的阶段，现在自我保护的阶段过了，就好向外攫取了。

靖：哈，是的。心性硬了。

2014-07-14 15:33

靖：有一个小我四岁的公务员。

靖：他是因母亲干涉，前妻逼他二选一才离的婚，对我的年龄有顾虑。他在基层，工作很累，觉得我很会关心人，有当备选的意思。

李：哈。

靖：我呢，该关心关心，也不逼他。人倒不错，就是母亲会折腾。

李：那倒不怕，折腾不过你的，哈。

靖：这个公务员是在乡镇的。

李：那也不怕，我的学生考公务员都是很快就到上级机关去了。

靖：人在底层，实在累。前几天中暑，我就当知心姐姐，多关心他。这种孩子，母亲太严厉，很少享受别人的关心，只有责任。哈，跟我聊天，就像孩子。

靖：让他多喝水，他说好。让他少吃荔枝，他说知道。我现在也不急，他跟兔子一样，我得等他靠近，再捕猎。

李：哈，就以情感人吧。

李：能到哪一步？

靖：还没见面。

靖：加了微信。

李：哈，你说这么热闹，我还以为比较深入了呢。

靖：哪有那么快！上回有约去游泳，我没去。

李：可以吃个饭。

靖：他觉得我上班地太远了。有很多顾虑。

李：有顾虑是正常的，先不要理会，让他自己去想。

靖：是啊！他居然一开始就问，你要怎么处理婆媳关系？

李：那是挺单纯的。这样的话你就要主动一些，要不然思维简单的人会把问题越想越多的。要"封杀"他的胡思乱想空间。你发现他一个缺点，点一

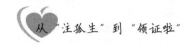

点,效果会比较好。

靖: 是很单纯。这个缺点怎么个点法比较好?感觉他跟我以前好像,比我更固执。

李: 单纯不是缺点,缺点是让他纠结的地方。单纯的人都固执,想的东西少,自然就坚持得多。

靖: 我应对人,还是没经验。我碰到的,又都是高难度的,哈呀,有点小烦恼!

李: 这个是要经验积累的,多琢磨,另外也要铺开了去找。

靖: 好。这是他的照片,约了周三吃饭。

李: 要是早看照片,我就建议你先不要见,就微信联系,有了感情再说。这样效果比较好。

靖: 怎么说?我看了下,是6月18号开始微信联系的。以前有张穿西装的,看不清楚。这张是昨天刚照的。

靖: 推迟简单啊,找个借口推了就行。

靖: 总觉得靠微信交流很虚幻。

李: 这个面相的特征是会自说自话,只要有了感情,他就容易想象出来一个"好"的你,而不顾通常意义上你的不好,甚至可以和他妈对着干。

靖: 那就可以解释他的过往了。

李: 你看到了照片就不虚幻了,再说虚幻才能制造出意念。

靖: 他是因为婆媳。是前妻跟他母亲不和,逼他两选一。

李: 吃饭是谁约的谁?

靖: 昨天我约的他,他说没空。我调侃他,然后他没回话,一会儿才回说在游泳,我没理他。

李: 最好先不见,就是关心,以情感人,等到离不开你了,就差不多了。

靖: 他就在空间里贴出这张照片,还有主题,在水库游泳。今天早上他就约我,说晚上一起吃饭。我答应了,他又说晚上开会,改周三。我说那我去练太极了。

李: 那你自己评估一下吃饭的事。

靖: 哈,有点急了。

李: 那就去,本事一定是练出来的,不是听出来的。

靖: 我不是说我急着见面,是说时间有点短。

李: 对。最起码有了一点感情基础再见,好些。

靖：好。那就不急,先不见。不过前段倒是好玩。他感冒,中暑,又通宵巡逻,倒是聊了一些话题。

李：你自己斟酌,我只是建议。哈。其实《九尾龟》里有很多方法,可以随时看看。

靖：好。

2014 - 07 - 15 17:31

靖：发了篇文章,老师评价下,是写一个海外作家的。

李：查到了。这个文章写得比较排场,文字的格调感觉比这个作家要高,哈。另外层次递进也挺好。问题一是还是少意思,感觉对她的作品没有吃透,没有沉下去。二是开头好像都是这个路数,变化不多。三是这个文章没有你,这个以后尤其要加强,写的人、物、事,其实是要表达你。他们搭台你唱戏。

靖：嗯,对她,其实没那么熟。我总觉得海外的文学,写的都是一些风花雪月,是小情怀,我甚至没认真去读过她的诗。对她的兴趣是从一场演讲开始的,起因是她的水平跟情怀明显比同场的另外两个男性作家好。

李：哈,研究的是她,表现的是你。文章我一会儿细看。

靖：好。其实对三人的取舍,就已经是在表现自己了。但人家是客,只好用烘托她来表达我的感想。

靖：最近写作很勤,哈,像老师说的,写作不是目的,是手段。想多写一些,打开自己发展的另外一扇门。

李：对,哈。

2014 - 07 - 15 20:41

靖：哈,明天的约,我辞了。借口是原定同事去出差,他家人住院了,换我去。

李：哈,这个好。既推了约,又树立了你的良好形象。另外关心要加强。

靖：哈,好,我奉师命,加大陪聊的力度~~这家伙是个诉苦派,不过也确实累,他是做登记的,一个礼拜有两天要值夜班。刚才跟我说话,觉得好委屈喔,哈。

李：好,投其所好。

靖：倾听？调侃？安慰？理解？

李：倾听为主，理解为辅，适当调侃。尽量少安慰，这是他妈做的。

靖：好。

| 2014 - 07 - 16　08:24

李：突然想起，写作可以看看《燕山夜话》①，最大的好处就是有你文章里少的"意思"。

靖：好。

李：还有《创业史》②，很早看过，没怎么理解。去年暑假又看了，连看了两遍。突出感觉就是对人性、社会的分析刻画，简直是"令人恐怖"的真实与深刻。难怪路遥与陈忠实都把柳青看作是他们的业师。这样可能你的文字里就有了一些骨头，更有影响力。《燕山夜话》可以在孔夫子旧书网上买，四块钱一本，关键是看旧书更有感触。

靖：好。老师读书多，又善观察，对我的不足之处，一下就看得明白。

李：哈，现在像你这样真正的文学青年真不多了。

靖：我这两天开始重看《九尾龟》，感觉细节多，灵动了很多。特别是秋谷对许宝琴的态度，由喜转淡，可见人情应酬之重要。

李：对。

靖：哈，以前是因逃避而看书。现在已经不需要了，但收获了文学底蕴，写些文章，对自己来说也是一个本事。哈，我发现真正读书，读到经世致用的不多，老师是一个，学习之。

靖：《创业史》第几部？

李：两部都看。看柳青的照片都很有感觉。第一部是社会、人性，第二部是方法、世故。现在卖的通常都是两部的合集。

靖：好。

| 2014 - 07 - 18　18:29

靖：微信记录怎么传？把跟小警察的聊天记录传给你看，看我应对怎么样？

---

① 《燕山夜话》，马南邨著，北京出版社，1979年。
② 《创业史》，柳青著，陕西人民出版社，1991年。

李：微信记录怎么传我不知道，你百度一下看看怎么下载，下载了才好传。另外我看不需要传，这样你琢磨、感悟得才多，才能更好发展你自己的本事。

蜻：哈，好。晚上聊得挺多，也比较深入，这家伙有个儿子，四岁。不过也正常，结婚之后，都会要小孩的。

李：哈。

2014-07-19 07:49

蜻：昨天作家朋友过来，我请吃饭。她在本地还有两个熟人就一起叫了。其中一个收入不高，要请客的架势，但扭扭捏捏的，一直定不下来去哪里吃，说要去吃小吃。后来我建议了一个地方，并建议我请吃饭，我自带两瓶葡萄酒。

蜻：去点菜，老师微信公众号里的那个写点菜技巧的文章①自然而然就在脑中了，点出来的菜很有场面特色，价钱也合理。算账的时候又以取打包盒为借口，不声不响地去结了账。

蜻：整个过程下来，大气又体谅人，低调又有档次。其间，饭桌上又帮大家服务，自然之极，当有些情况不懂处理时，学过的内容就跑出来了。

蜻：昨天有八个人，后来去唱K。

李：你说的这种扭捏的选手是有可能主动地非理性地掏钱的。想办法让这个事发生，应对人的本事就进一步了。

蜻：我发现自己表现很大方，顺手就帮大家洗烫杯子，倒开水，擦桌子。

蜻：是呀。因为还要唱歌，吃饭、唱歌，我肯定也是要付一单的。算过之后，觉得女孩子付饭钱比较好。况且我自己带酒，反正都要请客，不如做得漂亮才好看。

李：这样处理很好。我刚才是说在只有一次付账机会的情况下，怎么让他"主动非理性"地掏钱。

蜻：他是男的，还有这件事是他挑起的。我如果不付的话，吃饭估计他付，唱K就是别的男生付了。但如果场面那样，我就不好看了。因为这群人常常聚会，自己要请客几回的。后来唱K是他付的，我出了一瓶葡萄酒，他现金付得比我还多，宾主尽欢。

---

① 请在微信公众号"两情相悦的艺术"中查找《如何点菜》。

靖：老师说的让他主动付款,用什么手段?是指手段用在前吗?比如付款的时候自己走慢点,或是上个洗手间,或是直接陪客人去门口等,或是打个电话跟人说不便让别人听的事情。这个当然是付款时做的,一般男人这时会主动去付。

李：那太没技术含量了。

靖：还有一个就是用不确定的语气跟他说,晚上我来请客吧,然后眼神柔和看着他,用期望的欣赏的目光注视他,他客套的时候,只要一说"他来",那么直接接话,那下次我请好了。

李：当然是在你要主动掏钱的情况下,他主动且强行地掏了钱。

靖：这个还真没研究过,老师教我吧。我很多同事就会这样,既没付钱,话又给她讲去了,比请客的还嘚瑟。说本来我要请客的,是你不让我付钱的。这个的思维逻辑是什么?心理特点是什么?

李：先琢磨。

靖：好。忸怩的人,一般是很看重钱的。他们想付钱又舍不得,不想付钱而又觉得应该付,所以整个心思会放在钱上。我觉得可以在去付款途中,自己就拿出钱包。

李：肯定不是你现在能想出来的,否则昨天就用上了。

靖：叫服务员把账单拿过来,过来买单,但不急着拿钱出来。他看到钱包,会把对钱的敏感提到最高,又有旁人在场,会抢着买单。

靖：昨天有两场啊,我一开始的想法就是作为主人,反正得买一场。又吃过他们几个请的,从有来有往的角度,一早就定下想付吃饭钱的想法。不过我这方面的应对真是差劲。

> 2014-07-19 10:23

李：这个技巧比较难,但用处很大,干预人的效果很好。就是你不动声色地让他感觉到对他的"怜悯"。人们通常可以承受外部对自己的轻视、鄙视、冷淡,但很难承受外部对自己的怜悯。掏钱时扭捏,说明是好面子的,会对这种怜悯很敏感因而更易出效果。但是切记不能"鄙视",因为这类选手经常被鄙视,这已经是他获得心理兴奋的主要方式了。

李：怜悯起作用的机制是:

1. 怜悯的底色是关心,会唤起较少有人关心的他的内心残存的那一点温暖,受到感动。这么做,一是易于情急之下做非理性的事。二是让他提前兴奋,这样就会替代其后由于每次扭扭捏捏不掏钱而遭人鄙夷产生的兴奋,而更容易掏钱。
2. 怜悯的另一个底色是否定,即"你不行",让对方产生"悲愤"感。而"不动声色"会使这种悲愤感更强烈。因为一动声色就易于让对方以为是鄙夷而引起其他兴奋,等于是把悲愤感的强度降低了。这样会激起他强烈地要"行一把"的冲动,而"主动非理性"地掏钱了。

李:具体的做法,要反复地练、反复地找感觉。这个只能自己练出来自己拿手的,别人的用不上。

靖:哈,好难。多练!

2014-07-22　06:49

靖:《九尾龟》里。倌人甜言蜜语的时候,总有个对比。比如:"我做了这么久客人,别人我都只是做生意,但碰见你,却觉得亲切,真把你当自家人一样。一两天不见总会失落。"把我对你和对别人的待遇一比,恩情蜜爱就出来了。

靖:李子宵跟张书玉,李也是久走江湖的精明了,被张骗得死死的,究其原因,逃不出关心两字。张制造了李的一场病,极尽关心,嘘寒问暖,喂汤喂药,任你再精明的人,也抵挡不住这攻势。想起《天云山传奇》①,罗群生病的时候,晴岚去看他,去照顾他,他也就爱上了她。

李:多研究陈文仙。

靖:好。我很喜欢她。一来是看人准,二来是跟秋谷这样的人,耗几年下来,且嫁了他,了不起。

李:有手段。

靖:对。

2014-07-24　20:03

靖:这是我姐们儿,老师觉得她的状态正常吗?

---

① 《天云山传奇》,上海电影制片厂出品,由谢晋执导,石维坚、王馥荔、施建岚等主演,于1981年上映。

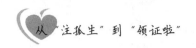

李：什么意思？

靖：她老觉得自己很悲伤，可我觉得她很阳光。多发两张。

李：结婚了？哈，这个哪里阳光了？由于对长相的自卑，就想找一个帅的，找到了又缺乏感情，所以就悲伤了。

靖：是的，旁边是她女儿。

李：后面的分析对不对？

靖：嗯。

李：那就是这个问题。

靖：她老公比较内向，很会生气，她的忧伤来自这里。她老公有个会折腾的妈。哈，这种的悲伤要怎么化解？

李：哈，佛曰：不可说。其实是说了没用。已经形成固定模式了，顺其自然吧。

靖：嗯。她挺纠结夫妻关系的，夫妻常常吵。

李：没办法，到了这个地步，靠语言很难改变了。经常吵已经成为一种心理需求了。不用操这心了。哈。

她：看《随曲就伸》①，讲太极之中，舍己从人，随机应变，跟老师的理论很像，都讲究不自我。

---

① 《随曲就伸——中国太极拳名家对话录》，余功保著，人民体育出版社，2002 年。

第四篇
功到自然成

到这个阶段，已经练得差不多了，具备了恋爱的情感基础和情感能力，下来要做的就是寻找战机并取得胜利了。大家可能会好奇，为什么这一部分内容只占全书篇幅的六分之一？而"按说"这部分应该是重中之重，应该长篇大套、大书特书才对呀。

其原因有两点：第一点，所谓"台上一分钟台下十年功"。前面的功夫练到位了，本事能耐练出来了，后面的恋爱就又快又好又容易了。第二点，真正进入到了恋爱阶段，感受到了恋爱的甜蜜，进入了两人世界，就有了很强的私密性，而不愿意与人分享了！另外进展顺利也不需要我这个老师指导了！

这时，与她信心日渐高涨相反，我的心理却越来越紧张和焦虑，因为只要那个"小红本"不出现，即便过程再好，也难言成功。但是这些紧张和焦虑却不敢流露丝毫，害怕影响她的发挥。终于，"领证啦"！

祝福她，祝福他们！祝愿人人都能有情，有情人都能成眷属！

| 2014 - 07 - 26 08:31

靖：惊觉近来精力旺盛，懒觉都睡不了。天天有滋有味的，闲愁呢，没空生了……

李：哈，说得夸张。有什么进展没有？

靖：初中同学，小警察还在联系中。警察现在会秀跟儿子的照片。

李：什么初中同学，另一个？

靖：以前提到过的。老师可能忘记了。和他昨天聊微信两个小时，我当了一回知心人。就是有些伤脑筋，两人联系，我自己不能太主动，我一主动，他就退了。昨天答应我教我乒乓球。

李：是个什么人？

靖：以前是乡镇干部，后来卷到一个事里。领导出了问题，他没有问题，但由于是经办人，也被审查过一段时间，很被折腾了一番，订的婚也吹了，从此有点流落江湖的感觉，郁郁不得志。

李：想起来了。落难之人，正好。

靖：不过年轻时是个好玩的人，有很多爱好。象棋，武术，乒乓球，很多。

李：还有情趣，更好。哈。

靖：是呀，是个很好玩的人。我对他超有耐心的。不过他说，他现在都没兴趣爱好了，老羡慕我喜欢看书。

李：什么时候开始的？

靖：年初的时候，我表嫂介绍的，他说我比他大，没戏。可是一段时间后，他主动加我QQ，后来又是微信。两人有联系吧，有时会聊几句，我稍微热络一点，他就各种没空。感觉没办法主动。有次都在城里，他顺路送我回家，还特地绕道送我朋友。

李：先拒绝再联系，有"试试看"的意思，心思还没定。应对原则是"关心不主动"，同时多晒各种社交活动与快乐状态的照片。

靖：好。我现在就不主动。他有找我，我就聊。

李：有时在晒快乐照片后稍微冷淡一阵，调整节奏。

靖：然后会告诉他，我有各种活动。嗯，哈，我的策略也是这样哈。好，坚决执行。

李：你这个不主动其实是被动，应该是"没时间"主动，同时在言语上还"显得"主动，就是真主动了。他就坐不住了。

靖：是说，让他觉得我很忙，忙得没时间主动，即使自己真的想主动，即使自己在言语上答应让他教这个教那个，对吗？

李：不对，悟一悟李卫的做法①，"看到珠玉古董，啧啧称美，却又漫不经心地随手放下"。但要注意不要装，那就成笑话了。

靖：把他当一个选择，但不要太放在心上。还是要四处去找。

李：不过这个人瞻前顾后的不够耿直，有两种可能，一是软弱，二是心思游移。多观察。软弱好办，如果是游移那将来稳定性会差。四处去找最好。我感觉会找个好的。

靖：嗯。今天也出动了。哈。

李：好。

靖：老师，稳定性差是指什么？

李：感情上会出意外。

靖：好。了解了。

2014-07-27　00:02

李：这是一个所谓牛人的照片，分析一下。

靖：这人挺硬的呀，我什么也没看出来，鄙视自己下。

李：这人是软弱的。两点：1. 凶悍的人，在自己与目标之间不会让障碍物存在，这是一种进攻本能，障碍物会影响观察与做出反应。这个照片里的人把手放在眼睛与镜头之间，手里还有烟。2. 穿波点衬衫，有一种潜在的女性化指征。

李：另外，眼神与面相，看上去有些凶狠。凶狠的有两种表现形式，一是对外人，一是对自己。显然对外人才是真凶狠，但真凶狠的人在对无害的镜头时，会有一种放松甚至无意识，类似于狮子、老虎在不捕猎的时候会收起牙齿与爪子。而对自己凶狠的人，当他在表达自我的时候，比如照相，把

---

① 见《雍正皇帝》(二月河著) 第二部《雕弓天狼》第十四回"三法司会谳两巨案，托孤臣受逼上贼船"。重点是李卫在八王府的一番做派、举动。

"我"当作敌人,就会有这样的凶狠样子。这又说明,情感主要受小时候父母家庭与生活环境影响而生成,以后物质与经历能力的影响很难改变,除非使人处于一种正常的情感氛围中,但这种氛围极难获得与建立。

蜻: 好。明白了。

2014-07-28　15:12

蜻: 老师,夏天肠胃不舒服,喝藿香正气水,特别是老款的塑料瓶装的,效果很好。要喝点盐水。

李: 好。

2014-07-29　14:21

蜻: 今天在报上发表了一篇文章,这几天写了两篇人物文章,一个写舅舅,一个写伯父。

李: 哈,可以,真能写。

蜻: 编辑说,写舅舅的文字纯粹,感情质朴,他说这就是散文。

李: 好,发来看看。

2014-07-30　11:22

蜻: 接触了几个诗人。据说诗人是个特殊的群体,他们写只有几行的诗,思维跳跃,发些牢骚,说些俏皮话,常让人不知所云。他们组成相互吹捧的诗社,在古诗词和现实间挑拣文句,一言也能成诗,他们说这是现代诗。我不知道现代诗要怎么欣赏。问诗人,诗人说好诗要有弹性,能表达散文之所不能表达。我一头雾水。我在诗人的聚会上埋头读诗,那些字句想要说什么,我还没接上话头,诗句就戛然而止。我抬头,只见满座的诗人,撩动他们的头发,自诩文采风流,然后把一身才气倒进杯里,与酒同饮……

蜻: 哈,这段文字,也能成为一首诗。

李: 诗从90年代中就日益偏离主流了,诗人也就日益边缘化了。

蜻: 不过很多诗人底蕴不厚也是原因。

李: 对,核心是对人、对社会的认知不足。

蜻: 嗯,做人跟为文是一样的道理。真实做人,真实写文。

李：还要有见识。

蜻：嗯。

李：诗可以兴，可以观，可以群，可以怨，是让别人兴观群怨，而不是让自己。

蜻：我这天写了四篇文，哈，最近文思如泉。

李：我一会拜读一下，哈。

蜻：最近有个征文比赛，打算多写几篇，写乡愁的，选一篇去参加比赛。

李：好。把对社会的忧思写进去，或隐喻一下。

蜻：嗯。

2014-07-31 06:53

蜻：哈，昨天一个作家朋友说我，你真快乐！活泼而自然，真诚而不矫情。

李：这就有意思了。

蜻：看了微信公众号里的文章，女生聚餐时最好点什么饮料那个①。昨天我在外面吃饭，点了苏打水，结果没有，哈，且吃且再试！

李：哈，有含糖的比较好喝一些。

蜻：我都不知道这个苏打水，还以为是饭店自己泡的呢？

李：哈，难怪那么多人不理解。

蜻：是的，我们不知道有成品。估计市场也不多，很少人知道的。

2014-08-01 09:13

蜻：《狐狸的故事》②我还没看，改天补上。

李：挺有意思的。

蜻：好，其他九部电影都看了。最近又是太极，又是游泳，又是聚会，忙得很。

李：哈。

2014-08-07 15:56

蜻：单位里有个退休返聘的临时工，整天喜欢搞个小帮派，认个自家人，办公

---

① 请在微信公众号"两情相悦的艺术"中查找《女生参加聚餐，点什么饮料既有形象又有内涵》。注意这是 2016 年的文章，现在这种饮料就比较普遍了。

② 《狐狸的故事》是由藏原惟善执导的一部日本纪录片，对子女教育很有启发。

室几乎成了七大姑八大婆的聊天场。科室领导跟她有经济往来,关系很好,完全成了自家人。因为是临时工,弄不起大波浪,但搞得办公室非常吵。整天喝茶,家长里短,这种人要怎么应对?

李:哈,忽悠比较好。

蜻:她五十几岁,整天将爸妈挂在嘴里,害怕被边缘化。忽悠没办法让办公室不吵。

李:我的经验是正经但又"坏坏"的忽悠,效果比较好。

蜻:比如怎么说?

李:从你的角度看,没办法不让吵,因为这是领导才能做的事。怎么忽悠要你自己想,每个人只能用自己的语言。多试试。

蜻:是的,我听课,都戴上耳机。关系倒不差,但也不想搞得太好,没那么多精力,因为不会带来好处。她那个圈子太低端,我没兴趣混。跟她一起批评父母,体谅她的不易就可以跟她有话题。

李:这不是忽悠,再琢磨琢磨。这可能无意中让你掌握一门新技能。

蜻:我有时会调侃他们是自家人,搞得那么热乎。哈哈,好。新技能,这个我喜欢。

李:忽悠的基本路数:没有具体内容,只是说"是不是","真的吗","原来是这样的"。同时配合似是而非又跟真的一样的表情。

蜻:嗯,这个好,我喜欢。明天就练。

李:似是而非,跟真的一样,略带夸张。综合在一起的一种表情,就忽悠起来了。再加一些感叹词:噢,哦,是吗,之类的。

蜻:哈,就像加菲猫的表情。

李:有点像。不说实话,不用真心,不当回事,但又跟真的一样。找找这个感觉。

蜻:这个表情好。眉眼可以练得生动,好。

2014-08-01 20:43

蜻:有人介绍了这么一个人,证券公司上班。1978年的,年薪十万元,家里做医疗生意,很有钱。人瘦瘦的,很没精神。

蜻:见过面,第二天就给我发了信息,第一条信息如下。

从"注孤生"到"领证啦"

靖： "晚上好！吃饭吗？本人 made in china，出厂日期1978年,9月23日,长172 cm,净重62 kg,人工智能,零件齐全,运转稳定,经三十多年的运行,属信得过产品,有意者请联系！如这信息给您带来不便,敬请谅解！这是我今晚大约七点半左右发给您短信的内容。我比较自卑,不善言辞,更不会甜言蜜语。你可能是主动,有资本剩下来,我是被动剩下来,到目前为止,我只谈一次恋爱,她是我大学同学,我们本以为会结婚,但人生不如意的事十有八九,她已不在地球。我条件一般,所以不敢奢望什么,只求一份踏踏实实的爱情,没有爱情的婚姻是不道德的婚姻。我是××人,我们那边的人,给人印象很差。我有两个哥哥,他们跟我父母都在北方。这是我的基本情况。"

靖： 第三天,发的这个："说实话,我能力有限,不管谁跟我生活,这辈子可能都不会有名车豪宅,因我宁愿清贫自乐,不可浊富而忧。我认为,活在这个世界上,真正美好高级别的享受,永远是心与心的亲近,心与心的坦诚,心与心的温暖。我们用心去交流,真诚对待对方,关爱彼此。快乐的时光总是很短暂,让我们互相珍惜！对,假如我是女人,我可能不敢嫁人,不知怎样去跟公婆相处,有的东西真需要磨合。"

靖： 今天是第四天,就表白了："不好意思,晚上去泡温泉手机没带。只要你不离不弃,哪怕一辈子我也愿意奉陪到底。友情也好,爱情也罢。"

靖： 以上都是他的短信。老师,这是什么节奏,搞得我都晕了,不懂怎么回复。

2014－08－02 09:15

李： 感觉说这些话的时候和你无关,全是自说自话。所以需要你去透过现象看本质,一是人怎么样,二是如果人本质还行,你能不能把他调整正常。

靖： 对,因为都没接触,我也不好评价。他们那个地方的人很有经济实力,个个都狂,他自卑成这样,倒也稀罕。我一个表姐在他们公司,我不想急于去探听,先接触看看再说。总觉得有点不正常哈。是孤独久了的原因吗？还是大学的恋爱让他备受打击。封闭久了,就自说自话了。

李： 因为某种原因才孤独,也同样因为这种原因才这样,孤独不是原因,只是表现。

靖： 大学的恋人不在这个世界,这也许是重要原因。

李：其他遇到这种情况的人也是这种表现吗？

靖：不会。

李：所以先交往交往，先看人。在不吓到他的情况下，先尽量多地交往，不要谈过深的内容，尽量户外，这样说话机会少，能让人把心思放到外面。看能不能培养出一些感情来。

靖：好。我想起来以前认识的一个作家。他很矮，小腿微瘸。有小才气，人非常聪明。辞了工作，走南闯北，专门去采访本地在外的名人，后来知名度很高，出了一套名人丛书，向老板和政府机关推销。他那人也是自说自话，没见面就各种表白。处了一个女友，就到处宣扬要结婚。他那自卑完全成了狂傲，说几句话就扯到自己身上，人不稳定。

李：有了这个作家基础，就更好了解了。

靖：作家其实很有一股劲。文笔一般，但有那么大的勇气，其实也很难得。最后在事业上，商业运作很成功，也赚到钱了。哈，还有脸皮 N 厚！

李：哈，被迫走极端了。

靖：嗯，他为了心理补偿，见人就炫，见人就诉说不易，遭人反感。他其实见多识广，话题很有趣，人也热心，善谈，唉，活生生把自己糟蹋了。

李：对。

靖：明天马上上手。按老师说的几个原则。其实这些表情，你上课时有时也会做出来。比如有节课讲到对一些不靠谱的人时，老师就说，会很真诚地看着他们说些话，点点头。但是不走心，说完就忘。

李：其实这个方法应对人挺常用的，<u>通常对不靠谱的人这样。真诚没真心。</u>

靖：好。

2014-08-10 10:27

靖：这是我和一个诗人的合影，老师怎么看？

李：她平常是不快乐的，和你照相，快乐了。哈。

靖：诗人都多愁善感，我最近很有正能量喔，走到哪里哪里亮。现在发现不快乐的人好多！

靖：写作的事，编辑老师说我进步很大，文字让人有身临其境的感觉，情感也动人。最近也有好几篇文章上报了。我现在很注意征文比赛，写写书评，

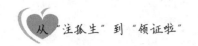

把自己以前看的那些书整理一下,发挥作用。

李:哈,文坛新星。

靖:编辑老师说,现在我的散文有自己的味道了,有生活气息了。现在倒不急于多出量,要沉淀下来再写。我上周写了五篇,篇篇他都夸。他评论写了都有一千多字,一篇参加报纸征文的,他甚至做了批注。所以,我想换换题材,换换思路,文章都是融会贯通的。我想写篇我的父亲,从童年少年、青年、中年、老年截取一个片断,把他的悲剧性格刻画出来。写人的生活都是受情感的影响,仿如宿命。晚年终于看开,用散文的手法写小说。一直动不了笔,总觉得一些逻辑找不到。不急。

李:现在千万不能停,因为还没有质变。要出现一个"标志性"或"里程碑"式的东西,才能进入"沉淀"的状态。我也是,这个不出现,就一直加速努力干下去。

靖:好。上周起了两个题,都写不下。这周都听课了,看了几部电影。下周继续。老师总给我指导思想。我还想写一篇,关于本地文化的,尽量写长,主导思想是陈寅恪的。当年中原混乱,文化都避开战乱,隐居到偏远地区,待到天下太平,再以科举的面目,华丽回归,来叙述本地文化。

李:好。

靖:好。暑假快乐!

2014-08-11 15:19

靖:早上九点开始,坐到现在,终于把《父亲》写完了,5 500字,字数太多了,可减不下来,打算去投梁实秋的文学征文,要求3 500—5 000字。

靖:写得太伤心了,哭得眼泪止都止不住,写的最长的一篇,晚点发给老师看,提些意见。

李:好。

2014-08-12 06:59

李:看看路遥的《早晨从中午开始》,是写《平凡的世界》的创作过程的。

靖:好。今天又在报上登了一篇文章。

李:好,我看看。

2014-08-13　12:12

蜻：哈,今天晚报又发一篇。

李：哈,多产作家。

2014-08-14　18:36

蜻：昨天写了一篇文章,脑子太过兴奋,两天失眠,觉得今天自己就跟傻子一样,老师写那么多文章,会有这种情况吗?傻子就是指练太极的时候,什么动作都记不住,奇怪,我都很久没这种情况,脑力透支吗?

李：你是感性写作,内容没有连续性。和我的模式不一样,我是持续思考。

蜻：编辑说,写作本来就是很累的事,越贴近生活,透支越多,不单精力,还有感情。

李：那是,你看看路遥的写作随笔就知道了。

蜻：那我这个状况就是正常情况。写我爸太累人了,以后多写风花雪月。

李：对。

蜻：出于写作目的,要多挑战自己。出于快乐生活目的,我还是轻松写作。两者我选后者。

李：看看路遥的随笔再说。然后再看看陈忠实的《白鹿原》创作过程,会有不同理解。

蜻：好。

2014-08-16　17:46

蜻：看完路遥的《早晨从中午开始》了,也看了陈忠实的采访了。

李：学习一下路遥的创作方法。

蜻：被路遥深深地震撼了,但我不认同他的创作狂热,但没有这种狂热,根本就无法写出伟大的作品。所以看《平凡的世界》时,你整个人是被感染着,推动着,激荡着,他给你力量。路遥无疑是一个用生命写作的人。

李：有些方法可以借鉴。比如他看名著。

蜻：对,我也要说到这点。路遥非常严谨,他的准备工作细致,理性,很有条理。

李：对。细致的构思、推敲,才可能有深意。

靖：陈忠实比较聪明，他的人缘很好。他写作品没有经历路遥那么痛苦。我在想，如果路遥有陈忠实的淡然，他可以活得更长。路遥的很多痛苦，根本没有必要去受。

李：哈，不是淡然，而是另一种思维系统。《白鹿原》对中国人与中国文化中的坏，描写与表现得是最深刻的①。

靖：我发现，陈写完作品，直接就跟人民出版社联系出稿，他人情世故谙熟，很会利用自己的资源，这跟他长期在乡镇工作有关系。

李：对，这是重点。

靖：而路遥的作品出版是有波折的。他是典型的书生，但他的作品是超越时代的，主题很励志。但他太过纯粹，悲剧人物，他把自己的生活都割裂了。陈忠实则很有韧劲。他后来因为这部作品当了省作协主席。

2014-08-16 17:51

靖：他解释自己的作品，讲人性，但小说的着墨点都在白嘉轩和朱先生身上，那是陈的精神元神。但他小说的宣传重点是田小娥，也是抓住了人性。嘿，很精明。我们这边一个作家看了他的《白鹿原》，特地写了一篇文章大骂。他觉得被陈给忽悠了，哈哈。

靖：还有一个，两人作品出来后，评论界反应完全不同。路遥是反应冷淡，只有几个人慧眼识英才。而之前他的作品屡获大奖，这个待遇太差了。而陈的作品一出来，评论界一片赞扬，尽管有很多批评意见，但评论界说了，无损作品的伟大，洛阳纸贵。完全不同的资源啊！

李：对两种书的评价，与其表现手法，与其时的社会的喜好，有很大的关系。

靖：但《平凡的世界》有敏感点，很励志。《白鹿原》就需要慧眼，去学里面的方法和人性。陈老爷子精明着呢！冲着这个，我要再看一遍！

靖：《平凡的世界》是青年，刚出社会，动不动就纠结，然后自我感动，走出来。《白鹿原》呢，是阅尽世事的老人。看透了，就无所谓分别了。能屈能伸，能化能立。只要命在，就有机会！

靖：打算整理下思路，写篇读书心得去投稿。

---

① 请在微信公众号"两情相悦的艺术"中查找《〈白鹿原〉中的"坏"与"色"——纪念陈忠实老先生》。

李：哈，好。另外还要注意，《平凡的世界》，由于作者本身的情感经历，所以感情方面的描写是比较单薄的。而《白鹿原》，情感方面很强。尤其是在"情欲"方面，可能是中国小说里写得最透彻的。用陈忠实的话说，是"撕开了"写的。从这句话就能看出他对情欲的认知的深刻。但是这种"撕开了"并不是"撕开了"不管，而是还能"合起来"，因此对情感上的启发，极为有益。

| 2014-08-18 21:27

蜻：前两周，一个同事的岳母，介绍了一个男孩子，1981年的，初中语文老师。相亲的时候，他父亲陪着去的。跟我聊得不错。一个多小时，在谈文学和教育。他父亲和介绍人坐到别处，觉得两个人的交流很愉快。接下来的一周，早中晚都会发短信。之后周末，一起吃了饭，看了电影。上周也联系得不错，周末他发短信说吃坏了肚子，我有关心，让他去喝藿香正气水。没见面。这两天，突然就淡下来，一天一条短信也没有。我发短信给他，也不会马上回。明显的转变。

李：他爸有不同意见？

蜻：他父亲跟他是同校的老师，妹妹也是。母亲是家庭妇女。男孩子，本身不修边幅，但衣着干净。

蜻：应该不是，他父亲对我印象很好。

李：那就是他妈？

蜻：这个人性格柔弱，发短信时的语言风格很孩子气，他妈我没见过。我估计有两种可能：一是，他妈妈去了解我，知道我比她儿子大一岁，打退堂鼓。二是，我同事说我脾气不好。

李：他爸能陪着去，说明是缺乏自主性的，容易受到外部因素的影响。而这种前后态度的突然变化，肯定受到了外人的影响。说你脾气不好倒是正好能对应他心理的兴奋点，因此这个理由不是。

蜻：对，我也觉得有变化。他妈妈没见过我。

李：没见过往往容易出问题。

| 2014-08-18 22:01

蜻：我同事以前说我脾气不好，他们爱说背后话。我现在哪有什么脾气，就是

他们整天聊天,我实在没空陪。

李:应该是他妈。继续接触。语言可以"霸道"一些。比如喝药,可以用"命令"的口气。

靖:晚上我发一个短信,半个小时了,还没回。

李:这种性格,"点燃"以后会很不顾及父母意见的。换个口气试试。

靖:他母亲很霸道,他很怕他母亲,多买一瓶酱油,都怕被他母亲骂。

李:越是这样,抓住敏感点后越是会反对他妈。

靖:还有上回跟老师说,说一大堆基本跟我无关的选手,前两周去安徽了,他在那里开了一个公司,有短信联系。没见面。今天他去合肥,告知我了。下周回来上班。

李:你觉得人怎么样?

靖:哪个?语文老师吗,还是自说自话选手?

李:哈,我记不住。你觉得人好就行。广泛交往也是在补以前的课。

靖:两个应该都不错。自说自话的这个,倒是在升温。老师,刚开始很火热,比较不稳定。

李:这样想可以,但是不要影响行动。在行动中去调整。

靖:怎么说?就是不要被自己的想法制住了?

李:继续进行,视进展相应调整节奏。

靖:老师,我这回对语文老师的性格判断挺准的。觉得他这种性格,就跟《胡雪岩》里的潘叔雅的朋友一样,轻易地热情,又轻易地善变。

李:哈,那胡雪岩是怎么拿住他们的?

靖:翻了下书。表示出合作的意向,但是不急切,甚至是把这事暂时放开,去做自己的事,给对方一段时间的冷静期,并让对方直接去上海考察。这种性格比较孩子气、不稳定的人,一旦耍起脾气,会很激烈。温水煮青蛙。

李:没发现很重要的一点。胡始终用上海的花花世界勾着这些人,反倒对钱不是那么上心。这是很有智慧的路子。

靖:那我该用什么勾他?他现在拒绝回短信,哈。昨晚发的,今天没回。

李:不回,一是反复想办法让他回,二是也没多大关系,至少又多一个思路。

靖:男人的热情好像都一阵一阵的,我还真是手段不够,难以把控。

李:哈,热情不热情跟是男人还是女人无关。先练本事吧。

靖:之前一个星期,很热络,之后交流也没问题。突然淡了,应该是他母亲去了解了什么。然后应该是我身边的人，提供了什么讯息，让她觉得不理想。

靖：应该是我身边很近的人，她觉得消息很可靠，然后影响她儿子。以前也有过这种情况。也是聊得好好的，突然就断了。所以，我才会这么敏感。

李：你最起码应该想到下次再相亲，就在话语中提前把这些"讯息"堵住。

李：说明不够敏感，相亲也是一个互相审视的过程，"好好的"就可能有异。

靖：哈，只是这一回，对方太主动，他父亲还叫介绍人，问聘金。突转直下，呵呵，有点闷，需要总结一下。

李：对呀，这不是更反常？应该马上就意识到是不是有什么不能为人道的东西，才这样急迫。

靖：嗯。我倒是没反应到这点。只是跟介绍人说，我要接触人，才能判断合不合适。

李：多阅历，多琢磨，就有了。

靖：好！

2014-08-19 10:32

靖：我给那个老师发短信说，我猜他是个容易受人影响的人，人角度不同，当然意见也不同，还是要相信自己的判断。"你的短信我看了不下十遍呐！一语中的呐！我也无奈呐！"那个老师刚才回的短信。

靖：为何而无奈？有何可无奈？这是我再问的。静等回复中……

李：哈，你不应该再发，让他去思考。你一问，就把他受刺激积累起来的压力释放了。另外这种逼迫的语气和他妈一样了，就弱化了第一个短信营造的"懂他"的感觉。

靖：怎么解救？

李："其实无奈也挺好的"。哈，发过去就再别联系了。

靖：好。

李：过两天没动静，找他去喝酒，看看有没有效果。

靖：呃？

李：发了这条短信过两天没动静，再发短信，叫他去喝酒。

靖：好。让他来我这边，我请他喝酒，怎么样？

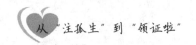

李：你就说"出去喝酒"四个字，有回应再找地方。
蜻：好！

2014-08-22 11:23

李：你发的稿子看了一半。马上开学了，有些焦躁，实在看不下去了。
蜻：哈，老师这个段次的高人也会焦躁，看来我有小纠结，也是正常滴。
李：当然，从一个状态进入另一个状态，要有个过渡。
蜻：老师，我在想要不要去投石问路下，申请调到上面去。这半年刚好有发十几篇文章，正好可以利用下这些资源。打算通过同事找上面的领导说说，自荐去写材料。
李：先了解一下办公室的人员编制情况，对写材料的需求情况就有底了。任何求人的事，都是让对方主动比你主动，效果好。
李：还有，办事过程中，不要牵扯人太多，以免物议纷纷，把事搅黄了。有这些文章，调动你是天经地义的，夹杂了没必要的关系，反而给自己设障碍。
蜻：好，我下周就办这件事。
李：你一想这事，我都能感觉到你眼神变了。老早让你谋发展，也是这个意思。
蜻：写材料肯定要再学习，我也就是占个有文学底子的优势。其实我以前一直想调，都没有机会，有职称也不顶用。
李：如果和领导有交流的机会，不要强调自己的写作，发表文章这些事。不要多说话，就让这十几篇东西自己说话。过于渲染反而蛇足了。
蜻：好。

2014-08-24 21:41

蜻：今天发了"出去喝酒"的短信给语文老师，没收到回复。
李：那可能就没戏了。
蜻：嘿，不过感觉无所谓，当练一个本事。我一直好奇，他会怎么回。

2014-08-24 22:11

蜻：刚回了："喜酒！"

李：什么意思？"喜酒"？！
蜻：他问我是不是去喝喜酒？
李：你怎么回的？
蜻：我说找你出去喝酒。
李：然后？
蜻：还没回。
李：好，等。
蜻：他这是神回复。喜酒！
李：本来就是幼稚型思维。
蜻：他回了："我不会喝酒的！呵！谢谢呐~"
李：哈，你怎么回？
蜻：还没回。
李：准备怎么回？
蜻：呃，那就喝可乐~或是，那你喜欢喝什么？
李：什么呀！？
蜻：咦？
李：时间紧就不启发你了。
蜻：哈！
李：回："难怪"。
蜻：什么逻辑？让他好奇？
蜻：实践题？哈，我看他会怎么回？真好玩~
李：不是好奇，他这样的人经常被这样说，现在再被你这个不熟悉的人也这样说，可以把压力激起来。
蜻：喔哈，激将？
李：有一点，但还不是。他会经常受到说他妈管得严，他独立性差的评价，积蓄了很大压力。你这不是激将，而是有些"同情"，心理感受会比差评更难受，希望能激起些什么。

2014-08-24 21:47

蜻：老师让我发"出去喝酒"，就已经意识到他会这么回答了。这是第二个转折,就是为了让他难受。其实提出邀请,本来就是为了接上这句话,而不是真的要去喝酒。也可以说,这是设了一个针对他性格弱点的局,请他进来,难受难受~~

李:可以这样分析,但之前没想这么多,可能是"实战"过多,好多套路下意识就出来了。

蜻:大风起于青萍之末,连末都察觉到了。老师对人的心思的把控,真是细致入微。我学了一招,要让男生难受可以用"同情"这一招。

李:任何手段都可以活用,但是要做得不显山露水,是"下意识"地在说话。

蜻:嗯,不夸张,人心真的太好玩了。

李:这要大量实战才能练出来。

蜻:嗯。现在跟人打交道,一些课上学的东西,就会跑出来。然后会注意对方的反应。会去想着拿捏他的性格,话也会思考后再说。有些没必要的,宁可不说。会告诉自己,不要追求场面上的热闹。

李:对,动物世界上都是这个路数。这样下去你眼神就柔和了。

蜻:昨天跟朋友吃饭,一个晚来,坐我们这桌,他喝酒,我就马上去张罗帮他拿碗筷,全座都看着我。

李:哈。

蜻:现在会去反应别人需要什么,一个朋友开玩笑,刚见面的人,都被你勾引去了。

李:好。

2014-08-31 14:55

蜻:老师,你微信上有个很多表情的图,要怎么分析呀,我怎么一头雾水呀。我只看出了几个。

李:现实中,很少有单纯的表情,大多数表情都是杂糅的,因此一种眼神不会只有一个意思,而是至少有两个意思,都要分析出来,对人的认知就更全面了。写出来后,还要在实践中去验证,本事就一步步提高了。另外自己模仿一遍,感觉会更深。

蜻:这个有标准答案吗?

李:每个人的识人标准都不同,所以不宜有标准答案,反而会误导。能想开来,想出来,是最大的收获。

靖:嗯,明白。对着镜子,一个一个表情去感觉。

李:哈,对镜子就感觉不到了,就是看着图片去表演,自己体会模仿到位没有。以后能熟练运用很多眼神表情,还是很厉害的。

靖:好。

2014-09-02　11:54

靖:周末去游玩,写了两篇游记。发现写文章跟做事一样,再精巧的构思都没用。你就是要坐下来,着手去写,把你想到的写出来,场景会随着你的笔调,更多地跑出来,一幕一幕,然后不断地修整,让它连成一个整体。去做,去写,才是关键,这也是真抓实干!~~

李:哈,创作思路出来了。

2014-09-07　09:40

靖:昨天去拜访一个表叔,聊了很久。嗯,他是早期的大学生,1952年的,后来又去部队,长期担任领导职务,我爸老说他不干脆。但我很喜欢他,常常去看他。现在我觉得我爸的那种快意恩仇的方式,完全不靠谱。表叔就是老师说的典型的能办事的人,考虑周全,不轻易表态。但我爸觉得他太琐碎,我要认真地去重新认识他们~~

李:对,有个原则,太热心的,通常都不是能办事的人,除了生活琐事。还有,白来的,一定不是好东西。

李:对,随着"形势"发展,是要有个重新认识的必要。

2014-09-10　07:44

靖:老师,节日快乐!这个季节真赞,这么多节日!秋收的时候哈!

李:哈,快乐!

靖:最近在看《燕山夜话》,觉得邓拓的写作风格更像评论,议论文。我表嫂说我,可以往政论、时评这一块去靠。此时看这本书,有很多可取处~~

李:看这个就是找"意思",多琢磨琢磨,你的文章里也要有意思。创作还要有灵感和状态。

蜻：嗯，有时候写顺了，会有一气呵成的感觉。对我这个阶段，可能语感比理性更靠谱。

李：对。

2014-09-10　07:51

蜻：我以前看过一篇论文，关于《激论》，文中考证说历史上很多事，都是为激情、意气所误。所以，左方说，在后退中前进，跟毛泽东的星星之火一脉相承。也是失败是成功之母，失败了，后人就知道这条路不通。

李：哈，我感觉不是这样，有意气是因为人不了解其中奥妙。

蜻：老师说的是意气的由来，王泛森说的是意气的危害。但要避免意气，王泛森毫无办法，这个才是关键。

李：没有意气，哪来的意气的危害。看雍正，基本没有意气，即使偶尔出现也只是一种手段，一种驭下、震慑、推行的表现形式。

蜻：嗯。上回家里拆迁的事，我也是一肚子意气，现在知道各人都有各人的立场，就务实多了。

李：是。

2014-09-24　10:22

蜻："大学生要有动手能力"讲座①，听了四五遍了。哈，说到女生聊天，脸上表情是你快点说完，说完我说，还真是形象。我也有这个发现，原来以为是自己的问题。现在我知道了，要动嘴，所以，需要时，沉默也挺好的。

蜻：看完《燕山夜话》，写了一篇书评，今天日报登出来了~~

李：真是狂产作家。

蜻：晚上认识一个学美术的男生，1980年，原来是美术老师，辞职后，现在给一个做泡澡浴桶的老板打工。头发烫成卷发，染了颜色，做成蓬松的发型。穿淡蓝色棉麻衬衣，袖子可以卷起来的长短两用型。扣子开到胸口，露出一大片皮肤（我一直有冲动要帮他扣上一个，太碍眼了）。穿很修身的窄脚裤，裤腿卷起，穿一双红色的系带鞋。脚踝露出一大截。左手戴沉香的手链，卷成两圈，右手一个戒指，一个手表。表情有点女性化，郁郁寡欢，

---

① 请在"喜马拉雅"中查找"李晨老师讲情感"，即可找到该讲座的音频。

偶有抿嘴的动作。应该本身的感觉比较土气,包子脸,但装束比较洋气,两者之间没有融合好,怪怪的。朋友的朋友(女的)跟他说话时,碰了一下他的胳膊。为什么我的感觉很怪异?

李:哈,这个描述很准确,反映出了内在的不协调。

2014-09-28　09:19

靖:以前说过的初中同学,是年初表嫂介绍的,他说我们认识,拒绝人家搭线,也没跟我联系。两个月后加我QQ、微信,开始聊天。我找他时,各种没空。不理他时,又找我聊天。夏天有两次搭他便车,此外都是微信聊天。七夕,他约我去游泳,我觉得不方便,就没去。从这以后,就不再跟我聊天。老师对他的判断是,要么性格软弱,要么心思游离不定,有可能社会稳定性差。昨天我婶婆上门,跟我妈说,对方要跟我们谈亲事。跟对方说我们有接触过,年纪都大了,赶快谈定聘金定下来。我婶婆不会讲话,把我妈说得都生气了~~

李:哈。婶婆是热心还是中介?

靖:介绍吧。她很少上门。

李:哈,不管她。你觉得怎么样?

靖:不靠谱,都不接触。他的性格我琢磨不定。

李:那先按兵不动,看看后续发展。

靖:好。

2014-09-30　09:27

靖:编辑老师给我的邮件:"看你的文章,慢慢发现你是一个做事认真、执着而实心的人,作为一个女作者,你的行文相当扎实、朴实、真实,没有多少'花腔',也不爱过度张扬,但内心里还是有一股较真劲,这种风格应该与你的为人很相应?我相信在你写作的时候,你是快乐的,也是奔放的,所以辛苦伴随着慰藉,收获跟着喜悦,你才会一直写下去是不是?你似乎已有比较广泛的阅读面,应该知晓作家与作品的关系以及文学意味着什么。写作是自由的放松的,也是有选择的谨慎的,写到一定程度,能不能出彩,就看作家的机缘和悟性——这里面有对自身的醒省、对外面世界的洞见,对自己所追求的艺术的一种模糊的印象或记忆，我建议你现在可看一些外国文学，特别是女作家的作品，看她们的小说，构思精巧的、才情横溢的、蕴含深刻的作品，日本的、欧美的作家都可看。在这方面我有较多感悟，我觉得我们写了半天，有时看到人家一个好故事，一种很自然的写法，就能出名作，我感到惊讶！文学它不神秘，主要在于发现，你找到一种有价值的素材，可能比埋头写三年都更有意义呢！在人生经历、真实生活与文学之间，我们应该用十二分的努力去探寻和发现！至于写法技巧文笔等，倒是末事，这是我的看法。刚才在办公室审稿，还看了你写汪曾祺的评论，觉得好，又有空闲，所以多写了些给你做参考，真希望你不断进步，早点收获属于你的成就和快乐，祝福你！"

李：说得好。查一下"黄土画派"，多些借鉴。

蜻：好。广泛学习，立足本地，扎根生活，反映现实。

2014 - 10 - 07　18:36

蜻：假期去表叔家，两个表妹，一个坚决独身，一个生了孩子，正在闹离婚。表叔重男轻女，生了一个女儿，想生男孩，结果又生了一个，又是女孩。小的寄养在亲戚家。他又出轨，都不回家。家里闹到纪委，没办法升官，后来就离了。表婶传统，把离婚看成天大的事，天天跟女儿指责前夫。现在大女儿对人性完全失望，很封闭，都不跟人接触。小女儿嫁了，又离婚了。纵观小表妹的婚姻，处事方式，简直惨不忍睹！更加深信老师说的，父母最大的负责任，就是教给孩子，应对人，处事的能力与手段。

李：唉，现在这种类型太多了。

蜻：下午大表妹跟我聊天，她都哭起来了。我让她去批判父母对她的影响。

李：不容易。让她先看书吧，但不能送，就说是为人处世方面的，或者找个她敏感的切入点。

蜻：嗯。

2014 - 10 - 23　16:52

蜻：今天霜降，上海该冷了吧，老师记得添衣保暖~~

李：好，哈。

蜻：做了一个分析。男，1978年出生，家中的第三个儿子，两个哥哥大他八岁以上。驼背，含胸，喜手放背后，走路整个人状态不稳定，会有些微摇晃。平头，皱纹较多，比同龄人老态，但眼神柔和。四岁在乡下。后随做生意的父母在大连生活到十岁，暑假回家乡，死活不肯回大连，遂寄托在亲戚家里，跟亲戚小孩一起长大。家中父亲经济较好，知道父亲有拿钱给亲戚，没有寄人篱下的感觉。家中有一堂弟，一起在同校念书，爷爷每月送钱过来，堂弟会乱花所以都交由他保管，但他往往都不怎么花钱。童年最有印象的记忆，是舅公很严厉，去哪里都要报告，让他觉得很怕，不喜人管束。问及一人留在家乡的原因，是因为在大连老被关在一间屋子里，不自由。初中有钱常买烟，让同学抽，自己不抽，觉得因为烟，有一群人跟在自己背后很风光。堂弟被人打，他带一群人打群架，后被迫转学。后考上大学，与同学谈恋爱，原以为会结婚，女方发生意外，从此没谈恋爱。父亲做生意很有钱，在大连发展很好，对子女很好。母亲嫁过来没受什么苦，喜评论，但没坏心，说过就忘，出于弥补，对他很好。父亲大笔工程的开支都会汇钱给他，让他列支，两位嫂嫂有怨言。为人慢性子，但精明。据同事说跟任何人都不会生气。据他自己说，同事开非常过分的玩笑，他都不会放心上。有游泳习惯，每天游，直到元旦。接触近三个月，每周有一个晚上一起散步两个小时，他坐半个小时公车过来。他表哥的小孩放他这里读高三，每天陪小孩补课，煮一日三餐。聊天会说很多小孩的事。上周起，一周散步两个晚上。今晚说了比较多家庭的情况。在一家证券公司上班，有做投资生意。生活比较节省，自己做饭。目前观察，没买车。

蜻：上回跟老师说起过这人，大致是比较自说自话的人。说话走路稍微有些摇头晃脑。他说自己很自卑。用诺基亚的老人机，不用微信。现在跟我在一起，越来越放松，讲话也越来越大声。

2014-10-24　00:04

李：看你的意思人还可以？

蜻：人挺柔和的，就是形象太矬。弯腰驼背，嘿，一直都是他坐车来看我，一句抱怨的话都没。对寄住的小孩很尽责任，人也整洁，那个腰比虾还弯，一看就不自信。不过童年那样，估计也没人训练他有好的行为。跟我爸很

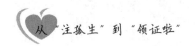

像,但好在家中经济好,又受过高等教育,有底气,所以就没我爸那些毛病。

李:哈,好。

靖:昨天说的那个正在接触的人,给了我三个小礼物。第一次一起散步,他带来一盒手工巧克力,说是去外地的时候看见特地带回来的。第二次是中秋带了一个手工的肉月饼。第三次是我咳嗽,他给我带了一个保温瓶和一瓶蜂蜜,是特地去超市买的。感动在慢慢地接触里。我现在也在尝试渐渐改变他。昨天散步时,我就开玩笑让他手不要放背后。老师怎么看?

李:还没到改变的时候。先以关心为主,离不开了再改变。即便是说这个手的时候,也是要突出关心,而不是改变。

靖:好。

2014-10-26 13:39

靖:得意得不得了。早上参加高级会计师考试,居然淡定得几乎没读,试卷也做得满满的,三个半小时考完,人居然没有那种厌世的感觉。以前我怕极了这种感觉。现在精力很集中,我居然把题目都做完,发现答错地方,居然也没慌乱,这淡定,嘿~~

靖:近一个月坚持看《新华每日电讯》,把社论读出来,果然在关键时刻讲话气场就出来了,又有逻辑,又有气势!赶紧叫学弟学妹们多练哈。

李:哈,好。

靖:今天反应很快,都是凭老底在做题,思路很好。重要的是注意力非常集中,这是以前没办法的。

李:现在这已经不是重点了。加快情感进程。

靖:嗯,老师,对我说的那个人怎么看?

李:从你的态度看感觉还可以。

靖:就是这形象,怎么看怎么猥琐,精神气太少了,就是整个人是缩着的感觉。我一直搞不懂,他家一直经济很好,他也一直在很好的高中上学,也上过大学,怎么把自己搞成那种猥琐的感觉。不过他文字能力很好,表达很好。

李:那你就启发启发。

蜻：已经有在进步啦~

李：就是嘛。人都是可以改变的。

蜻：好。反正我跟他待一起也挺能说的,两个小时说下来,也不觉得烦。他现在也越讲越多了。再加上要照顾那个高中生,吃饭什么的,也规律多了。要跟补习老师接触,也乐观多了。居然把家借给老师补课,不过一群小孩吵着他,也是一个大的外部压力！晕死,我以后一定要把他原来的衣服全换了,老气横秋,什么品位。

李：一群小孩,也可能是舒缓压力。

蜻：对呀,现在觉得是好事,给他带来活力,他一个人太久了。家人都在大连~~

李：对。心态恢复了,自然就不需要小孩子了。

蜻：上周开始跟我讲他的父母哥哥嫂嫂了。他很节省,天,你想象不到,他父亲至少让他管理近千万的钱,他居然省成那个样子,估计要从享乐入手。他自己在证券公司,工资也不低,就是抠,他自己也说自己小气,不是普通的小气。要不,先加快进展,先结婚,结婚后慢慢来。

蜻：怎么样,老师。

李：哈,这个弟弟好离奇。先进行着吧。

2014-10-30 07:07

蜻：老师,怎样才能做到光棍心多,麻布筋多？我好像遇到骗子了。接触的那个人,我昨天让表姐去了解了一下,工作单位是假的。我在想莫非我有上当受骗的基因,为什么会那么相信介绍人？

李：介绍人怎么样？

蜻：一个介绍人介绍的,这人挺靠谱的~~

李：通常都会相信介绍人的。那你把你的疑惑给介绍人说说,看她什么反应。骗子通常不会花这么多时间的,没借钱什么的吧？

蜻：没借。我表姐在他们公司。以前我是不急着问,怕亲戚太关心,到时大家都知道。也是因为以前有过太早打听,因对方一些缺点就急于否定人,所以这回就悠着点。

李：和介绍人联系。

靖：有必要弄得知道的人很多吗？我在想了解清楚后直接找个不合适的理由，就断了。

李：怪思维。介绍人介绍的，你有了疑问当然要多问些情况了。这是太正常不过的路子。

2014-11-01 20:11

靖：老师，那人晚上给我发短信了，内容复制如下：

靖：他："不知咳嗽好了没有？不少人认为，哮喘是时刻都有喘息，不喘息就不是哮喘。其实，哮喘只在急性发作时才会有明显的喘息症状，缓解期和正常人并无多大区别。有一种哮喘叫咳嗽变异性哮喘，仅表现为长期的干咳，并无明显的哮喘症状。哮喘是一种慢性气道炎症性疾病，这种炎症造成呼吸道的高反应性，气候变化，吸入刺激性气体，接触过敏原，上呼吸道感染均可诱发哮喘。这种气道炎症使用抗生素治疗无效，目前全球防治哮喘疗效最好，不良反应最少的方法是微量激素吸入法。你调查我的出生日期是错的，我是8月3日出生，中信银行送给我的体验卡作为生日礼物都是这一天。人生苦短，请别乱折腾。小时候生活很简单，长大了只过简单的生活，别无他求。我家虽不富有，但很和谐，这就心满意足。"

靖：我："你在证券公司上班吗？富不富不重要，但诚实关系一个人的品性，我无法得知你的成长过程，只能通过细节来判断一个人。要证明出生日期，很简单，把你的身份证，照张给我看，就可以了。"

靖：他："彼此之间失去信任，这恐怕比捉得住、看得到、摸得着的把柄更可怕。心死总比欺骗更简练。我不习惯包办和买卖婚姻。"

靖：我："本城很小，隐瞒根本没有意义。你说你出生日期是什么时候？身份证你敢照吗？要证明你说的，你得用事实说话～～"

靖：他："拍张假的你能看出来吗？假如这段时间给你造成伤害，我深表歉意，如果你还不解恨，请去举报，我也会感谢你。请原谅骗子知难而退。"

靖：我："你本性其实不错，愿好自为之，走好人生路，也给孩子做个好榜样～人生路还长～～"

靖：他："谢谢！"

李：然后呢？

靖：他："你调查好了吗？还说本城很小。气死人不偿命，你不用回了，不能再浪费你的短信费。"

| 2014-11-01　20:17

李：哈，那你到底调查出来了什么？
靖：我朋友在公安局，说没有身份证号码查不出来，所以我也没办法确认。现在用身份证可以查询个人信息，不管他提供的是真是假，都可以证明一些事情。
李：现在变成无头公案，没有个确实结果，就麻烦了。到公司前台问一下也可以。
靖：我表姐在证券公司是财务主管，那天不放心，把花名册拿出来，一个一个人对过去，连临时工都没放过，都没这个名字。没在这家公司上班，这是确定了的事。
李：可以把这个话给他说。
靖：说了，他是这样回的："彼此之间失去信任，这恐怕比捉得住、看得到、摸得着的把柄更可怕。心死总比欺骗更简练。我不习惯包办和买卖婚姻。"
李：怪事。会不会是下面营业部？
靖：我表姐是他们公司的元老了。然后我问他认识我表姐吗？他一直说自己在办公室。我姐是财务总监。他们总部的人，她都认识。底下的，后来拿花名册一个一个对过去，没有。
李：这个给他说了吗？
靖：说了，他不正面回应这个问题。
李：那就有问题。蹊跷人做蹊跷事。我说怎么没见过这种做派的有钱人呢。这一篇就揭过去了。
靖：我一直觉得他那个姿态有点怪，但说不上来。喜欢把手背在背后，走路驼得不像样。感觉没有男人的坦然大气。这段时间接触下来，其实人不错的。
李：哈，人其实都是不错的。错的是思维、路数、心理，以及带给他人的不好的结果。
靖：好。揭过去。

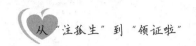

| 2014 - 10 - 30　08:41

靖：我打电话问介绍人了,她说这个人的情况,她也不是很了解,说也是别人介绍给她的。她还说一个城市就这么小,了解一下就清楚了,真想不通对方这么做有什么意义? 然后我就傻眼了~~

李：所以你说她很靠谱,显然判断有问题。再从其他方面收集信息,也可以直接接触这个介绍人,把她看透,就不白受这个折腾了,多了解了一类原来你认为靠谱而实际不是的人。

靖：我都有点怕~~

李：哈,你应该高兴,没有任何风险,又长了见识。

她：这段时间,我在处理他的事上,觉得自己差了火候,好像遇到瓶颈期了。

李：这个先不急着反思,先放一放。以后再有这种不靠谱的介绍人介绍,一律要考虑了解清楚再接触。还是那句话,要广接触,多撒网,这样机会比较多。

靖：好的,那我就不去想这一块了。

| 2014 - 10 - 30　09:03

靖：对了,老师,有一个人,最近有接触过两次,是我初中同学。之前有跟老师提过。这个夏天,加了他微信,有时会聊一两句。

李：人怎么样?

靖：我说不上来,给你看看他的照片。

李：这个可以,人看起来很老实的样子。先接触接触看。

靖：可是我觉得是同学,以后没在一起,多不自在呀。再说,家里离得近,到时很容易弄得所有人都知道的,会感觉被绑架。

李：不要去考虑这种因素,正常交往就行。

靖：交往倒是有接触。之前我发微信,说在城里吃饭,给我留言说他也在城里,可以顺道送我回家。还送我两个朋友回去。我朋友还夸他不错,说如果是单身,一定要抓住。路上有聊天吧,我觉得这个人有点说大话,虚夸的感觉,所以一直在犹豫。

李：人有虚荣心,很正常,这个不是大问题。男生跟女生接触,前面几次显得牛逼,也是为了衬托自己,吸引异性,这是个正常事。还是要多接触,多来往,多了解,不要先入为主。

靖:好。那我们接触接触,看看再说。嘿,人倒是蛮高大的,脸方方的。

2014-10-31　18:56

靖:老师,今天,我接到初中同学的电话,约我明天去他朋友的公司,要跟我谈稿子的事。嘿,上周考完高级经济师之后,他用微信发一份稿子给我,说他朋友的公司开业,写的这个公司的简介稿,他觉得不通顺,让我给修改一下。电话里他说他朋友要请我吃饭。

2014-11-01　23:30

靖:刚回到家里。今天在他朋友的公司坐了一整天。哈,我一直在泡茶给他们喝。听他们聊天,不过觉得好像主角是我呢。他朋友叫我作家呢!

靖:刚开始的时候感觉有点开心,又有点不自在。他坐在我对面,一直在笑。哎呀,我都觉得不知道要怎么办了。后来想起老师说的,就主动说要泡茶,茶壶在手,<u>把心放在做事上</u>,轻松了很多。<u>又可以观察他们</u>。哈。

靖:那个朋友是他以前的同事,他们认识十几年了。我怎么觉得他朋友把我当他女朋友的感觉。不过还好,他介绍说是同学。一起吃了午饭、晚饭。一整天相处过来,觉得有很多东西都可以聊。晚上的时候,又来一个他以前的同事。我话没有说很多,有时回答他们问的,有时插一两句话。嘿,一直在笑呢。晚上他送我回家,讲起以前初中时候的事情,说到同学,哈,感觉很亲近。

2014-11-03　23:23

靖:晚上又一起约去他朋友那里喝茶了。那个地方倒是不错,在闹市区,一层的办公楼,隔成写字间,设了一个小茶室。简单的桌椅,哈,有Wi-Fi,还有充电器。嘿,他昨天没联系我,我都有点小失落。他说他不喜欢聊微信,好像这样面对面聊天也不错哦,更真实的感觉。都是年轻人,更自在的感觉。老师,晚上回家,我真的有意犹未尽的感觉呢。嘿,他人蛮高蛮壮实的,感觉很憨。可能真的背景相似吧,说到童年,说到乡镇,都有很多话题。我也跟他说了一些家里的事，说父母，说弟弟。他有一个姐一个妹呢。对了，他戴一副黑框眼镜，我看着碍眼，不过时候没到，要慢慢影响他摘下来。

▍2014-11-05 10:16

靖：跟办公室女同事闹纠纷了。她们组织一大群人聚餐，在我面前一个个通知过去，就是不叫我。我觉得很郁闷，感觉被排挤了。

李：那说明你和她关系没处好。哪里得罪她了，纠结这个没什么意思。处理这种人际关系，要有高度，简单热情地应对就行了。

▍2014-11-07 23:30

靖：晚上又去他朋友那里喝茶了。下班的时候，他打我电话说要一起去城里。那个时候我都坐在公交车上了，就在下一站下了车，等他来接我。哈，好像还是不熟，坐车上一会儿，才慢慢找到话题。我发现他开车很专注，开得也慢，很稳哈。又是去喝茶，哎呀，他好无趣哦。不过好像也不错，他会跟他朋友说起他们都认识的人，我就在旁边听着，倒倒茶。都是年轻人，四五个在一起，也很容易找到话题，不会无聊。他有点大大咧咧的，脾气倒是蛮好。不过有时也喜欢抬杠，晕死。一起说起一个字"矗"，他说是念"chu"，我们不信，他居然特地去查。哈，不过，他对了。有点小较真吧，突然觉得这个样子的人，很可爱。

▍2014-11-08 23:30

靖：早上朋友说有一个画室，今天办画展，约我一起去看。我就发微信问他要不要一起去。结果半路上朋友放我鸽子，然后他说要一起去沿海的山上玩。我们这个地方，本来是海，后来地质变化，海底的石头升上来，倒成了一个景区。那些石头很巨大，随处可见早期被海水侵蚀的痕迹。风很大，老师，那个时候突然有种沧海桑田的感觉。呵，以前我们念初中时，离学校不远的地方，有一处海堤，下面也有很多块石头，跟这个是一样的质地。跟他一起走在石头上，远处是茫茫的天空，风吹得人的衣服都鼓了起来，突然间觉得有这样一个人在身边也不错。

靖：然后，一种害羞的情绪上来了，我觉得很不自在，走路也不是，站着也不是。他好像很喜欢喝茶，说有一个中专的同学在这个镇上开店，就去他同学那里吃了午饭，聊天。哈，他同学是做销售的，好可爱的一个人，一直在宣传产品。他倒是好脾气，耐得下心来。

靖：我好像蛮喜欢看着他。黑黑的，不拘小节，就是坐的姿势有点随性。路上两个人聊了好多。他说起以前吃过的苦，听得我很心疼。我说我不知道，居然曾经这么难。他说都过去了。我说，我们往前看。车开在路上，两个人在车里，好像真的有一路同行的感觉。

靖：老师，你说，这是不是爱情的感觉呢？就是会想着去安慰他，去鼓励他。心里揪揪的，心疼他受的那些苦。他说，那个时候，家里人都找不到他，十个月时间，简直不是人过的生活。他说那个时候，身体底子搞坏了，现在一吃多样食物，在外面吃，回去肠胃就不舒服，会拉肚子。我建议他去买点小米熬粥。后来正好经过超市，我就自己去买了，放他车上。哈，关心人的感觉很不错呢。

靖：他的朋友好像都蛮喜欢我的。哈。一个朋友在微信上卖贡橘。我捧他的场，定了两箱。下午让他陪我拐过去一起去拿。我后来又多拿了一箱，去他朋友那边喝茶，就多拿了一箱，放他同事那里。整天在人家那里喝茶，挺不好意思。另外一箱，就让他拿回家给家人吃了。哈，变得很有人情味吧。

李：哈，送你一首诗，自己找感觉。《偏是》：我原不想他，偏是梦里见着。既然梦里见着，偏是夜鸟叫着。夜鸟干我甚事？偏是闹得我睡不着。睡不着也罢了，偏是那月亮儿又淡淡地照着！

| 2014 - 11 - 10   18:02

靖：这两周都有一天在一起一整天，家里人都默认是在交往。呵，彼此都没有表白之类的，他没说，不过这个状态应该就是心知肚明在相处吧。哈，他朋友的调侃，也默认我是他女朋友。挺享受这种感觉的，两人常常腻在一起，有时一整天都形影不离的。他爸说，结婚吧～我妈说，接触一段时间。他妈我见过了～～

李：哈哈，厉害呀！

2014-11-15 20:31

靖：昨天晚上我初中同学叫了他几个朋友一起吃饭，在他家附近的一个饭馆。喝茶到十一点，明天约去公园~~应该是正常节奏吧~嘿，我打算拉他去骑车~

李：挺好。要多关心。

靖：好。

李：要往心里去。琢磨琢磨这个感觉。

靖：嗯。我也开始投入，亲近的感觉渐渐出来~他今天也关心我咳嗽的事了。他朋友都知道我们在交往。我就过去帮他们倒茶~

李：好。"投入"这个感觉很好。

靖：呵，好像有同学这层关系，进入他的朋友圈比较容易，也更有话聊~~

李：这种情况要注意区分，和他是私情，和其他同学是公谊，这样的对比，他的心理感受就强烈了。

靖：嗯。我和初中同学几乎没联系了。呵，渐渐进入状态~~会有不好意思的感觉，三人坐车后排，有时不凑巧坐中间了，也会往他那边靠~~

2014-11-16 22:30

靖：哈，有一点儿这个意思了。他好像也蛮喜欢跟我待在一起的。今天说要一起去公园。不到九点，他就发信息，说一会儿过来接我。一路上，两个人都有得聊。说到很多以前上学的往事，呵呵，突然间发现，我早不记得他当时长什么样了。他调侃我那时"风很透"，本地话，很拽的意思。看来虽说是同学的情谊，但好像只是加了一些熟悉感，我喜欢的是现在的他。

李："我喜欢的是现在的他"，赞！

2014-11-22 12:49

靖：今天一早，他打电话过来，说今天要来拜访我父母。哎呀，吓死我了，马上就拒绝了，说我爸不在家。让他改天。老师，我还记得那一刻的感觉，慌乱、害怕，真的想避到另一个世界的感觉，是灰姑娘要脱下水晶鞋的感觉吗？怕得我马上就打电话给我最亲近的朋友。她说没关系，可我还是怕，还是选择拒绝。今天初一，他父母还有堂嫂要过来我家，我有点怕，家里乱七八糟的。

靖：现在在做卫生。哎，饭还没吃，没洗漱。我婶婆过来，把我训了一顿，说今天是好日子，赶紧把事情敲定了，订个亲，还拖什么拖。老太太够狠，一边骂我，一边说我妈，一边帮我一起整理。

李：哈。写得和诗一样。

| 2014 - 11 - 22 12:53

靖：应该是过来敲定聘金什么的。

李：这么快。哈。聘金要多少？

靖：不知道，我还真不知道。他父母急，那就让父母做主吧，也是一个推力。

李：那从下聘礼，到办喜事，一般要多长时间？

靖：估计按这节奏，一个月就完成了。早上我不知道规矩，不让他们来。他们家亲戚还特地跑过来。

李：哈，祝贺！

靖：我都怕死了~

李：哈。

| 2014 - 11 - 22 13:01

靖：聘金十二万，多不多？

李：夸张了吧！拿得出来吗？

靖：这个是少的，呵，再说吧。多了我到时退给他，背后退。

李：这个你要拿主意，不能因为聘金影响大事。

靖：嗯。

李：先看当下，你可以提前给他说，就是走个形式。

靖：嗯，这个就是走个形式，都好商量的。送聘金什么的，我也不知道。

李：好，遇事勤商量，多沟通。你要能拿得住事，不管是面对你妈还是你爸。

靖：我爸妈说了，不会看钱。就是家里的讲究是这样的，给他们一个面子。钱的事，反正到时买房，也会拿出来的。

李：好。

2014 - 11 - 23   13 : 21

靖：套上戒指了。

李：哇！

靖：这个月找时间订婚。

李：哈,好。

2014 - 11 - 24   10 : 26

靖：老师,情感的力量,我体会到了,那种快乐~昨天试婚纱时,那种娇羞的状态,真的是面对爱人才有的~哈,他看我的时候,也呆呆的。我问他在干吗？他说在看我~

靖：他是个小气鬼,就想赖掉照婚纱的事。还举例说,他哪个朋友、哪个同事都没有照。哈,不过,我撒撒娇,他也就同意了,终于还是敲定了一家婚纱公司,我一个同事的熟人开的。价钱也不便宜,不过有熟人,总是好说话一些,定下来照相的日期了。哎呀,气死我了,订婚纱的时候,那个管理人员居然问他说,你老婆在哪里？我就坐在他对面好不好？然后回来路上,他就得意,说,他肯定看起来比我年轻。嘚瑟~哈,傍晚下雨,两人共撑一把伞,一起走路,时不时碰到彼此,我都觉得温度一下子就上升了,心上仿佛装着一只小鹿,"怦、怦"乱撞。他没牵我的手,两个保守派。不过突然想起,老师以前说过,不碰触也有不碰触的情意,就觉得享受这种青涩的感觉也不错。新家庭也有一大堆的问题,我慢慢地去应对。

李：对。遇到问题,就想想《咱们的牛百岁》。

2014 - 11 - 25   14 : 23

靖：老师,我们两个当事人,好像都没进入状态哈~~

李：哈,那就是古代模式。拜了天地再说。

靖：晕死~~

李：哈。

靖：我都没有跟朋友公开我们两个的事,看来得找个机会跟好朋友说下了。不然到时候交代不过去。总不可能一来就通知她们婚期吧,那太难看了。

靖：好像开始有约会的节奏,开始了解一些民政局办结婚证的事。还是觉得是在云端飘浮的感觉,哎,一下子觉得太快,一下子觉得没着落。哎,又失眠了。好像很紧张地说。嘿,夹杂着一丝甜蜜。天天见面的节奏,好像也蛮不错的。不过,这种先结婚后恋爱的模式还真蛮适合我的。好像心里不用患得患失了,会想事情,但不至于让自己太难受。还有就是,两情相悦的甜蜜,渐渐冲淡了那种对婚姻的焦虑。让自己有勇气跟他走在一起。

2014－11－26　19：30

靖：婚检,我有携带乙肝病毒的事,要提前跟他说下吗?

李：这个要你斟酌了。

靖：好多事,都放到一起了,我的恐惧心理又来了,怕他会介意,所以想订婚了再说。之后再去打证。

李：介意可能会有一点,但是应该问题不大吧。

靖：嗯,不知道,还没说～

李：早说也好。

靖：嗯。好～～

　　怕黄了哈。

李：哈,躲不过的。

靖：本来想等感情基础稳一点再说,现在这样了,只能早点说了～～

李：但要准备好,要讲明白问题。

靖：怎么?

李：没什么危险,对孩子也可以避免。

靖：嗯。这个我研究很透了。

李：哈。

2014－11－27　19：12

靖：他们家说,这个月十二日要订婚,二十一日要结婚。我觉得太急了。

李：你和他自己沟通,看看什么意图,以后这种事多和他商量,这也是加深了解和感情的过程。

靖：嗯。好像很陌生的感觉～要有一个过程适应～

李：这个时候就不需要客气了,就要直接上了,因为已经有"聘"的保障,所以

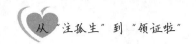

可以强度大一些。不蛮横进行,但也不用扭捏了。

靖:按老师说,直接结婚?

李:不是,我是指交往和沟通方面。商量个什么事。在一起的时候也可以公开,大大方方的。什么时候结婚,要你自己考量。

靖:好!

2014-11-28 16:08

靖:唉!你说他怎么这样。我都不能做主什么事。结婚日期就这么定了,我都没发言权。这个月农历二十一,我想请同事朋友在酒店办。他没回话,说得回去跟父母商量一下~~郁闷死了我~~

李:哈。好事多磨。

靖:反正家里结婚的时间是定了,酒店就十一月吧~~

李:哈,好。

2014-11-28 20:08

靖:今天一天,我过得甭提多难受了,一直打电话跟他拉锯战,他就打马虎眼说,反正都得结婚,早点结也好。再说,他爸在工地做事,年底主体工程建设要开始了,到时肯定没有时间。再说,也通知亲戚了,他们家亲戚很多在外地,都定好时间,要赶回来了。一直哄加忽悠,哎,我口都说干了,他就那么几句。气死了。什么事都做不下来,打电话跟朋友商量,我说这个日期定得太快了。朋友直接就说,早几年就该结婚了,还快什么,赶紧结了。另一个说,还年底?到时物价贵死了,省钱,赶紧结婚,以后有家庭的人,要精打细算过日子。一个说,有什么好担心的,彼此又是同学,知根知底的,又有感情基础,不要接触太久,大胆结!好吧,全是一边倒,恨不得我马上结婚的,好吧,如众人所愿。

靖:昨天晚上,他请朋友吃饭,是他关系比较好的同学和同事,也叫上我。这简直就是介绍未婚妻的节奏呐。饭后,送走他同学。两个人觉得依依不舍的,干脆就说找地方喝茶,后来就一起去他单位了。他去洗杯、擦桌子,看起来很勤快的样子。我咳嗽吃药,不能喝茶,他就用自己的杯子给我倒了一杯水,他自己喝茶。我跟他说了很多家里的事,也算是跟他交个底。

他也说了一些家里的情况。跟我说,他父母因为他上次的事,一夜之间好像老了十岁。现在他大都会顺着父母的意。他知道这回的婚事太急。但又觉得反正早晚都要结婚,还不如早一点。他说,以后结婚了,就是夫妻了,就得相互忍让。

靖:哈,老师,你知道吗?听得我,心一直在跳,有甜蜜的感觉。本来想当面说身体的事,后来还是舍不得煞风景,忍住没说。离开办公室时,正好下雨。他打伞,扶着我到副驾驶座,坐好,说不能再着凉了。自己再转到驾驶座,哈,窝心的举动,我一下子就被打中靶心。沦陷就是这种感觉吧。还没离开,就开始思念。然后回宿舍,逮着隔壁的舍友,说了一大堆,被笑花痴了。

2014-11-28 23:04

靖:睡也不安稳,干脆起来,发了短信,告诉他我身体的事。他说,不计较的。上天注定,我们有半世缘,就是珍惜吧。老师,煽情吧。我终于松了一口气。

2014-11-29 01:31

李:哈,我也松了口气。但要继续观察,有时情急之下会说一些大度的话,但事后会有想法,但通常不影响大局①。

2014-11-29 15:07

靖:他说今天去找一个当医生的朋友,检查,说是体热。我觉得是不是在咨询我的事呢?有点小紧张~
李:咨询也是正常的,以后要多灌输这方面的知识。中国人大约15%都有。他打疫苗也要抓紧。拽着去,是个很好的缓解。
靖:他说他有抗体。
李:那就正好。

---

① 其实看到这里,眼泪一下就出来了,很喜悦的感觉。就觉得做个好人,做个好事,真好!

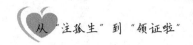

2014-12-01 21:39

蜻：我咳嗽一直没好，算起来也有三四个月了，婚期就在眼前，哎呀，一直咳，我才不要当一个不健康的新娘。上回有个文友跟我推荐说省人民医院有个医生治支气管炎很好。我下午去了省城，这呆头鹅，也不会主动说送我过去，我又不好意思让他陪我一起去。结果被朋友骂我一点都不会示弱，说应该叫他一起去。哈。不过，还好啦，我哪有这么脆弱。一路上都有微信联系。一会儿问我到哪里了，一会儿问我检查得怎么样了。哈，一路上我心都暖暖的。坐动车上，真是归心似箭。早上是他送我去的车站，<u>感觉有人照顾、有人牵挂，心头蹿起微微的幸福</u>。

蜻：下午他有事，就没有来接我，我自己坐的公交车。手机没电，哈，跟他约了他朋友的公司见。我过去的时候，只有一个助理在。助理说，他们怕我到时饿了，先去点菜，就在对面饭馆。我走过去，他一下子就跑了出来。晕死，他今天什么造型，运动鞋配便装西服，要多碍眼就有多碍眼。吃饭的时候，他朋友调侃我，说我没回来，他一直坐立不宁的。哈，一直给我盛饭、热汤的。一直叫我吃饭，让我怪不好意思的。嗔了他一眼，呆头呆脑的。呵呵。

2014-12-03 17:38

蜻：结婚证新鲜出炉~~谢谢老师！

李：哈，祝贺！

李：还挺快的。

蜻：嗯。

李：什么时候办事？

蜻：下周五家里办~

李：哈，可惜去不了。要不然是个很有意思的事。

蜻：是啊。我从小时候一直想着呢，终于自己也要结婚了。

李：哈。

2014-12-04 23:59

蜻：领完证后，我说，晚上一起吃饭吧~~他说，不了，我回家吃。反正以后天

天都要一起吃饭。说完,就笑了,很灿烂,看的人怦然心动~~

李:哈,很好。

2014-12-05 04:14

蜻:气死我了,我结婚,大大方方的,让认识我的都知道。他倒好,瞒得跟桶一样严实。昨天他们一个同事开玩笑,问他最近行情很好,说有人要跟他介绍女朋友,他还没事人一样,说没有啊~唉,这个回合,我是兴高采烈,他是波澜不惊,我亏死了~~不过收到祝福,收到感动满满~~

李:哈,很好。

2014-12-06 23:30

蜻:晚上跟他聊天。晕死,这人现在一到九点,就让我早点休息,说太晚睡对身体不好。缠着他多聊两句。好像女的都会纠结,你是不是不够喜欢我之类的,我也不能免俗哈。不过,我是反着说的。我说,你肯定不喜欢我,不然,怎么会对婚礼都没有紧张的感觉。我说,我都紧张得睡不着觉。他说,你怎么那么多心思,心思太多,容易老的。终于表白了喔。他说,反正,要记住我是爱你的。你手机没电,打不通我也是会紧张的。听了以后,我梦里都有甜蜜的笑。

2014-12-08 21:32

蜻:今天去拍婚纱了。拍婚纱拍得风中凌乱,冷死我了,两个人都好紧张。那个摄影师一直让我们摆亲密的动作,哎,别扭死了。对视的时候,他眼睛都不敢看我,我看他这样子,就来劲了,一直盯着他看,很热切的那种。哈,然后,他害羞了。哈,他眼睛就一直躲啊,闪的,好玩极了。心动就是这种感觉吧,靠近,甜蜜,还有忐忑不安的心。不过,风太大了,阴天好冷地说,又是去的公园,去的水边,估计又感冒了。在车上,他闭着眼睛,我就看他,他突然睁开眼睛,用力地握了一下我的手,说,手怎么这么冷!哎,我又有电流过的感觉了。他很紧张我的身体,拍完一个镜头,就赶紧把外衣给我披上。今天没有找女伴,都是他在照顾我,穿好高的跟,都是他扶着我,暖暖的幸福,哎呀,这是秀幸福吗?

李：哈，你尽管说，我当没看见。

▎2014-12-10　23:12

靖：好吧，我两天没见到他了。据说家里最近在弄装修，都是到三更半夜才睡的。离得那么近，我都见不到。只能发发微信，打打电话。没说几句，他就说他要去忙了，说很多事都要他去做。好吧，我这两天也在忙。去采购婚礼用的东西。去买金饰，规矩好多，烦。结婚还真累。

▎2014-12-11　22:30

靖：明天结婚，今天订婚。他没过来，他爸妈带了好多亲戚之类的过来，给我带上一串金项链，一条手链。那么多人，要分糖果。婶婆主持，让我叫他爸妈，定了媳妇的名分了。一项仪式一项仪式走吧。他说他家晚上要办好多桌，他还要半夜起来，准备一个仪式，估计晚上够呛。我能说，我也好累吗？又累，又睡不着。

▎2014-12-19　09:39

靖：哈，老师，两场婚礼终于办完了，快趴下了~~

李：哈，恭喜！两人感觉怎么样？

靖：很好~~浓情蜜意~~

李：开了个好头。

靖：他是属于不思维的类型，不过脾气好。

李：那肯定某方面很犟。

靖：是啊，只要他认定了，九头牛也拉不回。

李：哈，对。

靖：不过，这几次，我做主的几件事情，都办得很漂亮。两个人，学着彼此沟通。他家长太宠他了，什么事他都不理，简直就是乐天派，脑中空空。我得往里面装些思维。

李：都会有个磨合的过程。

靖：新生活，正在适应的过程。有点小紧张，不过感觉整个人有定下心来的感觉。呵呵，他对我挺好的。前几天他去出差，我说，也好，你去透透气，省得整天腻在一起让你烦。他说,你烦,我不烦。又是一个秒杀,瞬间甜蜜。

李:哈哈,好!

蜻:这一切,要多谢老师! 谢谢!

附录　学习资料

一、网络资源

1. 微信公众号：两情相悦的艺术

2. 喜马拉雅：李晨老师讲情感

3. 哔哩哔哩：李晨老师讲情感

二、影视文化资料

1. 影视剧

《咱们的牛百岁》《风流寡妇》《英俊少年》《女大学生宿舍》《邮缘》《鸳鸯楼》《赤橙黄绿青蓝紫》《初恋时我们不懂爱情》《天云山传奇》《狐狸的故事》《两个人的车站》。

《三十九级台阶》《十二怒汉》《天下第一楼》《粉红色潜艇》《平原游击队》《铁道游击队》《三进山城》《野火春风斗古城》《英雄虎胆》《古刹钟声》《寂静的山林》《羊城暗哨》《虎穴追踪》《黑三角》《豺狼的日子》《骗中骗》。

电视剧《结婚一年间》。

各种小剧场表演相声。

2. 书籍资料

《人情练达的学问》，李晨著。

"儿童哲学智慧书"，(法)柏尼菲等著，李玮译，全套9册。

《拉斯维加斯，钱来了》，(美)厄尔·斯坦利·加德纳著。

《平凡的世界》，路遥著。

《曾国藩》，唐浩明著。

《雍正皇帝》，二月河著。

《胡雪岩》,高阳著。
《白鹿原》,陈忠实著。
《精神分析引论》,(奥)弗洛伊德著,高觉敷译。
《出类拔萃之辈》,(美)戴维·哈尔伯斯坦著,齐沛合译。
《针眼》,(英)肯·弗罗特著。
《九尾龟》,〔清〕漱六山房著。

后记

距今已经六年多了,依然"意难平"!

这六年,是观察与验证的六年,也是再思考与再发现的六年。

401天的辅导,80%的精力是用在恢复心理正常和提高情感能力上面,而最后的恋爱只占20%。这说明当前普遍存在的大龄男女青年不好找对象的主要原因,是情感状态与心理状态存在某些不足,只要恢复了、填补了、正常了,就基本上没什么问题了。

401天的辅导,就实现了从"注孤生"到"领证啦",确实是快!总结一下,为什么会这么快?一是绝望产生的巨大动力和之前反复探索产生的觉悟。这样既能发现这根"救命稻草",又能抓住不放一直到彼岸。她的学习和执行的动力都是惊人的。不仅听和看了所有我提供的上课资料与推荐的图书电影,而且还经常抄书、做笔记。另外言听计从、坚决执行,这份魄力和胆识也让人佩服。二是读书真是多!她不仅能够完全理解我的话,而且还能引申出来新的东西,反过来也给我启发和促进。另外表达与描述准确、清晰、细致,可以让我能够准确地把握她的心理与情感状态。三是朋友众多。这是一个先天优势。大多数来咨询辅导的女生通常都没有亲密朋友,所以第一步先要从建立亲密关系以及学习建立亲密关系开始。而她就少了这样一步,节省了大量时间,更具有了与我沟通的优势,在刚开始的阶段,经常是一天数聊,交流密度非常大。

401天的辅导,其效果经过了六年多的检验与考验,也在六年多的婚姻生活中得到了发展,"爱情的结晶"都四岁多了。现在可以说,这部书里的东西,是很管用的!